车间逆调度理论及智能算法

牟健慧　李新宇　李俊杰 ◎ 著

电子工业出版社
Publishing House of Electronics Industry
北京·BEIJING

内 容 简 介

本书力图以逆优化理论为基础，简单总结逆优化研究现状，以及工业应用实例。逆优化、逆调度概念篇（第1、2章），从逆优化、车间调度、逆调度的概念、发展及应用领域等方面介绍问题，同时分析逆优化与逆调度的联系，总结逆调度目前研究现状。应用篇（第3～5章），针对不同车间类型，主要围绕单机车间逆调度、流水车间逆调度和作业车间逆调度问题分别展开研究，建立相关逆调度问题模型，采用混合智能算法求解，通过实例验证其方法的有效性和优越性。拓展篇（第6章）研究不确定环境下的车间逆调度问题。最后，本书在第7章中对车间逆调度的实例进行分析，并且分析前沿动态与发展方向，做了进一步总结。

未经许可，不得以任何方式复制或抄袭本书之部分或全部内容。

版权所有，侵权必究。

图书在版编目（CIP）数据

车间逆调度理论及智能算法 / 牟健慧，李新宇，李俊杰著. -- 北京：电子工业出版社，2024. 11.
ISBN 978-7-121-49249-5

Ⅰ．F406.2

中国国家版本馆 CIP 数据核字第 2024YD8808 号

责任编辑：刘志红（lzhmails@163.com）　　　　特约编辑：李　姣
印　　刷：涿州市京南印刷厂
装　　订：涿州市京南印刷厂
出版发行：电子工业出版社
　　　　　北京市海淀区万寿路 173 信箱　邮编　100036
开　　本：787×1 092　1/16　印张：11.25　字数：216 千字
版　　次：2024 年 11 月第 1 版
印　　次：2024 年 11 月第 1 次印刷
定　　价：98.00 元

凡所购买电子工业出版社图书有缺损问题，请向购买书店调换。若书店售缺，请与本社发行部联系，联系及邮购电话：（010）88254888，88258888。
质量投诉请发邮件至 zlts@phei.com.cn，盗版侵权举报请发邮件至 dbqq@phei.com.cn。
本书咨询联系方式：18614084788，lzhmails@163.com。

前　言

　　提高制造工业的柔性和生产效率，以此推进中国制造业的快速发展。车间调度作为数字化制造车间的关键环节，可有效提高制造车间的生产效率与设备利用率，缩短生产周期。

　　随着交叉学科的不断发展，车间调度也逐渐向综合性方向发展。传统的调度问题往往假设是在理想环境下进行生产，即假设每个工件的加工信息和车间状况都是提前预知的，并且不可更改，同时依据这些给定加工参数进行调度优化。然而，在实际生产过程中，车间状况实际上是一个动态过程，经常具有不确定性，存在一系列突发事件干扰，例如工件随机到达、机器故障维修等，这使得初始优化的调度方案，往往由于车间状态的变化而失去最优性，有时甚至变为不可行。例如，针对某些生产车间（如汽车、飞机、造船等行业的数控加工车间），实际市场需求或交货期、原材料、设计方案等变化导致现有生产无法完成，往往需要通过对设备、刀具等车间生产状态的相关参数进行调整以保证生产平稳高效进行。那么，如何调整相关参数既保证方案满足期望，又使得相关成本最低或方案改变最小成为亟须解决的问题。因此，非常需要一种具有高柔性和容错能力的调度方法。这种方法在保证成本效益的前提下，能快速响应生产变化。

　　近年来，逆优化问题的研究不断深入，涌现出新的理论和方法。将逆优化理论引入车间调度领域，探索"逆调度理论与方法"的具体应用机理，通过逆调度可以改善既有调度方案的性能，快速响应车间突发事件，达到以最小的改变实现最优调整的目的。这是一类重要的生产调度问题，有广泛的工程应用背景。从理论上来讲，目前逆调度研究不足，缺乏相应的模型、策略和求解方法。因此，对车间逆调度问题进行分析与建模更加具有挑战性。目前，采用智能算法求解该问题尚属空白，而且以往方法只是针对具体问题给出优化结果。因此，利用有效的智能算法对其内在结构进行分析，为新的高效求解方法提供相应的理论依据。同时，新的求解方法更注重问题内在结构与本质，依循问题内在结构。本书针对已有的调度算法，研究相应的高效混合求解方法。这将对于车间逆调度问题本质的探究与求解方法的拓展是一个全新尝试，具有巨大的理论研究意义，同时对于车间逆调度的发展，提供了新的理论与方法，具有重要的价值。从实际生产环境来讲，以往车间调度的研究，往往只考虑加工参数已知、给定的情况，忽略了实际生产环境中存在不确定因素等情况的发生；而且，研究的问题通常假设是在理想状态下进行的，对其他因素的考虑较少。本书结合实际生产中可控的加工参数等情况，通过调整相关参数确保方案满足期望，以逆调度问题本质为依据，然后逐渐对不同车间类型的逆调度问题进行深入研究。

  以上的这些特征使得车间逆调度研究，更加具有挑战性，本书主要介绍逆优化、逆调度及车间调度的基本概念、理论方法、关键技术，并且应用相关理论与方法解决实际生产问题，从基本概念、理论方法与实现应用三个层面，紧密结合车间调度应用背景，将数据驱动的思想引入逆调度研究中，进一步阐述车间逆调度理论与方法在工业场景中的应用，提升本书的工程应用价值。

目 录

第1章 绪论 ··· 001

1.1 逆优化问题理论与方法 ·· 003

1.2 逆优化问题及其国内外研究现状 ·· 004

    1.2.1 逆优化问题的描述及分类 ·· 004

    1.2.2 逆优化问题的特性 ·· 006

    1.2.3 逆优化问题的几类求解方法 ··· 006

    1.2.4 逆优化问题的现状总结 ·· 006

1.3 车间调度理论与方法 ··· 007

    1.3.1 车间调度问题的描述及其分类 ·· 007

    1.3.2 车间调度问题的研究方法 ·· 009

1.4 动态调度问题的描述及方法 ·· 015

    1.4.1 动态调度问题定义 ·· 015

    1.4.2 动态调度问题的求解方法 ·· 015

1.5 习题 ·· 018

参考文献 ··· 018

第2章 车间逆调度理论与方法 ·· 021

2.1 逆调度问题 ··· 021

    2.1.1 逆调度问题描述 ··· 021

    2.1.2 逆调度问题的数学模型研究 ··· 022

2.2 逆调度问题的应用背景 ·· 025

2.3 逆调度问题的国内外研究现状 ··· 025

    2.3.1 逆调度问题的国内研究概况 ··· 025

  2.3.2 逆调度问题的国外研究概况 ·· 026
2.4 逆调度现状总结与应用前景分析 ·· 026
2.5 习题 ··· 027
 参考文献 ·· 028

第3章 单机车间逆调度 ·· 030

3.1 单机逆调度问题 ··· 030
  3.1.1 加权完成时间和最小的单机逆调度问题描述 ····································· 030
  3.1.2 带交货期的单机逆调度问题描述 ·· 032
3.2 基于 GAIP 混合算法求解单机逆调度问题 ··· 034
  3.2.1 遗传算法的基本理论 ·· 034
  3.2.2 单机逆调度问题的染色体编码与解码 ·· 035
  3.2.3 单机逆调度问题的初始化 ·· 036
  3.2.4 选择操作 ·· 038
  3.2.5 交叉操作 ·· 038
  3.2.6 变异操作 ·· 040
  3.2.7 改进的粒子群优化算法 ··· 041
  3.2.8 基于 GAIP 混合算法的求解步骤 ·· 043
3.3 基于遗传变邻域交替算法求解 DSMISP ··· 045
  3.3.1 变邻域搜索算法基本理论 ·· 045
  3.3.2 DSMISP 问题编码与解码 ·· 047
  3.3.3 种群初始化 ·· 048
  3.3.4 交叉、变异操作 ··· 048
  3.3.5 变邻域结构设计 ··· 048
  3.3.6 基于遗传变邻域交替算法的求解步骤 ·· 050
3.4 实验结果与分析 ··· 052
  3.4.1 实验设计 ·· 053
  3.4.2 参数设置 ·· 053
  3.4.3 实验结果分析 ··· 055
3.5 本章小结 ··· 058
3.6 习题 ··· 059

参考文献 059

第4章 流水车间逆调度 061

4.1 引言 061

4.2 流水车间逆调度问题 062
4.2.1 流水车间逆调度问题描述 062
4.2.2 多目标流水车间逆调度问题描述 064

4.3 自适应混合遗传算法求解 FSISP 问题 067
4.3.1 流水车间逆调度问题编码与解码 067
4.3.2 流水车间逆调度问题初始化 068
4.3.3 变异与交叉操作 070
4.3.4 自适应的变邻域搜索算法介绍 071

4.4 基于 LMONG 算法求解多目标流水车间逆调度问题 074
4.4.1 多目标优化问题的基本理论 075
4.4.2 LMONG 算法基本操作 078
4.4.3 适应值评价方法 081
4.4.4 多样性保持策略 081
4.4.5 改进的 NEH 局部搜索方法 083

4.5 实验结果与分析 084
4.5.1 实验设计 084
4.5.2 结果分析与讨论 086

4.6 本章小结 094

4.7 习题 095

参考文献 095

第5章 作业车间逆调度 097

5.1 引言 097

5.2 作业车间逆调度问题 098
5.2.1 作业车间逆调度问题描述 098
5.2.2 多目标作业车间逆调度问题描述 101

5.3 改进粒子群算法求解作业车间调度 105

5.3.1　粒子群初始化 ·· 105
　　5.3.2　粒子群速度、位置更新机制 ································ 106
　　5.3.3　粒子激活策略 ·· 107
　　5.3.4　改进粒子群算法流程 ······································ 108
5.4　基于混合变异杂草优化算法求解多目标作业车间逆调度 ········· 109
　　5.4.1　多目标优化方法 ·· 109
　　5.4.2　混合变异杂草优化算法 ···································· 110
　　5.4.3　混合算法的基本操作 ······································ 111
　　5.4.4　欧氏贴近度适应值分配策略 ································ 112
　　5.4.5　快速非支配排序策略 ······································ 113
　　5.4.6　算法流程 ·· 114
5.5　实验结果与分析 ·· 115
　　5.5.1　单目标逆调度结果分析 ···································· 115
　　5.5.2　多目标逆调度结果分析 ···································· 117
5.6　本章小结 ·· 120
5.7　习题 ·· 121
参考文献 ··· 121

第6章　不确定环境下的车间逆调度 ·································· 123

6.1　引言 ·· 123
6.2　不确定环境下车间逆调度问题 ··································· 124
　　6.2.1　不确定环境下单机车间逆调度问题描述（UESSP） ······ 128
　　6.2.2　不确定环境下流水车间逆调度问题描述（UEFSP） ······ 129
　　6.2.3　不确定环境下柔性作业车间逆调度问题描述（UEFJSP） · 132
6.3　不确定环境下逆调度问题求解策略 ······························· 135
　　6.3.1　第一阶段求解 ·· 135
　　6.3.2　第二阶段求解 ·· 136
　　6.3.3　DPN算法流程 ·· 137
6.4　仿真结果与分析 ·· 139
　　6.4.1　实例介绍 ·· 139
　　6.4.2　利用DPN算法解决问题实例 ······························· 142

的逆调度问题进行深入研究。建立相应的调度模型并提出相应的求解方法。将逆调度的研究成果应用于实际生产,改善原有调度系统的性能,提高生产效率,更好地适应多变的生产环境。

1.1 逆优化问题理论与方法

优化问题旨在众多方案中讨论什么样的方案最优及如何找到最优方案,作为一个重要的数学分支广泛存在于实际生活中,优化问题不但有较高的理论研究价值,同时对于提高社会生产效率、节约能源具有重要意义。例如,在工程中如何选择设计参数,使得设计方案既满足设计要求又降低成本;在资源分配中,如何分配有限资源,使得分配方案既能满足各方面的基本要求,又能获得好的经济效益;在城建规划中,如何安排工厂、机关、学校、医院、住户等单位的合理布局,才能既有利于各行各业的发展,又便于群众的生活出行等。

现实生活中,经常会出现一类场景,如存在一组已知的参数,在此参数下对应一个可行解,但此可行解并非该条件下的最优解。因此,为了使给定的可行解变为最优,用最小的调整现有参数的方法达到期望。我们称此类问题为逆优化问题(Inverse Optimization Problem,IOP)。逆优化思想,在地震层析成像技术和应用数学领域均有重要的研究意义。Burton 等人将逆最短路问题用于地震层析成像技术来预测地震,引起学术界的广泛关注。在该问题中,网络代表地质区域的离散化,形成大量的"单元",弧的成本代表某些地震波从一个单元到下一个单元的传输时间。然后观测地震,并记录地震扰动到达地面各观测站的时间。作者根据对最短时间波的观察和对研究区地质性质的先验知识,重建细胞之间的传输时间,取得了良好的实验结果,为该类问题的研究提供了新的研究思路。在应用数学的研究过程中,通常假设存在已知路网,从路网起点至终点,寻求一条最短路径使费用、时长、距离等要素构成的成本最优。传统的求解方法一般优先计算路网中每条弧的成本,在此基础上采用有效算法能够快速求出最短路径。但是,由于每条弧的成本的估算并非精确值,且不同方法之间存在较大误差,该类方法并不能确保得到的路径为最短路径。倘若采用逆优化的思路预先了解各弧的实际应用情况,计算其成本并整合到数学模型来对优先计算的成本进行修正,对确保给定的路线在修改后的路网中的最短路径具有良好的改进效果。当然,此类应用还有许多,从外部测量确定不可达区的内部传输特性是许多科学领域

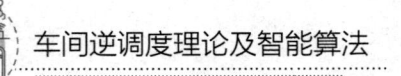

中非常普遍的工作，凭借以上案例的重要性，足以说明逆优化的学术价值和工程意义。

除以上案例，一些具体的、特殊的逆优化问题同样得到广泛的关注，如逆最短路径问题（Inverse Shortest Paths Problem，ISPP）、逆指派问题（Inverse Assignment Problem，IAP）、逆最小费用流问题（Inverse Minimum Cost Flow Problem，IMCFP）、逆最小生成树问题（Inverse Minimum Spanning Tree Problem，IMSTP）、逆中心选址问题（Reverse Center Location Problem，RCLP）、容量扩充问题（Capacity Expansion Problem，CEP）和匹配问题（Matching Problem，MP）等。求解不同问题需建立合理的逆优化问题模型。综合国内外的逆优化研究成果来看，逆优化问题模型的构建多采用逆数据包络分析、线性规划、双层优化、多目标规划、粒子群算法、贝叶斯网络、遗传算法等算法和模型。目前有关逆优化的研究表明逆优化是一种解决参数优化问题的有效方法。

综上所述，逆优化理论与技术在国民经济的各个领域具有相当的研究潜力和研究价值，以期实现生产过程最优化、提高生产效益、节约资源，具有重要的工程意义。同时，该思想及相关研究工作对管理科学和计算机科学的理论与实践有着十分重要的研究价值。

1.2 逆优化问题及其国内外研究现状

从比利时学者 Burton 于 1992 年提出逆优化的概念，并给出了相应的求解方法，至今逆优化问题已有 30 余年的发展历程。在此期间，在研究人员的共同努力下，该思想广泛应用于交通运输、生产作业、人工智能和网络规划等领域，取得了广泛的研究成果。

1.2.1 逆优化问题的描述及分类

现实生活中，经常会出现一类场景，存在一组已知的参数，在此参数下对应一个可行解，然而，此可行解并非该条件下的最优解。因此，为了使得给定的可行解变为最优，用最小调整现有参数的方法可达到期望。我们称此类问题为逆优化问题（Inverse Optimization Problem，IOP）。在计算机技术的支持下，逆优化理论与技术在国民经济的各个领域得到进一步推广和应用，以期实现生产过程最优化、提高生产效益、节约资源的目的。三十多年来，人们对逆优化问题的研究不断深入，不断提出新的理论和方法。

Mori 和 Kaya 在 1979 年首次对逆优化领域进行了研究，他们引用逆优化的思想方法求得一个线性目标函数,并且在一个给定范围内优化相关参数。但是,由于该论文以日文形式发表,当时并没有受到国际上的关注。直到 1992,Burton 和 Toint 第一次将逆最短路问题用于预测地震问题,并正式发表,自此引起学术界的广泛关注。几十年来,随着研究者对逆优化问题研究的逐渐深入,新的理论和方法不断被相关学者提出,这些研究成果对系统管理科学和计算机科学的发展有着十分重要的意义。关于此类问题的研究已取得不少进展,被大体概括为如下几类。

最大费用流逆问题:Yang 等人使用对偶特性,将最大流和最小割问题进行变形,转变为最小费用流问题。Liu 和 Zhang 则进一步研究了加权汉明距离下的最大费用流逆问题。

最小最大生成树逆问题:Liu 和 Yao 研究了 L_1 和 L 距离下的最小最大生成树逆问题和最小最大容量逆问题,给出了多项式时间算法求解不同的问题模型。Liu 和 Wang 则进一步研究了加权汉明距离下的最小最大生成树逆问题。

最小割逆问题:Zhang 等人于 1997 年首先研究了一种受约束情况下的 L_1 距离下最小割逆问题,并将其变形为最大流问题。Auja 和 Orlin 在 2001 年和 2002 年分别采用两类方法对上述问题进行讨论,主要包括线性规划方法和组合方法。另外,针对受约束的情况,Zhang、Cai、Auja 和 Orlin 将问题转化为最小费用流问题进行求解。在 2002 年,Auja 和 Orlin 采用组合方式,探讨了赋权 L_∞ 距离下受约束的问题,最后设计了一种基于二分法的算法求解。Radzik 提出有的方法可以将以上方法转换为强多项式时间算法。Yang 证明了受约束最小割逆问题是一类 NP-hard 问题。

最小费用流逆问题:1996 年,Zhang、Liu 和 Ma 最初研究了 L_1 距离下无约束的最小费用流逆问题。关于无穷距离下的最小费用流逆问题,Zhang 和 Liu 进一步探讨了假设无加权情况下的最小费用流逆问题;Auja 和 Orlin 分别研究了无权情况和赋权情况下的两类问题。Dial 用线性规划方法对该问题进行深入探讨。Skkalingam 则分别研究了无穷距离下的无加权情况和加权情况,此外,他还对 L_2 距离下的无权情况进行分析与研究。另外 Jiang、Liu 和 Wu 研究了加权汉明距离下的最小费用流逆问题。

逆最短路径问题:Burton 等人应用 Goldfib 和 Idnani 的算法求解逆最短路径问题。在此过程中,首先将该问题转变为二次规划问题,然后再对其求解。Zhang 等人对 L_1 距离下无加权情况进行研究,采用列生成法求解。随后,Cai 等人利用线性规划法求解 L_1 距离下的逆问题。Zhang 等人对无加权的逆最短路径问题进行研究,证明了该问题就是同一个图中的另外一个最短路问题。

在逆优化领域,除了上面提到的逆问题,还有很多其他类型,例如,指派问题的逆问题、最小支撑树逆问题、线性规划逆问题等。

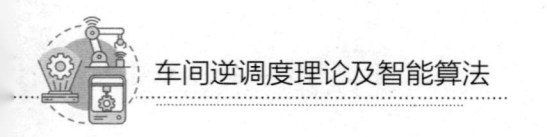

1.2.2 逆优化问题的特性

与一般资源优化配置"选择最优解"相比,逆优化问题侧重于"培养"最优解,即通过改变模型相关系数,如目标函数的价值系数、约束条件的资源消耗系数或资源总量限制等,将给定的可行解培养为最优解。

1.2.3 逆优化问题的几类求解方法

本节集中讨论几种适用于求解逆优化问题的方法,包括基于线性规划的方法,一般范数下逆问题的对偶性方法,L_1 范数、L_2 范数下的多项式算法及牛顿型方法。

自从 1987 年 Tarantola 给出逆问题的描述以来,逆优化问题受到了国内外学者的广泛关注。在 2001 年和 2002 年,Auja 和 Orlin 分别采用两类方法对最小割逆问题进行讨论,主要包括线性规划方法和组合方法。另外,针对受约束的情况,Zhang、Cai、Auja 和 Orlin 将问题转化为最小费用流逆问题进行求解。2002 年,Auja 和 Orlin 采用组合方式,探讨了赋权 L_∞ 距离下受约束的问题,最后设计了一种基于二分法的算法求解。Radzik 提出有的方法可以将以上方法转换为强多项式时间算法。Yang 等人使用对偶特性,将最大费用流问题的最大流和最小割问题进行变形,转变为最小费用流问题。对于同一问题,Liu 和 Zhang 则进一步研究了加权汉明距离下的最大流逆问题。Liu 和 Yao 研究了 L_1 和 L 距离下的最小最大生成树逆问题和最小最大容量逆问题,他们都给出了多项式时间算法求解不同的问题模型。Zhang 等人于 1997 年首先研究了一种受约束情况下的 L_1 距离下最小割逆问题,并将其变形为最大流问题。Zhang 和 Liu 等于 2002 年提出了在 L_∞ 范数下求解逆组合问题的牛顿型方法。

1.2.4 逆优化问题的现状总结

逆优化思想自 1992 年提出以来,随着计算机技术的飞速发展,逐渐应用于社会生活中的各个领域,受到众多学者的关注。到目前为止,逆优化已取得许多研究成果,对国民经济的各个领域产生重要的影响和积极的作用,在优化生产过程、提高生产效益、节约资源等方面发挥了重要的作用。其通过调整相关参数,对方案进行最小的改变满足优化目标,是一种具有高柔性和容错能力的优化方法。目前，对逆优化问题的研究可主要分为最大费用流逆问题、最小最大生成树逆问题、最小割逆问题、最小费用流逆问题、最短路逆问题、指派问题的逆问题、最小支撑树逆问题、线性规划逆问题等。目前对于上述问题采用的求解方法包括基于线性规划的方法，一般范数下逆问题的对偶性方法，L_1 范数、L_2 范数下的多项式算法及牛顿型方法等。

综上所述，逆优化问题由于其能够在方案改动最小基础上完成对方案优化的特性而具有重要的理论研究价值和实际工程意义，已经成为一个新的研究热点，取得了大量研究成果。在未来的研究中，如何将该思想与实际问题结合并应用仍然值得进一步探讨。

1.3 车间调度理论与方法

对调度问题的研究源于 20 世纪 50 年代。调度一般是指在一定的约束条件下，合理地分配资源完成一批给定的任务或作业，获得某些性能指标如完工时间或者生产成本等的最优化。调度问题的描述、分类研究方法如下。

1.3.1 车间调度问题的描述及其分类

车间调度问题可以描述为 n 个工件在 m 台机器上加工。一个工件有多道工序，每道工序可以在若干台机器上加工，并且必须按一些可行的工艺次序进行加工；每台机器可以完成加工工件的若干工序，并且在不同的机器上加工的工序集可以不同。调度的目标是将工件合理地安排到机器，并合理地安排工件的加工次序和加工开始时间，使约束条件被满足，同时优化一些性能指标。在实际制造系统中，还要考虑刀具、托盘和物料搬运系统的调度问题。

车间调度问题的分类方法较多，根据工件和车间构成不同如下所述。

（1）单机调度问题（Single Machine Scheduling Problem，SMP）

加工系统只有一台机床，待加工的工件有且仅有一道工序，所有工件都在该机床上进行加工。此问题是最简单的调度问题，当生产车间出现瓶颈机床时的调度就可视为单机度问题。

(2) 并行机调度问题 (Parallel Machine Scheduling Problem, PMSP)

加工系统中有多个完全相同的机床,每个工件只有一道工序,工件可以在任意一台机床上进行加工。

(3) 开放车间调度问题 (Open Shop Scheduling Problem, OSP)

每个工件的工序之间的加工顺序是任意的。工件的加工可以从任何一道工序开始,在任何一道工序结束。工件的加工没有特定的技术路线约束,各个工序之间没有先后关系约束。

(4) 流水车间调度问题 (Flow Shop Scheduling Problem, FSP)

加工系统有一组功能不同的机床,待加工的工件包含多道工序,每道工序在一台机床上加工,所有工件的加工路线都是相同的。每个工件工序之间有先后顺序约束。

(5) 作业车间调度问题 (Job Shop Scheduling Problem, JSP)

加工系统有一组功能不同的机床,待加工的工件包含多道工序,每道工序在一台机床上加工,工件的加工路线互不相同。每个工件工序之间有先后顺序约束。

以上几种调度问题及它们的扩展问题都可用三元组的形式进行描述,包括表示机器的加工环境、表示工件的加工特性、表示加工性能的指标。鉴于流水车间和作业车间的特殊性、典型性和重要性,通常将其称为基本调度问题。一般用三元组 $n/m/A/B$ 将其简明表示,其中 n 表示工件数,m 表示机器数,A 表示工件流经机器的类型(作业车间用 G 表示,流水车间用 F 表示,置换流水车间用 P 表示等),B 表示性能指标(如 C_{max},L_{max},T_{max} 等)。

车间调度具有以下特点。

(1) 多约束性

通常情况下,工件的加工路线是已知的,并且受到严格的工艺约束,使得各道工序在加工顺序上具有先后约束关系。同时,工件的加工机器集是已知的,工件必须按照工序在可以选择的机床上进行加工。

(2) 离散性

车间生产系统是典型的离散系统,是离散优化问题。工件的开始加工时间、任务的到达、订单的变更及设备的增添或故障等都是离散事件。可以利用数学规划、离散系统建模与仿真、排序理论等方法对车间调度问题进行研究。

(3) 计算复杂性

车间调度是一个在若干等式和不等式约束下的组合优化问题,从计算时间复杂度看是一个 NP 难问题。随着调度规模的增大，问题可行解的数量呈指数级增加。很简单的例子，如：工件和机器的数量均为 10 的单机车间调度问题，当单纯考虑加工周期最短时，可能的组合数就已达到（10!）。

（4）不确定性

在实际车间调度中有很多随机不确定的因素，如：工件到达时间的不确定性、工件的加工时间随着加工机器的不同也有一定的不确定性。而且系统中常有突发事件，如：紧急订单插入、订单取消、原材料紧缺、交货期变更及设备发生故障等。

（5）多目标性

在不同类型的生产企业和不同的生产环境下，调度目标往往是形式多样、种类繁多的。如：完工时间最小、交货期最早、设备利用率最高、成本最低及在制品库存量最小等。多目标性的含义一个是目标的多样性；另外一个是多个目标需要同时得到满足，并且各个目标之间往往是相互冲突的。

车间调度问题的特点使车间调度问题从产生至今，一直吸引着来自不同领域的研究人员寻求不同的有效方法对其求解。但是，多年来仍不能完全满足实际应用的需要。因此促使我们更加深入、全面地对其进行研究，提出更有效的理论和方法，来满足企业的实际需求。

1.3.2 车间调度问题的研究方法

从 Johnson 揭开调度问题研究的序幕以来，调度问题一直是极其困难的组合优化问题，调度模型从简单到复杂，研究方法也随着调度模型的变迁从开始的数学方法到启发式的智能算法。解决调度问题的方法主要分为两类：精确方法（Exact Method，EM）和近似方法（Approximation Method，AM）。精确方法也可称为最优化方法，能够保证得到全局最优解，但只能解决较小规模的问题，而且速度很慢。当采用近似方法求解时，可以很快地得到问题的解，但不能保证得到的解是最优的，不过对于大规模问题是非常合适的，可以较好地满足实际问题的需求。图 1.1 列举了近年来求解调度问题的主要研究方法，下面分别针对部分主要研究方法进行简要介绍。

1.3.2.1 精确方法

精确方法主要包括数学规划、拉格朗日松弛法、分解方法及分枝定界法等。

1. 数学规划方法

在数学规划方法中求解调度问题的最常见方法是混合整数规划。混合整数规划有一组线性约束和一个线性目标函数，该方法限制决策变量必须是整数。导致在运算中出现的整数个数以指数规模增长，即便使用更好、更简洁的公式表述，也需要大量的约束条件。

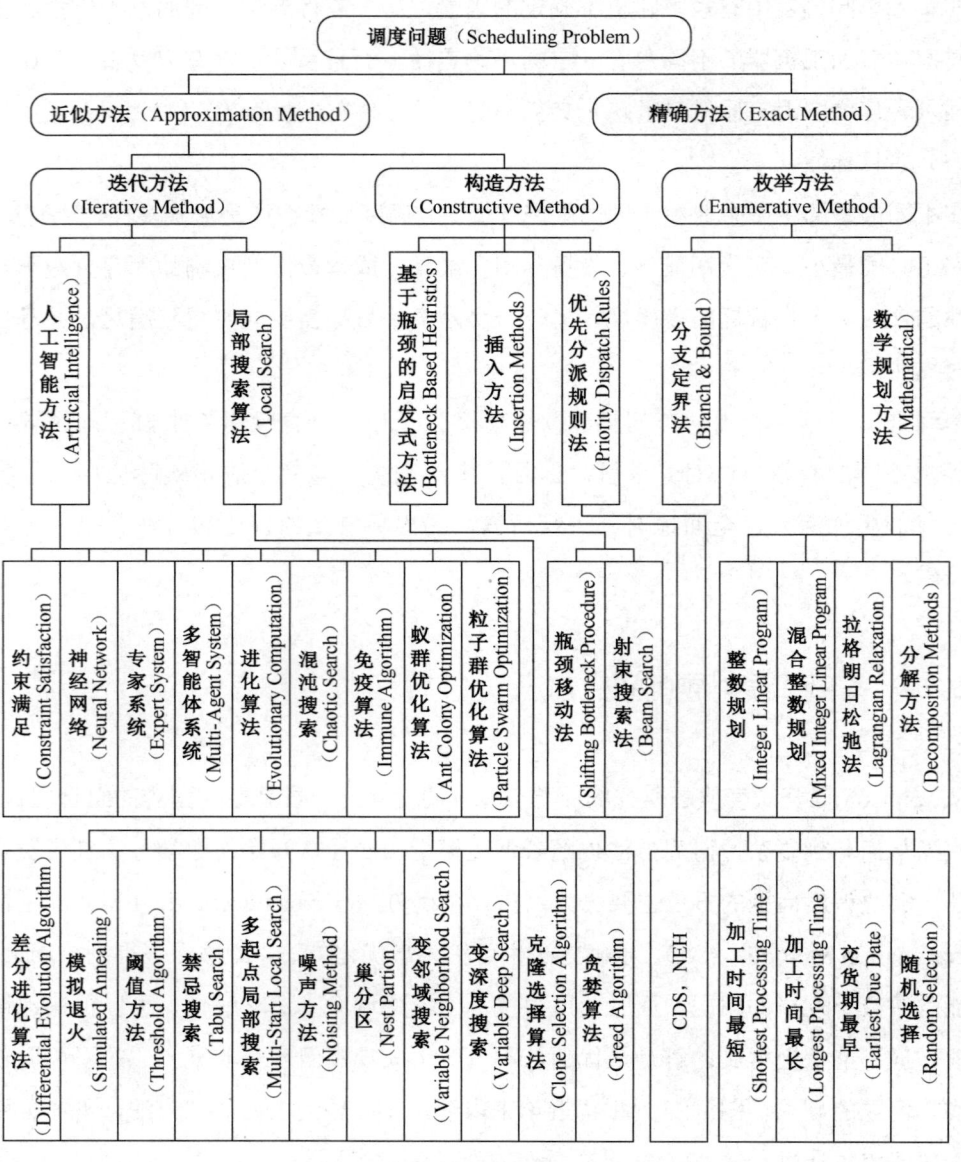

图 1.1 车间调度问题的研究方法

较多成功的数学模型方法都归功于拉格朗日松弛法（Lagrangian Relaxation，LR）和分解方法（Decomposition Method，DM）。拉格朗日松弛法用非负拉格朗日乘子将工艺约束和资源约束进行松弛，最后将惩罚函数加入目标函数中。上海交通大学的刘学英用拉格朗日松弛法解决车间调度问题。分解方法将原问题分解为多个小的、易于解决的子问题，然后对子问题寻找最优解。

2. 分枝定界法

分枝定界法（Branch & Bound，B&B），用动态树结构来描述所有的可行解排序的解空间，树的分枝隐含有要被搜索的可行解。Balas 在 1969 年提出基于析取图的枚举算法是最早应用于调度问题求解的 B&B 方法。B&B 方法非常适合解决总工序数小于 250 的问题。分析定界法解决大规模问题，需要较多的计算时间，因此使用受限。目前，对这种方法研究的重心是如何与智能算法相结合，减少最初的搜索阶段中的节点，提高搜索效率和求解效果。

1.3.2.2 近似方法

由于大多数调度问题的复杂性和精确枚举方法存在一些问题，近似方法成了一种可行的选择。近似方法可以在较为合理的时间内迅速求得可以接受的满意解。由于它的求解速度快，解的质量还可接受，因此可用于解决较大规模的调度问题。

1. 构造方法

构造方法主要包括优先分派规则法、插入方法和基于瓶颈的启发式方法等。

1）优先分派规则法

优先分派规则法（Priority Dispatch Rules，PDR）是最早的近似方法。该方法是先给所有的被加工工序分派一个优先权，然后优先权最高的加工工序被最先选出排序，接下来按优先权次序依次进行排序。由于该方法非常容易实现而且计算复杂性低，在实际的调度问题中常常被使用。Panwalkar 和 Iskander 对各种不同规则进行了归纳和总结。在实际中常用的规则有 SPT、LPT、EDD、MOR 和 FCFS 等。大量该领域的研究表明：对于大规模的车间调度问题，将多种优先分派规则组合起来使用更具有优势；另外，该方法具有短视的缺点，如它只考虑机器的当前状态和解的质量等级等问题。

2）基于瓶颈的启发式方法

基于瓶颈的启发式方法（Bottleneck Based Heuristic，BBH）一般而言主要包括瓶颈移动方法（Shifting Bottleneck Procedure，SBP）和射束搜索方法。SBP 是目前求解调度问题最有效的构造方法之一，由 Adams 在 1988 年提出，也是第一个解决 FT10 标准测试实例的启发式算法。SBP 方法的主要贡献是提供了一种用单一机器确定将要排序的机器的排序途径。实际求解时，把问题转化为多个单一机器问题，每次解决一个子问题，把每个子问题的解与所有其他子问题的解比较，每个机器按照解的好坏排列，有着最大下界的机器被认为是瓶颈机器。而单一机器问题的排序用 Carlier 的方法通过迭代来解决，这个方法可以快速给出一个精确的解。当每次瓶颈机器排序后，每个先前被排定的有改进能力的机器，通过解决单一机器问题的方法，再次被局部重新最优化。虽然 SBP 可以得到比优先分派规则法质量更好的解，但是计算时间较长，而且实现比较复杂。

2. 人工智能方法

20 世纪 80 年代出现的人工智能方法在调度研究中占据重要的地位，也为解决调度问题提供了一种较好的途径。主要包括约束满足技术、神经网络、专家系统、多智能体系统及后来人们通过模拟或揭示某些自然现象、过程和规律而发展的元启发式算法（如：遗传算法、免疫算法、蚁群优化算法和粒子群优化算法等）。

1）约束满足

约束满足（Constraint Satisfaction，CS）是通过运用约束减少搜索空间的有效规模。这些约束限制了选择变量的次序和分配到每个变量可能值的排序。当一个值被分配给一个变量后，不一致的情况会被剔除。去掉不一致的过程称为一致性检查（Consistency Checking，CC），但是这需要进行回访修正。当所有的变量都得到分配的值并且不与约束条件冲突时，约束满足问题就得到了解决。Pesch 和 Tetzlaff 指出，该方法只是在一定程度上给调度者提供了高水平的指导方针，较少应用于实际调度。

2）神经网络

神经网络（Neural Networks，NN）通过一个 Lyaplmov 能量函数构造网络的极值，当网络迭代收敛时，能量函数达到极小，与能量函数对应的目标函数得到优化。用神经网络解决旅行商问题（Travelling Salesman Problem，TSP）是其在组合优化问题中最成功的应用之一。Foo 和 Takefuji 最早提出用 Hopfield 模型求解车间调度问题。之后大量学者进行了改进性研究。除了 Hopfield 模型，反向传播（Back Propagation，BP）模型也较多地应用于求解车间调度问题。Remus 最早利用 BP 模型求解调度问题，之后大量学者对此模型进行了研究。目前，神经网络仅能解决规模较小的调度问题，而且计算效率非常低，以至于不能较好地求解实际大规模的调度问题。

3）专家系统

专家系统（Expert System，ES）是一种能够在特定领域内模拟人类专家思维来解决复杂问题的计算机程序。专家系统通常由人机交互界面、知识库、推理机、解释器、综合数据库和知识获取等六个部分构成。它将传统的调度方法与基于知识的调度评价相结合，根据给定的优化目标和系统当前状态，对知识库进行有效的启发式搜索和并行模糊推理，避开烦琐的计算，选择最优的调度方案，为在线决策提供支持。比较著名的专家系统有 ISIS、OPIS、CORTES、SOJA 等。由于专家系统需要丰富的调度经验和大量知识的积累，使得开发周期较长，而且成本昂贵，对新环境的适应能力较差，因此专家系统一般对领域的要求非常严格、非常特定。

4）多智能体系统

为了解决复杂问题，克服由于单一的专家系统所造成的知识有限、处理能力弱等问题，出现了分布式人工智能（Distributed Artificial Intelligence，DAI）。多个智能体的协作正好符合分布式人工智能的要求，因此出现了多智能体系统（Multi-Agent System，MAS）。由于 MAS 对开放的和动态的实际生产环境具有良好的灵活性和适应性，因此 MAS 在实际生产中不确定因素较多的车间调度等领域中获得越来越多的应用。不过，MAS 和专家系统有同样的不足，需要丰富的调度经验和大量知识的积累等。

5）进化算法

进化算法（Evolutionary Algorithm，EA）通常包括遗传算法（Genetic Algorithm，GA）、遗传规划（Genetic Programming，GP）、进化策略（Evolution Strategies，ES）和进化规划（Evolutionary Programming，EP）。它们都是模仿生物遗传和自然选择的机理，用人工方式构造的一类优化搜索算法。但各自的侧重点不一样，GA 主要用于自适应系统，是应用最广的算法；EP 主要求解预期问题；ES 主要解决参数优化问题。1985 年，Davis 最早将 GA 应用到调度问题，通过一个简单的 20×6 的车间调度问题验证了采用 GA 的可行性。此后，Falkenauer 和 Bouffouix 进行了改进提高。1991 年，Nakano 首先将 GA 应用到了一系列的 JSP 典型问题中。Yamada 和 Nakano 在 1992 年提出了一种基于 Giffler 和 Thompson 的算法 GA/GT。自 1975 年 Holland 教授提出 GA 以来，国内关于其在求解车间调度问题的文献非常多，其中清华大学的王凌和郑大钟较好地对 GA 及其在调度问题中的应用进行了分析和总结。

6）蚁群优化算法

蚁群优化算法（Ant Colony Optimization，ACO）是意大利学者 Dorigo 等人于 1991 年提出的，模拟蚂蚁在寻找食物过程中发现路径的行为。蚂蚁在寻找食物过程中，会在它们经过的地方留下一些化学物质外激素（Stigmergy）或信息素（Pheromone），这些物质能被同一蚁群中后来的蚂蚁感受到，并作为一种信号影响后来者的行动，而后来者也会留下外激素对原有的外激素进行修正,如此反复循环下去,使外激素最强的地方形成一条路径。蚁群算法在求解复杂组合优化方面有一定的优越性,不过容易出现停滞现象,收敛速度慢。

7)粒子群优化算法

粒子群优化（Particle Swarm Optimization，PSO）由 Eberhart 博士和 Kennedy 博士在 1995 年提出,源于对鸟群捕食行为的模拟研究。在 PSO 算法中,系统初始化为一组随机解,称之为粒子。每个粒子都有一个适应值表示粒子的位置,还有一个速度来决定粒子飞翔的方向和距离。在每一次迭代中,粒子通过两个极值来更新自己,一个极值是粒子自身所找到的最优解,称为个体极值；另一个极值是整个种群目前找到的最优解,称为全局极值。PSO 算法在车间调度中的应用国内研究较多,其中华中科技大学的高亮等在 PSO 算法应用方面做了大量工作。PSO 算法最初应用于连续问题优化,如何较好地将离散化应用于组合优化问题是一个研究热点。

3. 局部搜索算法

局部搜索（Local Search，LS）是人们从生物进化、物理过程中受到启发用于组合优化问题,是从早期的启发式算法变化而来的。以模拟退火算法、禁忌搜索算法为代表,应用广泛。局部搜索必须依据问题设计优良的邻域结构产生较好的邻域解来提高算法的搜索效率和能力。

1)模拟退火算法

模拟退火（Simulated Annealing，SA）算法是 Kirkpatrick 等人在 1983 年提出的,源于模拟物理退火的过程并且结合 Metropolis 准则。模拟退火算法在进行局部搜索过程中,当某个解的目标函数值变坏时,仍可以采用 Metropolis 准则以一定的概率接受新的较差解或继续在当前邻域内搜索,以免陷入局部最优解,整个过程由一个称为温度的参数 t 来控制。Laarhoven 和 Matsuo 在 1988 年首先将 SA 算法用于求解车间调度问题。此后 Laarhoven 对 SA 算法进行改进,取得了较好的求解结果。由于 SA 算法是一般的随机搜索算法,搜索过程也没有记忆功能,求解调度问题时不能非常迅速地得到较好解。不过,SA 算法与其他算法相结合可以增强局部搜索能力,在结果和计算时间上都有明显改善。

2)禁忌搜索算法

禁忌搜索（Tabu Search，TS）算法由 Golver 和 Hansen 在 1986 年提出。TS 在运行时,按照某种方式产生一个初始解,然后搜索其邻域内的所有可行解,取其最优解作为当前解。为了避免重复搜索,引入灵活的存储结构和相应的禁忌准则（即禁忌表和禁忌对象）；为了避免陷入局部最优,引入特赦准则,允许一定程度地接受较差解。1996 年,Nowicki 和

Smutnicki 设计了一种基于关键路径的邻域结构，对 TS 求解调度问题影响非常大。TS 算法求解速度快，而且应用较为广泛，它依赖于问题模型和邻域结构等，可以与其他算法结合提高局部搜索能力。

除了上述方法，还有很多方法可以对调度问题进行求解，如 Petri 网和仿真调度法、文化算法（Cultural Algorithm，CA）、DNA 算法、Memetic 算法、分散搜索（Scatter Search，SS）算法等。每一种算法都有一定的优势，却也存在一定的缺点，如何将它们取长补短地混合在一起进行使用，是当前及未来研究的热点。

1.4 动态调度问题的描述及方法

在企业的实际生产过程中，无论是离散事件系统还是连续过程的生产系统，都存在着由市场需求变化等的企业外部原因及诸如生产设备故障等的企业内部原因所产生的干扰，这使静态调度的性能遭到破坏甚至变得不再可行。因此，在车间调度的研究中需要适当地考虑实际生产车间中的动态因素。

1.4.1 动态调度问题定义

动态调度是指充分考虑事前调度环境和任务及系统当前的状态，及时给出正确或合理的调度策略或方案，从而达到全局优化的目的。

1.4.2 动态调度问题的求解方法

与静态调度相比，动态调度是一个更加复杂的控制与优化过程，即在满足车间内约束的前提下，有效地处理生产环境中发生的动态事件产生的干涉，为工件合理地分配设备，并确定工件在相关设备上的加工顺序和开工/完工时间，以优化生产系统的性能。动态调度不仅要求能够快速响应变化以使得调度过程平稳、持续地进行，还要保持良好的调度性能。Vieira、Aytug 等人和 Potts 及 Strusevich 分别从不同角度对早期的一些探索性的研究成果进行了综述。目前关于动态调度方式的研究可以归结为以下三类（见表 1.1），下面分别进行简单的介绍。

表 1.1　动态调度方式

鲁棒调度	预-反应调度/重调度			完全反应调度/动态（在线，实时）调度
期望	事件驱动	周期驱动	混合驱动	多代理技术 优先调度技术

1. 鲁棒调度

鲁棒调度是根据当前信息或未来一部分可测信息预先生成一个调度方案，这个方案尽可能多地考虑调度在执行过程中发生的干扰事件。

鲁棒调度研究的热点是试图产生具有鲁棒性的调度方案，即按照生成的调度方案实施车间调度可以保证生产系统的性能在实际发生的动态事件的干涉下不会出现大幅度的恶化。Yellig 和 Mackulak 根据设备的历史表现，采用统计方法得出分布函数，从而估计设备可能出故障的时间间隔。李素粉等人采用数学期望预测设备发生故障时刻，然后将启发式规则和遗传算法相结合，计算鲁棒调度计划。O'Donovan 等人在建立具有鲁棒性的调度模型时，估计可能的动态事件导致系统性能下降的程度，在调度方案中加入额外的设备空闲时间，以吸纳动态事件产生的干涉。刘琳研究了三种典型的情况：加工时间不确定、机器随机故障和工件到达时间未知的鲁棒调度方法。

由于在实际的动态事件发生之前就进行了积极的预防，鲁棒调度具有容纳可能发生的动态事件的能力，具有较高的鲁棒性。但是，鲁棒调度常常有过高的设备空闲时间，这是对资源的极大浪费。另外，鲁棒调度几乎不考虑当实际发生的动态事件与预测的可能发生的动态事件有偏差时该如何处理的情况，所以其对预测之外的突发事件反应能力差，很可能会导致性能的大幅下降。

2. 预-反应调度/重调度

预-反应调度一般分两个阶段进行：首先根据已获得信息而不考虑未来的干扰事件的发生而生成一个优化某一目标的调度方案，这个方案称为预调度。然后在执行这个调度的过程中检测其执行情况，当执行过程中发生的一些动态事件使得实际调度偏离了预调度，并且当偏离累积到一定程度时，触发重调度（反应调度）过程，对预调度的部分或全部进行修改，从而保持调度的可行性或者改善调度性能，以消除发生的干扰事产生的影响。预-反应调度也被很多学者称为重调度。

预-反应调度研究的关键问题之一是如何确定重调度时刻，即何时应该启动重调度。Church 和 Uzsoy 归纳了三种确定重调度时刻的方法：事件驱动、周期驱动及事件和周期混合驱动方式。很多学者研究了重调度的频率对系统性能的影响，如 Church 和 Uzsoy、

Sabuncuoglu 和 Bayiz，以及 Perry 和 Uzsoy 等。他们的研究显示增加重调度的频率就可以有效提高系统性能，但重调度的频率增大到一定程度后，不会带来更多的系统性能的提高，只会导致系统混乱，增加重调度引起的成本。研究者开发了滚动窗口方法来实现周期驱动或混合驱动的重调度以降低计算复杂度。这种方法将复杂的动态调度过程分解为一系列窗口内的静态调度，从而可以在每个窗口内直接应用一些成熟的静态调度理论及方法。如 Singe 使用了基于瓶颈漂移过程的启发式分解方法；Shafaei 和 Brun 利用调度规则生成周期调度计划；Qi 等人使用了多种群遗传算法；潘全科和朱剑英用遗传算法实行多目标优化。很多研究者的试验结果显示，滚动窗口的大小在一定程度上影响了调度的效率和质量。然而窗口大小的确定是难点。在实际生产中，为了简便通常把窗口设定为固定时间长度的窗口，如一个班次。

预-反应调度研究的另一个关键问题是如何生成预调度和修补预调度。生成预调度的方法非常多，关于这方面的综述相当多，比较有代表性的有 Pindo 和 Chao 的工作。关于预调度的修补通常有三种办法：右移、部分修改和全部修改。Abumizar 和 Svestka 认为在干涉发生时，仅仅重新调度那些直接或间接受干涉影响的工件，能有效减少由于干涉引起的生产周期的增加，同时也减少了与预调度的偏差，效率和稳定性都较好。然而这样的修改很难操作。

预-反应调度实际上是在必要时才对干扰进行响应，相对鲁棒调度，该方法对突发事件的响应能力有所提高，但是可能导致较差的鲁棒性和稳定性。在很多制造车间中，预调度根据当前车间层状态和订单信息生成从现在到未来某段时间内的计划，如一天或者一个班次。预调度在计划时段的开始时刻下放到车间层，它发挥着两个重要功能：一个是对不同的工件分配资源来优化某些性能指标；另一个是指导车间层外部活动的计划安排，如原料的购买、设备维护和订单下放等。因此，在执行过程中尽量跟随预调度是很重要的。调度的频繁修改可能延迟或者导致以预调度为基础的外部活动无法正常执行。有学者对预-反应调度的实用性进行了研究，研究结果表明，在动态事件发生不频繁、不确定性程度低的生产环境中，预-反应调度的效果比较好；然而在动态事件发生频繁、不确定性程度高的生产环境中，频繁进行重调度很易导致生产系统混乱，降低生产系统的性能。

3. 完全反应调度/动态（在线，实时）调度

完全反应调度与前两种调度方法不同，它并不生成一个完整的预调度方案，而是在必要时刻（决策时刻），根据生产系统当前的状态和可获得的局部的信息，采用某种策略快速、经济地做出局部调度决策，对动态事件产生的干涉进行处理，使得生产系统在动态事件的

干扰下依然保持高效、平稳的生产状态。完全反应调度也被某些研究者称为动态调度（Dynamic Scheduling，DS）、在线调度（Online Scheduling，OS）或实时调度（Reactive Scheduling，RS）。

完全反应调度能够对突发事件实现实时响应，其调度决策取决于系统的当前状态，所以完全反应调度与实时信息获取密切相关。虽然完全反应调度只是在必要时刻基于生产系统的现行状态和局部信息做出局部调度决策，但它也能从上层系统获得如工件交货期等全局信息，能够用长远的思维方式安排调度过程，从而实现全局优化的目的。另外，它不需要频繁修改调度而使得车间生产状态变得混乱。所以，完全反应调度具有很好的实用性，在实际生产中的应用非常广泛。已有研究表明，在动态事件发生频繁、不确定性程度高的生产环境中，完全反应调度的性能比较好。现在对完全反应调度的研究已成为动态调度领域的研究热点之一。

1.5 习题

1. 举例说明生活中出现的调度应用场景。
2. 简述逆优化的定义。
3. 简述车间调度问题的研究方法。

参考文献

[1] Heuberger C．Inverse Combinatorial Optimization: A Survey on Problems, Methods, and Results[J]. Journal of Combinatorial Optimization, 2004, 8(3): 329-361.

[2] Liu L, Wang Q. Constrained Inverse Min–Max Spanning Tree Problems under the Weighted Hamming Distance[J]. Journal of Global Optimization, 2009, 43(1): 83-95.

[3] Zhang J, Ma Z, Yang C. A Column Generation Method for Inverse Shortest Path Problems[J]. Zeitschrift für Operations Research, 1995, 41(3): 347-58.

[4] Zhang J, Liu Z. A General Model of Some Inverse Combinatorial Optimization Problems and Its Solution Method under l∞ norm[J]. Journal of Combinatorial Optimization, 2002, 6(2): 207-27.

[5] Dial R B. Minimal-revenue Congestion Pricing Part I: A Fast algorithm for the Single-origin Case[J]. Transportation Research Part B: Methodological, 1999, 33(3): 189-202.

[6] Jiang Y, Liu L, Wu B, et al. Inverse Minimum Cost Flow Problems under the Weighted Hamming Distance[J]. European Journal of Operational Research, 2010, 207(1): 50-4.

[7] Balas, E. Machine Sequencing Via Disjunctive Graphs: An Implicit Enumeration Algorithm[J]. Operations Research, 17(6): 941-57.

[8] Adams J, Balas E, Zawack D. Focussed Issue on Heuristics ‖ The Shifting Bottleneck Procedure for Job Shop Scheduling[J]. Management Science, 34(3): 391-401.

[9] Smith S F. Constructing and Maintaining Detailed Production Plans: Investigations into the Development of Knowledge-Based Factory Scheduling Systems[J]. 1986, 7(4): 45-61.

[10] Dorigo M, Gambardella L M. Ant Colony System: A Cooperative Learning Approach to the Traveling Salesman Problem[J]. IEEE Transactions on Evolutionary Computation, 1997, 1(1): 53-66.

[11] 高亮，高海兵，周驰. 基于粒子群优化的开放式车间调度[J]. 机械工程学报，2006, 42(2):6.

[12] Glover F. Future Paths for Integer Programming and Links to Artificial Intelligence[J]. Computers & Operations Research, 13(5): 533-49.

[13] Yellig E J, Mackulak G T. Robust Deterministic Scheduling in Stochastic Environments: The Method of Capacity Hedge Points[J]. International Journal of Production Research, 35(2): 369-79.

[14] Shnits B, Rubinovitz * J, Sinreich D. Multicriteria Dynamic Scheduling Methodology for Controlling A Flexible Manufacturing System[J]. International Journal of Production Research, 42(17): 3457-72.

[15] Sabuncuoglu I, Bay?Z M. Analysis of Reactive Scheduling Droblems In A Job Shop Environment[J]. European Journal of Operational Research, 126(3): 567-86.

[16] Singer M. Decomposition Methods for Large Job Shops[J]. Computers & Operations Research, 2001, 28(3): 193-207.

[17] Shafaei R, Brunn P. Workshop Scheduling Using Practical (Inaccurate) Data Part 1: The Performance of Heuristic Scheduling Rules in A Dynamic Job shop Environment Using A Rolling Time Horizon Approach[J]. International Journal of Production Research, 37(17): 3913-25.

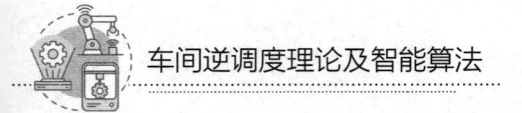

[18] 潘全科，朱剑英. 作业车间动态调度研究[J]. 南京航空航天大学学报，2005, 37(2): 262-8.

[19] Aytug H, Lawley M A, Mckay K, et al. Executing Production Schedules in the Face of Uncertainties: A Review and Some Future Directions[J]. European Journal of Operational Research, 2005, 161(1): 86-110.

[20] Matsuura H, Tsubone H, Kanezashi M. Sequencing, Dispatching and Switching in A Dynamic Manufacturing Evironment[J]. The International Journal of Production Research, 1993, 31(7): 1671-88.

第 2 章

车间逆调度理论与方法

2.1 逆调度问题

定义 2.1 逆调度

逆调度定义：如何对给定加工参数的估计值进行尽可能"小"的调整，在此基础上得到这些参数的改变值，从而使得原先的一个可行调度在该情况下变成最优调度。

2.1.1 逆调度问题描述

最近几年，逆优化在计算机技术飞速发展的基础上被提出，并逐渐被应用在不同领域，取得了许多研究成果。这些研究工作对管理科学和计算机科学的理论与实践有着十分重要的意义。借鉴逆优化问题（或称反问题）的理论与方法，逆调度作为一种新的调度方法被提出，逐渐引起部分学者关注。为了更加具体地说明车间逆调度问题，以带交货期的单机逆调度问题为例进行说明，例如，某单机生产车间接到一批特殊加工订单，每种产品的加工时间已知，生产加工前，客户和生产者依据经验或估计的交货期制定相应最优加工路线。然而在实践生产中往往有许多不确定因素，使得真实的加工参数与估计值不同，在当前调度顺序下很可能导致无法按时交货，由于后续工序约束使得产品加工顺序无法随意调整。为了解决此问题，生产者可以与客户沟通协商，通过调整某些产品的交货期来保证按期交货，使得客户满意度达到要求，此问题可以通过逆调度解决。

在生产管理中，车间的状况通常是不确定的，这使得初始优化的调度方案往往因车间状态的变化而失去最优性，有时甚至变得不可行，使得优化失去意义。以往的解决思路是进行重调度或者动态调度，这些方法通过不断调整调度方案以适应环境的变化，有时会忽略调度的变化对车间其他活动造成的影响，并且频繁地调度对系统的稳定性产生较大影响。针对以上情况，逆调度的思路是通过调整加工参数来保证调度方案满足期望。目前，针对逆调度的研究才刚刚起步，通过分析逆调度研究现状可以发现，早在 2005 年，Koulamas 首次研究了加工参数可控的单机逆调度问题。随后，Brucke 教授于 2009 年在一篇论文中将此类问题定义为逆调度问题，但之后鲜有关于逆调度的研究成果，这并不是由于逆调度缺少实际应用，而是由于问题本身的复杂性，以及逆调度问题的研究背景不足等，限制了对逆调度问题的深入研究。

通过调查研究、分析发现，现实生产中存在一些应用场景可以采用逆调度去解决，可将其概括为两大类：第一类，调度顺序受制约的情况。在某些实际生产中，生产调度模块是生产制造系统的功能模块之一，它负责将制造资源分配给由工艺加工计划所决定的零件加工工序，以满足加工性能指标。因此，调度功能受到工艺加工计划和制造资源的双重制约，考虑零件的制造加工路线是计算机集成制造系统中的关键问题，一旦调度系统进行扩展和重构，可能导致生产计划的变更或者工艺路线的调整，这样的组织方式忽略了真实生产对调度顺序的制约。第二类，加工参数不确定的情况。以前车间调度问题的研究多数集中于纯确定型的问题，在确定的车间调度问题中，工件的加工时间和交货期都是已知的精确量，生产也是处于理想状态下。而实际生产调度系统中往往存在大量不确定因素，如因工人技术状况、身体状况、原材料差异、机床状态与刀具情况不同带来的时间不确定性；工件到达时间的不确定性；交货期的不确定性等。针对加工参数可变、可控的调度问题，可以采用逆调度进行优化。

综上所述，通过逆调度的研究可以改善既有调度方案的性能，并能快速响应车间调度中出现的状况，达到以最小的改变实现最优的调度调整的目的。因此，本书对逆调度问题进行深入研究，不仅能推动车间调度理论和方法的新发展、丰富逆优化问题的研究，还能解决实际生产调度中所面临的关键问题，具有重要的科学意义和工程应用价值。

2.1.2 逆调度问题的数学模型研究

目前，国际上对逆调度的研究刚刚起步，其研究成果还很有限。从模型研究来看，只是研究了单机供应链逆调度及两台机器流水车间逆调度等简单问题，主要以加工完成时间和最小为目标。下面将对已有逆调度问题模型进行介绍，本书的模型都是在此基础上进行拓展的。

1. 单机逆调度问题

逆调度的核心思想是通过最小限度地调整参数值使得原定的工件排序达到最优，这与参数可控的排序问题在某种程度上有共同之处。虽然逆调度的问题研究成果较少，但是国际上很多学者对参数可控的排序问题进行了研究。Vickson（1980）讨论了工件加工时间可控的单机问题，该问题的目标是通过最小化调整加工时间，来确定一个最优调度顺序。Nowicky 和 Zdrzalka（1990）对加工时间可控的排序问题进行了比较深入的调查研究，分析了加工参数可控问题的研究现状。Chand 和 Chhajed（1992）则研究了参数可控的单机问题模型，通过调整交货期来满足调度期望。另外，Trick（1994）等人也对加工参数可控的排序问题进行了不同程度的研究。2005 年，Koulamas 发表了一篇加工参数可控的逆排序论文，并基于 John 规则讨论了 FSP 逆排序问题。此外，国内学者陈荣军等人对单台机器总完工时间逆排序问题也进行了探讨。

分析以上研究发现，虽然有些研究涉及的问题并非是真正意义上的单机逆调度问题，但是它们具有一个共同特点，都是考虑加工参数可控的一类调度问题，因此在模型的建立和问题求解方法上可以为研究者提供一些启发。首先从模型上进行分析，现在已有的单机逆调度模型包括以最大拖期为目标的单机逆调度模型，以及单台机器总完工时间逆调度问题模型。下面介绍单机逆调度模型。

1）以最大拖期为目标的单机逆调度模型 $1\|L_{\max}$

假设 N 个工件在一台机器上加工，给出了不同工件的加工时间 P_j 及交货期 d_j，同时也给出了在这台机器上的一个工件排序 π。假设不考虑工件加工的优先权，且在 0 时刻每个工件都可以开始加工。要求最小限度地调整 P_j 或者 d_j，使得给定的工件排序 π 最优。这里对两种情况进行分析，一种是 P_j 不变调整 d_j，另一种是 d_j 不变调整 P_j。下面分别针对这两种情况给出相应的模型。

（1）固定 P_j 调整 d_j，使得工件排序 π 最优

对于这种情况，每个工件的交货期 d_j 都有一个变化区间 $[\underline{d}_j, \overline{d}_j]$，且 $d_j \in [\underline{d}_j, \overline{d}_j]$，调整后的交货期为 $\hat{d} = (\hat{d}_1, \hat{d}_2, \cdots, \hat{d}_n)$，且 $\hat{d}_j \in [\underline{d}_j, \overline{d}_j], j \in N$，要求最小地调整 d_j，使得给定的排序 π 最优。

$$\begin{aligned} &\text{Min } \hat{d} \ \|\hat{d} - d\| \\ &\text{s.t.} \quad L_{\max}(\pi, \hat{d}) \leq L_{\max}(\sigma, \hat{d}) \\ &\quad\quad \underline{d}_j \leq \hat{d}_j \leq \overline{d}_j, \quad j \in N \end{aligned} \quad (2.1)$$

(2) 固定 d_j 调整 P_j，使得工件排序 π 最优

与上面情况类似，每个工件的加工时间 P_j 也都有一个变化区间 $[\underline{p}_j, \overline{p}_j]$，且 $p_j \in [\underline{p}_j, \overline{p}_j]$，调整后的加工时间为 $\hat{p}=(\hat{p}_1, \hat{p}_2, \ldots, \hat{p}_n)$，且 $\hat{p}_j \in [\underline{p}_j, \overline{p}_j], j \in N$，要求最小地调整 P_j，使得给定的排序 π 最优。

$$\begin{aligned}
&\text{Min} \quad \|\overline{p} - p\| \\
&\text{s.t.} \quad \sum_{i=j}^{h} \hat{p}_i \geq d_n - d_{j-1}, 2 \leq j \leq h, \\
&\qquad \sum_{i=h+1}^{j} \hat{p}_i \leq d_j - d_h, h+1 \leq j \leq n, \\
&\qquad \underline{p}_j \leq \hat{p}_j \leq \overline{p}_j, 1 \leq j \leq n.
\end{aligned} \qquad (2.2)$$

2. 流水车间逆调度问题

国内外对于流水车间逆调度的研究才刚刚开始。2009 年，陈荣军和唐国春研究了流水车间的逆排序问题，根据调整参数的不同，利用排序理论把这些逆问题表示为相应的数学规划形式。2011 年，Brucker 和 Shakhlevich 对这类问题做了进一步的研究，重点探讨了两台机器的流水车间逆调度问题。

这个问题的描述如下：机器 A 和机器 B 上对应的工件加工时间分别为 a 和 b，两台机器上的工件排序分别为 π 和 σ（π 和 σ 可能相同也可能不同），都是已知条件。同时工件的序号与工件在机器上的排序相对应，这样 $\pi=(1,2,\cdots,n)$。对于给出的 a_j 和 b_j，π 和 σ 下的排序可能不是最优排序，目标为最小限度地调整加工时间 a_j 和 b_j，使得工件的排序成为最优排序。

在相关研究中，Brucker 和 Shakhlevich 用 F_2 调整 $a_j, b_j, \pi, \sigma, C_{\max}$ 表示该逆问题。需要调整的加工时间 $\hat{a}=(\hat{a}_1, \hat{a}_2, \cdots \hat{a}_n)$ 和 $\hat{b}=(\hat{b}_1, \hat{b}_2, \cdots \hat{b}_n)$，加工时间需要在给定的范围内调整，$\hat{a}_j \in [\underline{a}_j, \overline{a}_j], \hat{b}_j \in [\underline{b}_j, \overline{b}_j] j \in N$。因此，该问题要使 $\|(\hat{a}, \hat{b}) - (a, b)\|$ 值最小，并且让机器 A 和机器 B 上的工件排序达到最优。模型如下：

$$\begin{aligned}
&\text{Min} \quad \|(\hat{a}, \hat{b}) - (a, b)\| \\
&\text{s.t.} \quad C_{\max}(\pi, \sigma, \hat{a}, \hat{b}) \leq C_{\max}(\pi', \sigma', \hat{a}, \hat{b}) \\
&\qquad \underline{a}_j \leq \hat{a}_j \leq \overline{a}_j, \; j \in N, \\
&\qquad \underline{b}_j \leq \hat{b}_j \leq \overline{b}_j, \; j \in N.
\end{aligned} \qquad (2.3)$$

2.2 逆调度问题的应用背景

在计算机技术的支持下，逆优化理论与技术在国民经济的各个领域得到进一步推广和应用，以期实现生产过程最优化、提高生产效益、节约资源的目的。逆优化思想提出后，关于该问题求解技术的研究引起了众多学者的关注。这些研究工作对管理科学和计算机科学的理论与实践有着十分重要的意义。借鉴了逆优化问题（或称反问题）的理论与方法，调度领域逐渐出现了一种新的方法——逆调度。

2.3 逆调度问题的国内外研究现状

根据逆调度的概念可知，从某种意义上说，正调度的研究有助于最优调度方案的生成，而逆调度的研究则有助于改善既有调度方案的性能。当前，国内外对逆调度的研究较少，主要包括简单的车间类型及小规模的问题，并且缺乏相应的求解方法。

2.3.1 逆调度问题的国内研究概况

近年来，国内许多学者对逆调度进行了初步研究。例如，陈荣军、唐国春等人采用数学规划方法，讨论了单台机器的逆调度问题，该问题的优化目标是总加权完工时间最小，讨论不同范数距离情况下的求解方法，最后设计了多项式时间算法进行求解；同时他们还研究了在不带权的情况下，加工时间和最小的逆问题及其求解策略；2009 年，陈荣军、唐国春研究了单台机器供应链逆排序问题和流水作业逆排序问题，根据调整参数的不同，利用排序理论将不同的逆问题表示为相应的数学规划形式，给出了三个供应链逆排序问题的数学模型及两台机器的流水作业逆问题数学模型，但如何有效地求出这些逆排序问题的解，仍没有明确的方法，值得人们继续研究。2012 年，越南学者 Pham 和华南理工大学学者鲁习文研究了不同距离下的平行机逆排序问题，考虑以最小化总加权完工时间为目标，即针对已给的调度顺序，同时在保证目标函数值不超过原来值的条件下，通过调整工件的权重值来满足原始顺序最优，针对此类问题，利用线性规划和二次规划求得逆问题的最优解。

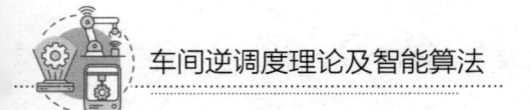

此外，还有几篇相关文献中提到了关于加工参数调整的逆调度问题。

2.3.2 逆调度问题的国外研究概况

车间逆调度问题是一个非常困难的逆调度问题。2009 年，Brucke 教授首次研究逆调度问题，在文章中讨论了单机逆调度问题，涉及的参数分别是加工时间、交货期，以最小化最大拖期为目标，分别讨论了该问题在五种距离下的求解方法，最后证明此问题在不同情况下都是困难的逆调度问题。随后，在 2011 年，Brucke 和 Shakhlevich 进一步研究了较为复杂的车间环境下两台机器的流水车间逆调度问题，提出了关于两台设备的流水车间逆调度问题模型，采用线性规划的方法简化模型，并针对模型分析了有效的求解条件，最后证明了流水车间逆调度问题中求得最优解的充分必要条件，同时证明两台机器的流水车间逆调度问题也是一个困难的逆调度问题。研究表明，在 Brucke 提出逆调度概念化之前，已有几位学者对逆调度问题进行了初步研究。2005 年，Koulamas 研究了关于加工时间可控（Controllable Job Processing Times，CJPT）的逆排序问题，同时基于 John 规则探讨了流水作业（Flow-shop Problem，FSP）的逆排序问题，针对这两类问题，分别建立相应的数学模型，提出时间多项式求解方法。

2.4 逆调度现状总结与应用前景分析

综上所述，不管在理论研究方面还是在实际应用方面，对车间逆调度问题进行研究都是十分有意义的，但是相对于车间调度问题的丰富研究成果，车间逆调度问题的研究刚刚开始，亟须对此问题展开深入的研究。其成果不仅能推动车间调度理论和方法的发展，还能解决实际生产调度中所面临的关键问题，具有重要的科学意义和工程应用价值。当前，该领域仍存在以下不足。

（1）逆调度模型研究不足

目前，关于逆调度的相关研究成果较少。相比于调度问题，逆调度已经被证明也是困难的逆调度问题。关于逆调度问题模型的研究也非常有限，仅限于对单机的车间调度问题和两台设备的流水车间调度问题。已有逆调度模型中考虑的因素较少，例如，只考虑加工时间可变的情况。现实生产中，存在很多加工参数可变的情况，例如，交货期、权重可变等情况，针对这些参数，采用逆调度进行调整来满足目标期望。在前面的研究中，逆调度问题仅仅考虑加工参数的最小调整，往往忽略了调整后对应目标值的变化，调整后的目标值很可能大于调整前的情况，例如，调整后增加了总完工时间，这是实际生产所不希望看到的。此类情况也需要在研究问题模型时考虑。结合车间调度理论与具体车间类型，根据调整参数的不同，以工件加工时间、交货期等相关参数的最小变化为目标，建立相应的数学模型。

（2）逆调度求解方法研究不足

通过对逆优化问题概况的研究发现，逆优化已经有一定的研究成果，但是该成果应用于逆调度方面确实很少。通过对逆调度概况的研究发现，大多学者只是对逆调度进行初步研究，采用简单的线性规划方法及二次规划方法进行求解，得到不同距离下的解。以上求解方法仅能求解简单或者小规模的问题实例，很难应用于大规模车间调度问题或者实际生产多变的情况。应根据建立的车间逆调度模型和不同车间类型特点，设计基于遗传算法和其他算法相结合的高效混合求解方法。

（3）缺乏多目标逆调度问题

基于上述研究分析发现，逆调度可以有效地改善车间系统。这种改善往往不仅考虑单一目标，通常需要面向多个目标进行分析决策，这些目标之间又互相冲突。如何调整相关参数，既保证方案满足期望，又使得相关成本最低或方案改变最小，成为逆调度亟须解决的问题。因此，逆调度不仅需要考虑调度效率，同时还要考虑调度稳定性，包括加工参数改变量、系统改变量及完工时间和等目标。针对多目标逆调度问题，建立相应的多目标逆调度问题模型，并且分析多目标的适应度赋值策略、精英保留策略和多样性保持策略，以及高效局部搜索策略等，设计高效的多目标优化求解方法。

2.5 习题

1．简述逆调度的定义。

2．简述车间逆调度的应用现状。

3．建立以最大拖期为目标的单机逆调度模型。

参考文献

[1] Koulamas C. Inverse Scheduling with Controllable Job Parameters[J]. International Journal of Services and Operations Management, 2005, 1(1): 35-43.

[2] Brucker P, Shakhlevich N V. Inverse Scheduling with Maximum Lateness Objective[J]. Journal of Scheduling, 2009, 12(5): 475-488.

[3] 陈荣军，唐国春. 单机供应链排序及流水作业的反问题模型[J]. 运筹与管理，2009, 18(2): 80-4.

[4] 陈荣军，陈峰，唐国春. 单台机器总完工时间排序问题的反问题[J]. 上海第二工业大学学报，2005, 22(2):7.

[5] Brucker P, Shakhlevich N V. Inverse Scheduling: Two-Machine Flow-shop Problem[J]. Journal of Scheduling, 2011, 14(3): 239-56.

[6] Vickson R. Choosing the Job Sequence and Processing Times to Minimize Total Processing Plus Flow Cost on A Single Machine[J]. Operations Research, 1980, 28(5): 1155-67.

[7] Nowicki E, Zdrzałka S. A Survey of Results for Sequencing Problems with Controllable Processing Times[J]. Discrete Applied Mathematics, 1990, 26(2-3): 271-87.

[8] Chand S, Chhajed D. A Single Machine Model for Determination of Cptimal due Dates and Sequence[J]. Operations Research, 1992, 40(3): 596-602.

[9] Trick M A. Scheduling Multiple Variable-speed Machines[J]. Operations Research, 1994, 42(2): 234-48.

[10] 陈荣军. 单台机器总完工时间随机排序问题的反问题[J]. 常州工学院学报，2006, 19(6): 1-5.

[11] Lenstra J K, Kan A R. Computational Complexity of Discrete Optimization Problems [M]. Annals of Discrete Mathematics. Elsevier. 1979: 121-40.

[12] Hongtruong Pham，鲁习文. 平行机上单位加工时间加权总完工时间排序问题的反问题[J]. 华东理工大学学报：自然科学版，2012, 38(6):5.

[13] Zhang F, Ng C T, Tang G, et al. Inverse Scheduling: Applications in Shipping[J]. nternational Journal of Shipping and Transport Logistics, 2011, 3(3): 312-322.

[14] Brucker P, Shakhlevich N V. Inverse Scheduling with Maximum Lateness Objective[J]. 12(5): 475-88.

[15] Brucker P, Shakhlevich N V. Inverse Scheduling: Two-machine Flow-shop Problem[J]. Journal of Scheduling, 2011, 14(3): 239-56.

第 3 章

单机车间逆调度

3.1 单机逆调度问题

3.1.1 加权完成时间和最小的单机逆调度问题描述

3.1.1.1 SMISP 问题描述

在生产调度研究领域，单机调度问题（Single Machine Scheduling Problem，SMSP）是调度领域的一个基本问题，并且已有许多研究成果。通常，单机调度是多数调度问题的特例，通过对此问题的研究，可以对解决其他复杂调度问题带来参考。因此，单机调度问题的研究可以指导其他调度问题的深入研究。实际生产中，根据分解特性，将复杂调度问题进行分解，然而根据排列组合知识可知，系统中 n 个工件加工次序的全排列为 $n!$，当 $n=20$ 时，$n!=2.4\times10^{18}$，很显然，该问题的计算量相当巨大。由此可见，当 n 大到某一程度时此问题可以看作 NP-hard 问题，传统的精确算法已无法解决此问题，需要寻求更加高效的方法进行求解。

以往关于单机调度问题研究较多的是静态调度情形，它对实际生产的情况进行了较多的简化，通常假设工件加工信息在调度之前都已知并且确定。对于这样的单机调度问题，其最大完工时间指标其实是一个定值，等于所有工件的加工时间之和；针对加权完工时间和的单机调度问题依据 WSPT（Weighted Shortest Processing Time）规则可进行求解。但如果要考虑实际生产情况下的车间调度，常常根据已知的加工信息预先生成一个调度方案，该调度方案往往会因为车间状态的变化而失去最优性，有时甚至变得不可行。以往的解决思路是进行重调度或者采用其他调度方法。但是调度往往受到工艺加工计划和制造资源的双重制约，在此情况下，调度顺序一旦生成不能轻易调整或只能进行微调。因此如何调整相关参数，使其既保证方案满足期望，又使得相关成本最低或方案改变最小成为亟须解决的问题，这也是单机逆调度（Single Machine Inverse Scheduling Problem，SMISP）研究的本质。

3.1.1.2 SMISP 问题的数学模型

基于以上理论背景研究，本章主要研究单机环境下带有可控加工参数的车间逆调度问题，通过调整加工时间使得原调度变得最优，并且考虑以加权完工时间和最小为目标。该问题可以描述如下。

某生产车间有一台机器和 n 个待加工工件，每个工件随机到达该机器进行顺序加工。工件具有多个性能参数，如加工时间、工件权重及交货期等。加工前可以预先估计各参数，根据当前已知的加工信息预先生成一个调度方案，并且加工参数可以在合理范围内调整，该调度方案往往会因为车间状态的变化而失去最优性，通过调整相关参数既保证方案满足期望，又使得相关成本最低或方案改变最小。目前依据性能指标可将其分为两类：基于调度性能和基于调度成本指标。本章是研究加权完工时间和最小的单机逆调度问题。为了更好地描述该问题的数学模型，条件假设如下。

（1）工件在该台机器上加工时不能被其他工件抢占；

（2）该机器同一时刻至多加工一个工件；

（3）该台机器一直都可用，并且在时刻 0 时机器就处于空闲状态；

（4）该台机器前有无限缓存区；

（5）工件之间没有加工次序约束；

（6）工件完工后立即被运走；

（7）工件准备时间已作为其加工时间的一部分；

（8）工件的加工参数在一定范围内可控。

根据以上假设，在建立模型之前还需对一些参数进行说明。首先，以最小化加权完成时间和为目标，建立单机逆调度问题模型。在该问题中，相关参数被分成两个部分：一部分是初始加工时间 p_j、工件权重 w_j、工件完工时间 c_j；另一部分是调整后加工时间 $\bar{p}_j$、工件权重 $\bar{w}_j$、工件完工时间 $\bar{c}_j$。固定 w_j，调整 p_j，使得原始工件排序 π 在工件加工时间 $\bar{p}_j$ 下最优。对于这种情况，每个工件的加工时间 p_j 都是有一个变化区间 $\left[\underline{p}_j, \bar{p}_j\right]$，且

$p_j \in \left[\underline{p_j}, \overline{p_j} \right]$,调整后的加工时间为 $\overline{p_j}$,要求最小地调整 p_j,使得给定的排序 π 最优,Z 为最小化参数改变量。

下面针对这第一种情况给出相应的数学模型:

目标:
$$\mathrm{Min}\, Z = \mathrm{Min} \sum \| p_j - \overline{p_j} \| \tag{3.1}$$

约束:
$$\frac{\overline{p_1}}{w_1} \leqslant \frac{\overline{p_2}}{w_2} \leqslant \cdots \leqslant \frac{\overline{p_n}}{w_n} \tag{3.2}$$

$$\sum_{j=1}^{n} w_j (\overline{p_1} + \cdots + \overline{p_n}) \leqslant \sum_{j=1}^{n} w_j c_j \tag{3.3}$$

$$\overline{p_j} \geqslant 0, j = 1, 2, \cdots, n \tag{3.4}$$

式(3.2)保证预先生成调度方案 π 在调整后的加工时间 $\overline{p_j}$ 下最优;式(3.3)保证调整后的目标值(加权完成时间和)小于原目标值,本节考虑以最小化加权完成时间和为目标的单机逆调度问题,因此希望该目标通过逆调度调整之后不比原目标值大;式(3.4)表示所有工件的加工时间应该是大于或者等于 0。

3.1.2 带交货期的单机逆调度问题描述

基于以上理论背景,本节研究单机环境下带有交货期的车间逆调度问题,通过调整交货期使得原先调度变得最优,并且考虑最小化最大拖期的问题为研究背景。该问题可以描述如下。

某生产车间有一台机器和 n 个待加工工件。每个工件随机到达该机器进行顺序加工。工件具有多个性能参数,如加工时间、工件权重及交货期等。加工前交货期可以与客户沟通预先得到,根据此参数信息预先生成一个调度方案,并且可以在合理范围内调整,该调度方案往往由于车间状态的变化而失去最优性,通过调整相关参数既保证方案满足期望,又使得相关成本最低或方案改变最小。为了更清晰地描述该问题的数学模型,条件假设如下:

(1)从 0 时刻起,所有的工件都是可行的;

(2)机器同一时刻只能加工一个工件;

(3)从 0 时刻开始,机器就是可用的,并且机器是连续使用的;

(4)不同工件之间不存在优先约束;

(5)每个工件的交货期和加工时间都是已知的;

(6) 工件的加工时间是不变的，交货期在给定随机均匀区间取值；

(7) 工件的加工顺序是不变的，且此加工顺序非最优。

基于上面的假设，建立数学模型之前需要对一些符号做以下定义和说明。

n：加工工件的数量；

J_i：第 i 个工件；

p_i：第 i 个工件的加工时间；

d_i：第 i 个工件的交货期；

σ：一个可行排序，非最优排序；

C_i：工件 i 的完工时间；

$\overline{d_i}$：工件 i 调整后的交货期；

$L_{\max}$：最大拖期时间；

$\overline{L}_{\max}$：改变 d_i 后的最大拖期时间；

$1\|L_{\max}$：以最大拖期最小为目标的单机调度问题。

则最小化最大拖期的单机逆调度问题的一般描述如下。

给定一台机器，n 个工件分别为 $J_1, J_2, \ldots, J_n$，工件相应的加工时间为 p_i（$i=1, 2, \cdots, n$），交货期为 d_i（$i=1, 2, \cdots, n$），并给定可行排序 $\sigma = (1, 2, \cdots, n)$，调整交货期 d_i 为 $\overline{d_i}$，使得可行排序 σ 在新的交货期下成为最优排序，并且同时使交货期的调整量 $\|d_i - \overline{d_i}\|$ 最小。

在调度问题中，对于 $1\|L_{\max}$ 问题，最优解满足最早交货期规则（Earliest Due Date，EDD）：将所有已经到达并等待加工的工件按照交货期的升序排序加工。该规则基于交货期的调度规则，经常作为最小化拖期调度问题的比较基准，其数学表达式为 $d_1 \leq d_2 \leq \cdots \leq d_n$。在具体的模型中会使用该规则。

通过上述问题描述，则带交货期的单机逆调度问题数学模型如下。

目标：
$$\text{Min} \|d_i - \overline{d_i}\| \tag{3.5}$$

约束：
$$\overline{d_1} \leq \overline{d_2} \leq \cdots \leq \overline{d_n} \tag{3.6}$$

$$\overline{L}_{\max} \leq L_{\max} \tag{3.7}$$

$$d_i > 0, i = 1, 2, \cdots, n \tag{3.8}$$

$$p_i > 0, i = 1, 2, \cdots, n \tag{3.9}$$

$$\overline{d_i} > 0, i = 1, 2, \cdots, n \tag{3.10}$$

其中：

$$L_{\max} = \max\{C_1 - d_1, C_2 - d_2, \cdots, C_n - d_n\} \tag{3.11}$$

$$\overline{L}_{\max} = \max\{C_1 - \overline{d_1}, C_2 - \overline{d_2}, \cdots, C_n - \overline{d_n}\} \tag{3.12}$$

$\|d_i - \overline{d_i}\|$ 是在 L_1 距离下的值,如下:

$$\|d_i - \overline{d_i}\| = \sum_{i=1}^{n}|d_i - \overline{d_i}| \tag{3.13}$$

式(3.5)表示交货期 d_i 的调整总量最小;式(3.6)保证了调整后的交货期 $\overline{d_i}$ 满足 EDD 规则;式(3.7)保证了目标值 $L_{\max}$ 调整后优于调整前;式(3.8)、式(3.9)、式(3.10)保证了该问题的参数 d_i、p_i、$\overline{d_i}$ 均大于 0。

3.2 基于 GAIP 混合算法求解单机逆调度问题

3.2.1 遗传算法的基本理论

遗传算法(GA)在 20 世纪 90 年代得到众多研究者的追捧,它是由美国密歇根大学 J.Holland 教授首先提出的。遗传算法主要受适者生存的生物进化思想启示,是效仿达尔文的生物进化论自然选择学说及生物进化过程等特性,进行最优解搜索的一种随机搜索算法。在搜索过程中,每个种群以个体的适应度(Fitness)大小来进行选择(Selection),整个过程伴随交叉(Crossover)和变异(Mutation)等过程,形成下一代种群。通过这种方式使得新生成的种群比父代具有更强的适应性,然后将种群中的最优个体解码(Decoding),获得近似最优解。GA 作为一种应用较为广泛的优化算法,其主要的两大特性是隐含并行性和全局搜索能力。

GA 具有随机优化的特点,但并不是盲目地在解空间进行搜索,而是通过染色体或者个体,利用已获得的信息指导搜索沿着改善的方向进行。1992 年,Michalewicz 通过一部著作使遗传算法的应用得到了更好的推广,该书中指出 GA 主要由五个核心要素构成:编码和解码、种群初始设计、适应度函数设计、遗传算子设计(主要包括选择、交叉、变异等)和遗传参数设置(种群规模、遗传算子的概率等),概括来说,GA 的流程图如图 3.1 所示,具体操作步骤如下。

Step 1:采用一定的初始化方法生成初始种群 $P(0)$。

Step 2:对种群中的每个个体进行适应度值计算,评价种群 $P(0)$。

Step 3：判断是否满足算法的终止准则，如果满足则输出优化结果；否则转到 Step 4。

Step 4：对种群进行遗传操作，采用复制、交叉和变异等操作产生新一代种群 P(gen)。

Step 5：转到 Step 2，gen=gen+1。

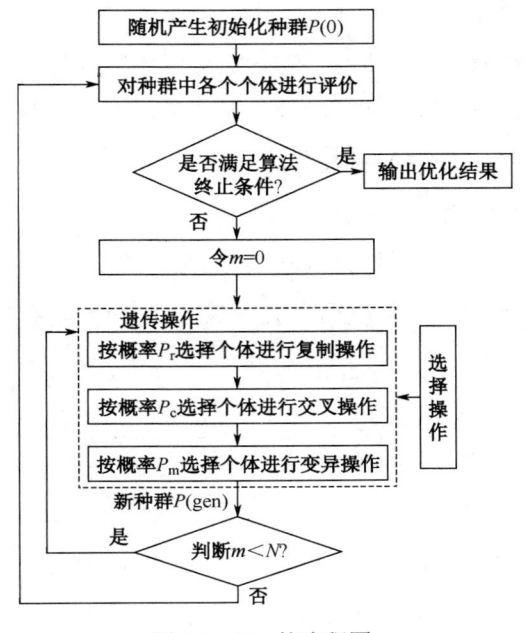

图 3.1 GA 的流程图

GA 作为一种简单通用的算法，已经被广泛应用于求解不同的车间调度问题，GA 经历了不同的变形或改进，但该算法都是基于生物遗传进化的思想演变而来的。GA 的优越性主要表现在：

（1）GA 对所求的问题通用性强，能够处理不同形式的目标函数和约束问题。

（2）GA 是通过对多个染色体进行迭代，并且通过概率的搜索方式。因此 GA 是具有概率意义上全局优化算法。

（3）GA 具有极大的灵活性，便于与其他算法混合，形成效率更高的求解方法。

虽然 GA 具有以上的优势，但是，GA 不具备较强的局部搜索能力，使得单一的遗传算法运行时间较长，尤其是进化末期搜索效率较低，容易导致算法的早熟收敛。如何使 GA 与其他算法相混合，以用于求解车间逆调度问题具有挑战意义。

3.2.2 单机逆调度问题的染色体编码与解码

染色体编码是遗传算法的关键步骤，是指完成从问题解空间到编码空间的映射。如何设计一种简单易操作的合理编码方案是研究的重点、难点。针对具体问题而言，其编码方案需要遵循一定的编码原则。目前已有许多不同的编码方法，针对一般车间调度问题而言，一般采用基于工序的编码方案，其原理是将所有待加工的工件按加工次序依次编号为1，2，3……，并且随机生成一条满足工序关系的染色体序列，每一条染色体信息对应一个调度方案。该操作是一种比较普遍的编码方案，却无法实现加工参数的调整。根据单机逆调度问题特性，在此问题中需要确定每个加工参数的调整量。为了实现加工时间在可控范围内进行调整，本节采用基于加工参数的实数制编码方案，该方法保证了算法的可行性与算子的易操作性。本节提出的编码方案如图3.2所示，该实例展示了7个工件在各自可控加工时间范围内的编码方案。由于采用的是基于加工时间的实数制编码方案，因此解码对工件的染色体从左到右依次读取。采用四舍五入的方式获得调整之后对应工件序号的加工时间。

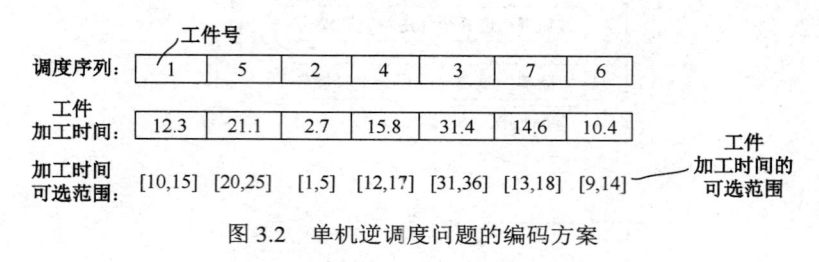

调度序列:	1	5	2	4	3	7	6
工件加工时间:	12.3	21.1	2.7	15.8	31.4	14.6	10.4
加工时间可选范围:	[10,15]	[20,25]	[1,5]	[12,17]	[31,36]	[13,18]	[9,14]

图 3.2 单机逆调度问题的编码方案

3.2.3 单机逆调度问题的初始化

种群初始化在进化算法中起着至关重要的作用，初始解的质量直接影响遗传算法的求解效率。逆调度问题是针对给定的非最优调度进行调整。因此，在整个算法执行之前，需要得到一个初始非最优调度序列。为了减少早熟现象，采用启发式非最优调度法和随机初始化、局部初始化方法相结合的方式来产生逆调度的初始种群，以提高初始种群中染色体的多样性和个体的质量。基于前面介绍可知，本节主要研究单机车间逆调度问题，以最小化加权完成时间和为目标，可记为 $1\|\sum w_i c_i$。在传统调度中，对于 $1\|\sum w_i c_i$ 问题，最优解符合 WSPT 规则，也就是说，最优解必须满足 $\frac{p_1}{w_1} \leqslant \frac{p_2}{w_2} \leqslant \cdots \leqslant \frac{p_n}{w_n}$。建立的数学模型中将会应用此规则。初始化第一步就是进行初始排序操作，即根据原始加工信息或估计参数信息，运用 WSPT 规则，获得逆调度的初始最优序列。为了创造逆调度环境，随机交换某几个工件位置，产生非最优调度序列进行逆调度。

通过上述方法产生的调度序列作为逆调度的初始序列。在此基础上，进行种群初始化。

本节首先介绍两种初始化方法的具体操作,在实验部分,将会对本节需要的参数设置进行分析与讨论。

随机初始化是指不考虑原始参数信息,通过随机方式重新生成新调度参数。在此方法中,所有工件的加工参数都在可控范围内随机生成。具体操作如图 3.3 所示。图中调度序列是一个非最优的调度顺序,初始化前的染色体为各个工件的原始加工时间,并且给出各个加工时间的调整范围。初始化后染色体代表在给定的加工时间调整范围内,随机产生新的加工时间的染色体。图 3.3 所示是单机逆调度问题的随机初始化方案,给出了一个随机初始化染色体。

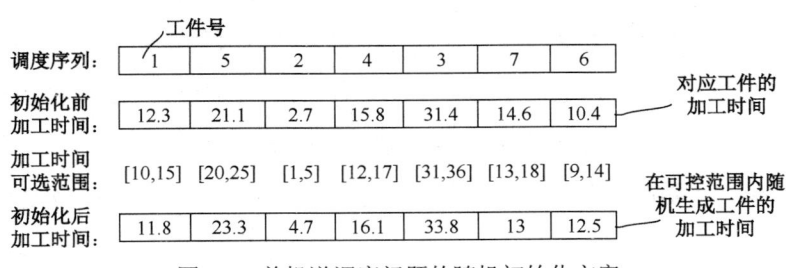

图 3.3 单机逆调度问题的随机初始化方案

局部初始化是指保留某些原始加工参数不变,而其他工件的加工参数在可控范围内随机生成,具体程序如图 3.4 所示。图中调度序列是一个非最优的调度顺序,对应染色体为每个工件的原始加工时间,并且给出各个加工时间的调整范围。在初始化后染色体中,工件 2、3、7 采用原始加工时间,工件 1、5、4、6 采用在可控范围内随机生成的加工时间。图 3.4 所示是单机逆调度问题的局部初始化方案,给出了一个局部初始化的染色体。

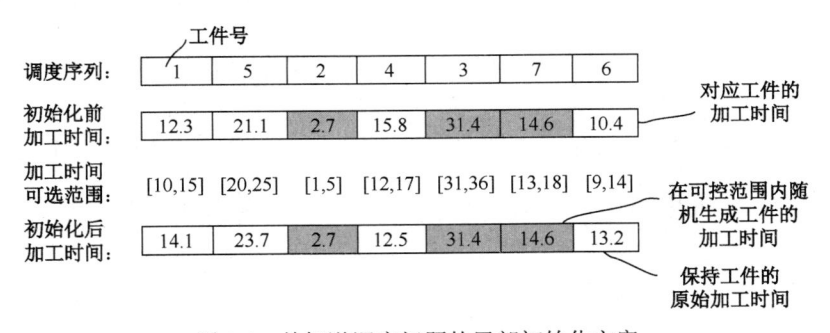

图 3.4 单机逆调度问题的局部初始化方案

本节提出的初始化方法的具体步骤如下。

Step 1:根据原始加工参数,按照 WSPT 规则生成此条件下的最优调度顺序。

Step 2:为创造逆调度环境,随机交换某几个工件的位置,使得最优调度顺序变成非最优。

Step 3：在此基础上，依据一定比例 R_r，选择随机初始化方式生成 M 个染色体。

Step 4：选择局部初始化方式生成（$N-M$）个染色体，混合生成逆调度初始种群。

3.2.4 选择操作

选择操作是为了使种群中优秀个体能够以较大概率被选中进入进化种群中，避免有效基因片段的遗失，从而提高求解质量。常用的选择操作是比例（或轮盘赌）选择（Fitness Proportional Model，FPM）和锦标赛选择（Tournament Selection，TS）等。

本节采用最佳个体保优方法和锦标赛选择两种方法。最佳个体保优方法就是把种群中较优秀的个体不进行后续操作直接复制到下一代种群。在遗传算法中，将父代种群中最优的个体以概率 P_r 直接复制到下一代中。锦标赛选择是设置一个概率值（在此设置为0.8），比较两条染色体，如果随机数小于设定值，则选择较优个体，否则选择较差个体。

3.2.5 交叉操作

交叉操作主要是为了产生下一代进化的新个体，通过基因重组实现交叉操作，同时尽可能保留基因的有效模式，以此提高算法的搜索能力。

交叉操作是 GA 中的关键步骤。很多交叉操作在 GA 中已经得到较好的应用。如文献[28]中提到的不同交叉操作。结合问题本身特征，主要采用三种交叉操作。其具体步骤如下。

1）两点交叉操作

Step 1：随机选择两个位置进行交叉，父代的两个染色体被分成三个部分，本节分别记为 A、B、C 三部分。选择的交叉点是第 2 个位置到第 4 个位置，分割部分如图 3.5 所示。

Step 2：保存父代中间部分基因，将其复制到子代中，在 P1 中，将第 2 个位置到第 4 个位置的基因即 B1 部分的基因复制到 O1 中，同理，将 P2 中 B2 部分的基因复制到 O2 中。

Step 3：将父代 P2 中 A2 和 C2 部分的基因复制到子代 O1 中对应的位置，子代 2 也可以通过同样的方式得到，如图 3.5 所示，将 P2 中的 A2 和 C2 部分的基因复制到 O1 中，则 O1 由 A2、B1 和 C2 三部分组成；O2 可以用同样的方法得到，O2 由 A1、B2 和 C1 三部分组成。

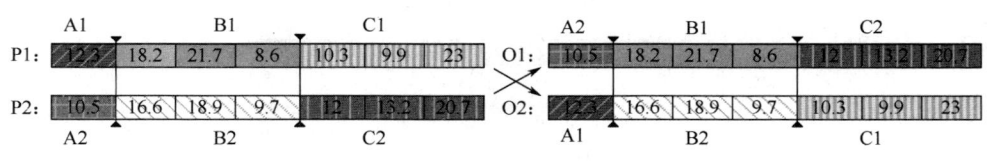

图 3.5 两点交叉操作

2）随机数交叉操作

Step 1：随机选择某几个位置进行交叉，父代的两个染色体被分成两类，如图 3.6 所示，此操作中选择的基因位是第 2、4、5 位置。

Step 2：保存父代中未选中的基因，将其复制到子代中，在 P1 中，第 1、3 位置及第 6、7 位置的基因未被选中，将其复制到 O1 中，同理，将 P2 中相应位置的基因复制到 O2 中。

Step 3：将父代中选中的基因进行交叉操作，即将 P1 中第 2、4、5 位置的基因复制到子代 2，即 O2 中。P2 中的基因同理。在此基础上，将交叉后的基因进行调整，在给定范围内加上或者减去一个随机数，得到新的基因。

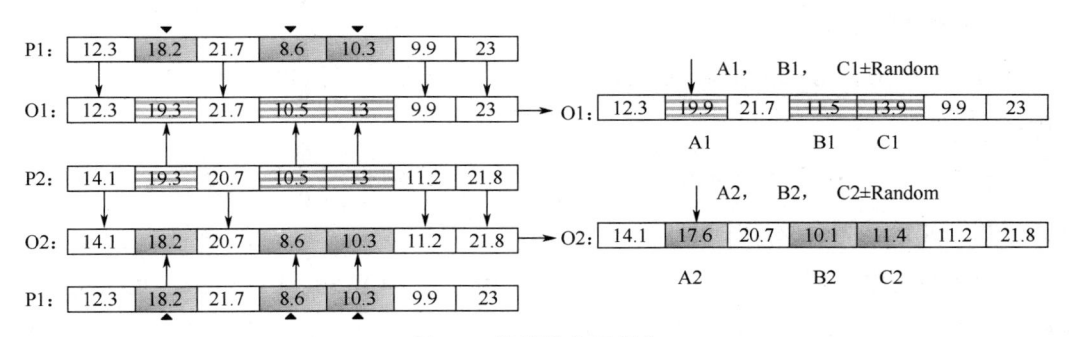

图 3.6 随机数交叉操作

3）均匀交叉操作

Step 1：在区间 $[1, T_o]$ 内随机产生一个整数 r。

Step 2：按照随机数 r 再随机产生 r 个互不相等的整数。

Step 3：依照 Step 2 中产生的整数 r，将父代染色体 P1 和 P2 中对应位置的基因复制到子代染色体 O1 和 O2 中，保持它们的位置不变。

Step 4：将 P1 和 P2 余下的基因依次复制到 O2 和 O1 中，保持它们的位置不变。

如图 3.7 所示，随机产生 4 个位置，$r=4$，随机产生 4 个整数分别是 1、3、6、7，因此将 1、3、6、7 位置的基因直接复制到子代相应位置，余下 2、4、5 位置的基因进行交叉复制。

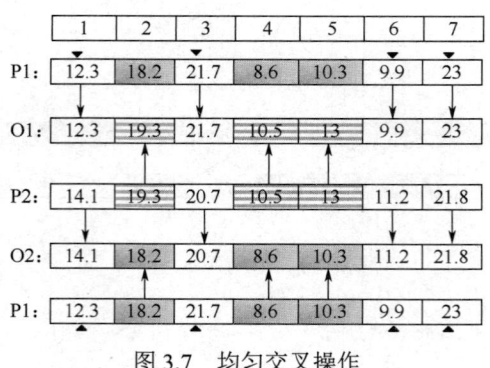

	1	2	3	4	5	6	7
P1:	12.3	18.2	21.7	8.6	10.3	9.9	23
O1:	12.3	19.3	21.7	10.5	13	9.9	23
P2:	14.1	19.3	20.7	10.5	13	11.2	21.8
O2:	14.1	18.2	20.7	8.6	10.3	11.2	21.8
P1:	12.3	18.2	21.7	8.6	10.3	9.9	23

图 3.7　均匀交叉操作

3.2.6　变异操作

遗传算法中的变异操作通过等位基因的替换来产生新个体。该操作主要是为了使种群保持多样性，改善 GA 的局部搜索能力，防止出现早熟现象。在组合优化问题中的主要变异操作包括：互换变异（SWAP）、逆序变异（INV）和插入操作（INS）等。本章针对单机逆调度问题，采用两种变异操作：互换变异和随机数变异，具体操作步骤如下：

1）互换变异操作

Step 1：在父代特征串中随机选择两点，如图 3.8 所示，随机选中第 2 位和第 4 位的基因；

Step 2：随机交换这两个位置上的基因得到子代，如图 3.8 所示，随机交换父代 P1 的第 2 位和第 4 位基因得到子代 O1。

采用此种方法可能产生不可行解，某个基因座的基因值超出限定范围，故在完成操作步骤后，需要采用随机数调整方法进行调整：若互换后的基因不在给定的加工时间范围内，则取参数的上限值，使得基因满足参数范围。

图 3.8　互换变异操作

2）随机数变异操作

Step 1：在父代特征串中随机选择两点，如图 3.9 所示，随机选中第 2 位和第 4 位的基因。

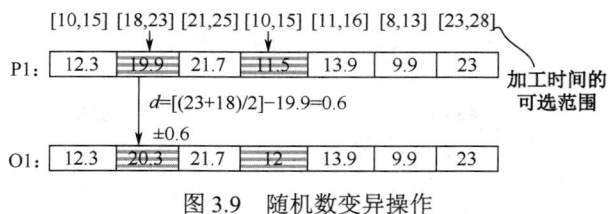

```
        [10,15] [18,23] [21,25] [10,15] [11,16] [8,13] [23,28]
P1:     12.3   19.9    21.7    11.5    13.9    9.9    23     加工时间的
                d=[(23+18)/2]-19.9=0.6                        可选范围
                ±0.6
O1:     12.3   20.3    21.7    12      13.9    9.9    23
```

图 3.9　随机数变异操作

Step 2：通过随机数方式随机生成两个新的基因，假设该基因座上的基因为 C，加工时间范围为 $[A,B]$，定义随机数 $d=|C-(A+B)/2|$，因此该基因在加上或者减去随机数 $[-d,d]$ 的范围内调整，以保证满足加工时间给定的范围。

3.2.7　改进的粒子群优化算法

Particle Swarm Optimization，PSO（粒子群优化算法）通过鸟群之间的协作使得群体达到优化。1995 年，Eberhart 博士和 kennedy 博士受鸟儿捕食行为启发，提出了基于粒子群的优化算法。该算法与遗传算法有很多相似性，是从随机解初始开始，基于群体迭代，种群在搜索空间中沿着最优粒子方向进行搜索。其优势在于不需要很多参数设置，操作方便简单，基于算法的随机搜索特性，防止算法陷入局部最优。同时，进化过程能够使算法快速寻优，与遗传算法相比，所有粒子在大多数情况下可能更快地收敛于最优值。

在粒子群算法中，群体中的鸟儿代表问题的潜在解，此解称为"粒子"，每个粒子具有相应适应度值；在 PSO 算法中，另外一个关键参数是速度，每一个粒子都有飞行方向和距离，都是由速度决定的。在每一代搜索过程中，粒子依靠跟踪两个"极值"完成更新。这包括：个体最优粒子和全局最优粒子。粒子通过寻优，本身可以搜索到最优解。此解称为当前个体最优粒子，表示为 $p_i=(p_{i1}, p_{i2}, ..., p_{in})$，另一个极值通过当前种群搜索到的最优解获得，此极值称为全局最优粒子，表示为 $p_g=(p_{g1}, p_{g2}, ..., p_{gn})$。也可以仅取其中一部分最优粒子的邻居，此部分粒子的最优解作为局部最优粒子。假设种群中的粒子用向量来表示：n 维向量 $X_i=(X_{i1}, X_{i2}, ..., X_{in})$，速度由此向量表示 $v_i=(v_{i1}, v_{i2}, ..., v_{in})$。根据式（3.14）和式（3.15）更新粒子的速度和位置。

$$v_i^{k+1} = wv_i^k + c_1\text{randonm}(\ )(p_i^k - x_i^k) + c_2\text{randonm}(\ )(P_g^k - x_i^k) \quad (3.14)$$

$$x_i^{k+1} = x_i^k + v_i^k \quad (3.15)$$

式（3.4）中，random( ) 代表（0,1）区间内的随机数，此参数用来维持种群多样性；c_1、c_2 是学习因子，其使粒子具有进行自我总结并向最优个体行进的能力；w 为惯性权重，它具有平衡全局最优和局部最优的能力。由于在算法进化过程中，粒子的速度没有任何限制，

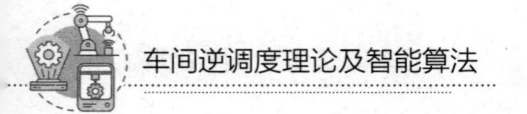

如果速度太大会导致错过最优解，如果太小则可能无法对解空间进行充分搜索，因此，有必要对速度进行限制。

粒子群算法具有操作方便简单，收敛速度快，可控参数较少等优点。同时，该算法也存在一些不足，由于算法寻优过程受个体最优粒子、全局最优粒子的影响，可能会陷入非最优区域，发生早熟收敛。因此，本节在粒子群的基础上，采用几种改进策略，提高算法的性能。其改进情况如下。

1) 引入混沌优化

PSO 算法中，全局最优粒子 $p_g=(p_{g1}, p_{g2}, \cdots, p_{gn})$ 将信息以单向流动的方式传给其他粒子。因此，p_g 对 PSO 的影响较大。为了帮助惰性粒子逃离局部极小点，并快速搜寻到最优解。这里引入混沌优化的思想，主要是对 P_g 进行混沌优化，并且用混沌序列中的最优粒子取代当前粒子，主要操作步骤如下。

（1）将 p_g 采用下列公式映射到 Logistic 方程的定义域[0,1]：

$$y_i^k = \frac{p_{gi}^k - a_i^k}{b_i^k - a_i^k} \tag{3.16}$$

（2）采用 Logistic 方程 $y_{n+1}^k = \mu y_n^k(1-y_n^k)$ 对 y_i^k 进行迭代，获得序列：$y^k = (y_1^k, y_2^k, \cdots, y_n^k)$。$\mu$ 为控制参数，取值为 4。

（3）将产生的序列通过下面方程映射回原空间：

$$p_g^k = a_i^k + (b_i^k - a_i^k)y_i^k, k=1,2,\cdots \tag{3.17}$$

从而产生一个混沌变量可行解序列：$p_g^k = (p_{g1}^k, p_{g2}^k, \cdots, p_{gn}^k)$。

（4）计算此序列中每个可行解矢量的适应值，同时保留适应值最优时对应的可行解矢量 p_g^{*k}。

（5）从当前粒子群中随机选择一个粒子，用 p_g^{*k} 代替选出的粒子。

2) 调整惯性因子

粒子群算法的速度公式包含两部分：即粒子原始速度和调整后的速度。如果缺少第一部分，那么算法将更加接近局部搜索算法，速度自身就会无记忆，搜索空间将会随着进化过程而收缩。如果没有后面组成部分，粒子将会朝着一个方向飞行，难以找到最优解。因此，为了更好地权衡局部最优和全局最优，通过改变惯性权重的大小来进行调节。

将 w 设置为下降系数，令 $w=\{w_{max} \times (1-t/TG)\}$，其中，$w_{max}$ 代表初始权重；t 代表当前代数；TG 代表最大迭代次数，该函数能够使算法在搜索过程初期，倾向于开掘，然后逐渐转向于开拓，从而在局部区域调整解。使粒子群算法的性能得到很大提高。

3）保持种群多样性

采用重新组合的方式生成新的种群：选取 25%来自遗传算法操作后的 A 种群中的最优个体，选取 25%来自改进 PSO 算体操作后的 B 种群中的最优个体，随机选取 30%混合种群进化后得到的个体，另外 20%个体随机从原种群中随机选取。同时注意避免重复的个体。依此组合形成新的进化种群，进行下一次算法迭代。

本节将粒子群算法按照上述几种操作进行改进，改进的 PSO 算体流程如图 3.10 所示，具体操作步骤如下：

Step 1：对部分种群采用 PSO 算体进行优化，确定 PSO 算体的设计变量，初始化 $w_{\max}$，c_1，c_2 等参数。

Step 2：选取 50%个体组成 PSO 初始化群体，进行 PSO 操作产生新的群体 N_2。

Step 3：更新 x_i^k，并计算适应度值，更新个体最优粒子 p_i^k 和全局最优粒子 p_g^k。

Step 4：判断是否满足终止准则，如果满足则输出最优粒子 gB_i^k，并对 gB_i^k 进行混沌优化操作，同时更新惯性系数 $w=\{w_{\max}\times(1-t/TG)\}$；否则转入 step 3。

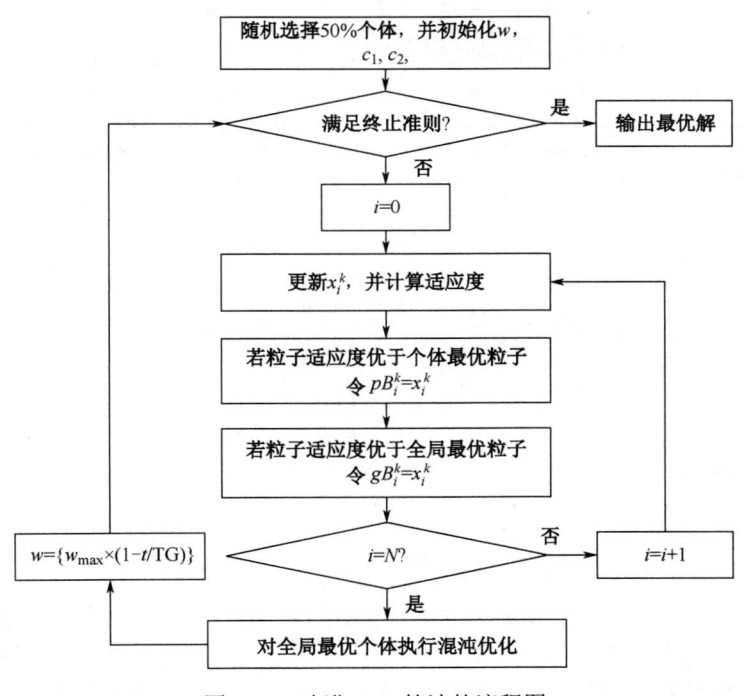

图 3.10 改进 PSO 算法的流程图

3.2.8 基于 GAIP 混合算法的求解步骤

本节提出的算法以遗传算法为基础，结合改进的 PSO 算法，采用与并行机制相混合方式，发挥两种算法各自的优势，克服局部搜索能力较差、收敛速度较慢等缺陷。基于上述策略，提出一种 GAIP 混合算法，这样既可以使算法有较快的收敛速度，又可以使算法不容易陷入局部最优。该混合算法的基本流程图如图 3.11 所示，具体操作如下。

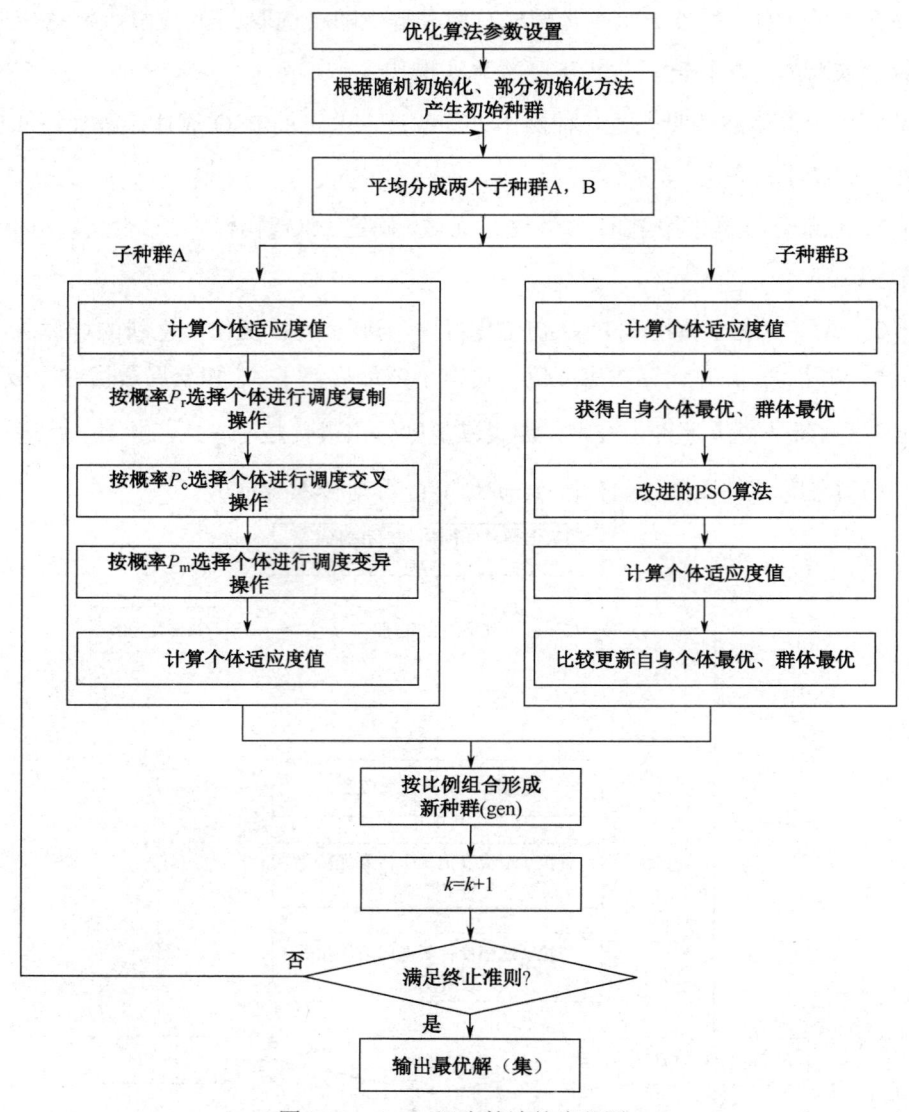

图 3.11 GAIP 混合算法的流程图

Step 1：参数设置。包括种群规模 N、迭代次数 T、随机初始化比例 R_r、部分初始化染色体中工件参数改变的个数 N_{lc}、交叉概率 P_c、变异概率 P_m、复制概率 P_r、锦标赛选择参数 r 等。

Step 2：根据 WSPT 规则及提出的初始化方法产生非最优调度顺序个体。按照 R_r 和 N_{lc} 比例，采用启发式非最优调度法和随机初始化、局部初始化方法相结合的双层调度来产生逆调度质量较好的初始种群。

Step 3：将种群分成两个子种群 A 和 B 进行并行进化计算。在子种群 A 中执行改进的遗传算法操作；在子种群 B 中执行改进的 PSO 算法操作。具体操作如前文所述。

Step 4：评价种群中每个染色体个体的适应度值即目标值进行新种群生成操作，选取 25% 来自遗传算法操作后的 A 种群中的最优个体，选取 25% 来自改进 PSO 算法操作后的 B 种群中最优个体，随机选取 30% 混合种群进化后得到的个体，另外 20% 个体随机从原种群中选取。同时注意避免重复的个体。依此办法形成新的进化种群，进行下一次算法迭代。

Step 5：令 $k=k+1$，判断是否满足终止条件，如果满足则结束运行并且输出最优解或者近优解；否则返回执行 Step 3。

3.3 基于遗传变邻域交替算法求解 DSMISP

3.3.1 变邻域搜索算法基本理论

Variable Neighborhood Search，VNS（变邻域搜索算法）由 Mladenović 和 Hansen 于 1997 年第一次被提出，作为一种局部搜索方法迅速成为国内外研究热点。该算法通过在整个搜索过程中，系统改变邻域结构集 N_k 的方式来扩大搜索区域，找到当前局部最优解，在此基础上，围绕当前局部最优解重新调整邻域结构探索新的搜索空间来发现新的局部最优解。VNS 算法是围绕基本的局部搜索算法提出的，该算法自提出后就表现出良好的性能，简单易操作、时效性强、人性化、易于与其他全局搜索算法相融合，因此许多改进的 VNS 算法已经被用于求解 NP-hard 问题。图 3.12 介绍了 VNS 的基本过程。

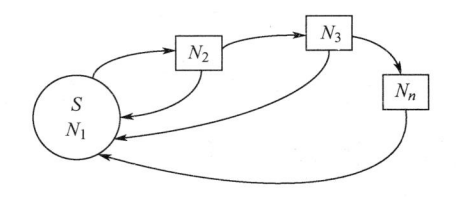

图 3.12 变邻域搜索过程

VNS 算法主要取决于邻域结构、邻域结构之间的搜索顺序、搜索机制等方面。主循环由 3 部分组成：随机扰动、局部搜索和邻域变换。当前解 s 在某一邻域结构内进行随机扰动产生一个新解 s'，即为局部搜索的初始解，通过局部搜索方法找到新的局部最优解 s''，与当前解进行比较，若 s'' 优于 s，则用 s'' 替换 s，重新开始新的迭代过程；否则令 $k=k+1$，采用新的邻域结构重新进行随机扰动。通过此方式，防止陷入局部最优，使其能够从局部最优解的"山谷"中脱离出来，提高算法的局部搜索能力。

一般，多数局部搜索算法最多只采用两种邻域结构，而在 VNS 算法中，采用不同的邻域结构比仅使用一种邻域结果效果更好，在搜索过程中更容易找到全局最优解。VNS 算法过程简单，容易操作，因此被广泛应用于求解不同问题，并且与其他算法相结合，发挥其优势。为了提高算法的局部搜索能力，本节基于交叉变异操作等思想来构建四种搜索邻域，在后面将会详细介绍。图 3.13 为一般 VNS 算法的流程图，具体操作步骤如下。

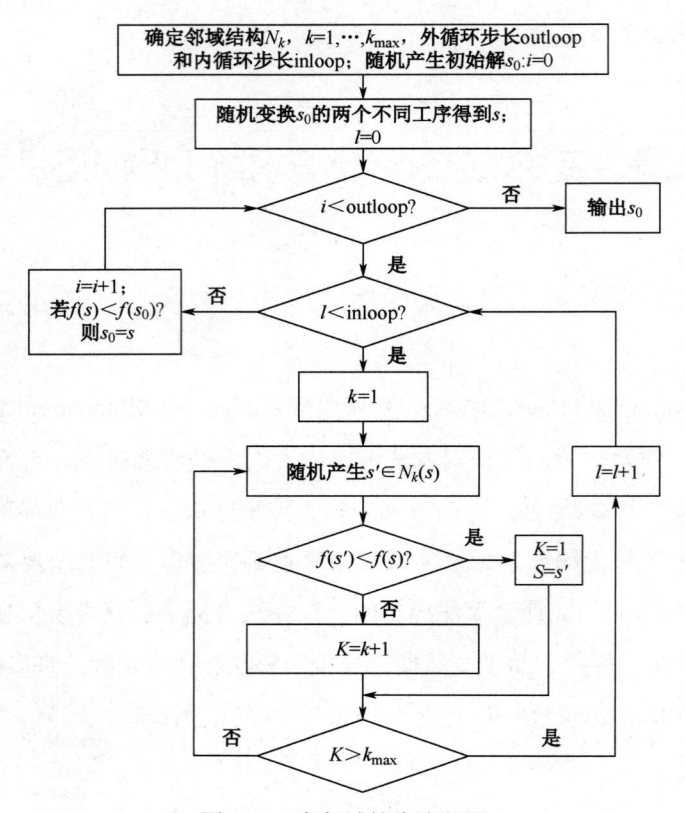

图 3.13 变邻域搜索流程图

Step 1：进行算法初始化，选择邻域结构集 N_k，$k=1,\cdots,k_{max}$ 和停止准则，并给出初始解 s。

Step 2：依次循环下面操作直到满足终止准则。

Step 2.1：设置 $k=1$；

Step 2.2：直到 $k=k_{max}$，循环下述步骤：

Step 2.2.1：随机扰动，在 s 的第 k 个领域结构中随即产生 s'（$s'\in N_k(s)$）；

Step 2.2.2：以 s' 初始解进行局部搜索，运用不同策略获得局部最优解 s''；

Step 2.2.3：进行邻域调整，若局部最优解 s'' 优于目前求得最优解 s，设置 $s=s''$，在邻域结构 N_1 内继续搜索，否则令 $k=k+1$。

变邻域搜索算法有以下几个特点：

（1）针对多种邻域结构，局部最优解可能有所不同；

（2）针对全部邻域结构，全局最优解可以依靠局部最优解通过其邻域结构获得；

（3）针对局部最优解的聚集特性，有些邻域结构的局部最优解之间相距较近。

3.3.2　DSMISP 问题编码与解码

在本节中，逆调度问题所选择的车间调度问题是带交货期的单机车间调度问题，又由于此问题考虑交货期可变的情况，在设计遗传算法的编码时需要针对逆调度问题特征考虑。根据第 2 节提出的编码方案及本章问题特性，染色体必须能准确地表达出相对应工件的交货期值，并且加工参数在一定范围内是可调的。将采用基于交货期的编码方案。针对单机调度问题特征，工件仅在一台机器上加工，具有任意置换染色体后总能得到可行调度方案的特点，因此采用此编码和对应的解码方法简单易行，易于在计算机上编程实现。

对于一个 n 个工件在单台机器上加工的单机车间调度问题，假设第 i 个工件的加工时间和交货期分别为 p_i 和 d_i，则染色体由 n 个基因组成，每个基因分别代表工件交货期值，从左到右扫描染色体。为了更好地描述染色体编码，具体的实例如图 3.14 所示。以 7 个工件在单台机器上加工为例，给定各自交货期的原始值及可变范围。单机逆调度问题的解码相对其他问题比较简单，由于本节采用基于交货期的编码方案，因此解码时对工件的染色体从左到右依次读取，获得调整之后对应工件序号的交货期改变值。

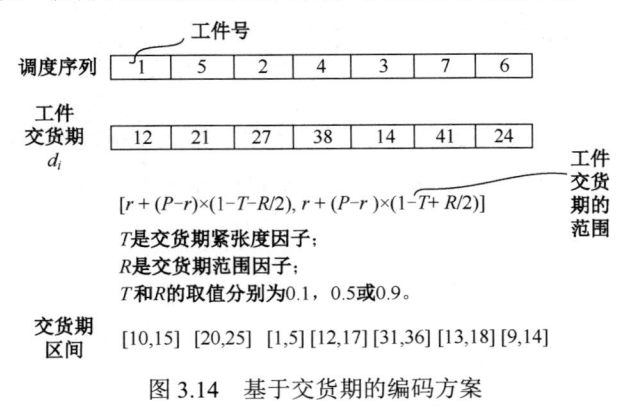

	工件号						
调度序列	1	5	2	4	3	7	6
工件交货期 d_i	12	21	27	38	14	41	24

工件交货期的范围

$[r+(P-r)\times(1-T-R/2),\ r+(P-r)\times(1-T+R/2)]$

T 是交货期紧张度因子；
R 是交货期范围因子；
T 和 R 的取值分别为 0.1，0.5 或 0.9。

交货期区间：[10,15]　[20,25]　[1,5]　[12,17]　[31,36]　[13,18]　[9,14]

图 3.14　基于交货期的编码方案

3.3.3 种群初始化

逆调度是在已有调度并非最优顺序的基础上进行优化，这表明逆调度实际是对初始调度系统的一个改善。因此，开始逆调度前，必须有一个初始的调度排序，并且该调度排序并非最优。

在 $1\|L_{max}$ 问题中，只要满足 EDD 规则的调度，即按照交货期 d_i 的升序排列，这个调度即最优调度。EDD 规则前面已经介绍。

综上所述，为了创造合适的逆调度环境，初始化中第一步就是进行初始排序操作，针对初始的工件交货期、加工时间等参数，采用 EDD 规则，以此获得逆调度的初始序列。具体步骤在本节已经介绍，这里就不再过多赘述。

3.3.4 交叉、变异操作

本节采用 3.2.5 中介绍的两点交叉、随机数交叉和均匀交叉操作方式。由单一交叉操作进行的个体选择方法会过多地选择适应度大的个体，这样会导致种群中此类个体比例过大，因此种群多样性较差，算法很容易陷入"早熟"。为了防止此类问题发生，因此本节选择的交叉操作是 3.2.5 部分介绍的三种交叉方式。

本节针对单机车间逆问题染色体编码方式的特点，对变异操作采用 3.2.6 中的方式——互换变异和随机数变异操作对于参数进行调整。以此达到加工参数小范围的扰动。

3.3.5 变邻域结构设计

针对逆调度问题特性，邻域结构与传统邻域搜索算法中的略有不同，本节借鉴逆调度中交叉、变异的思想，主要采用四种邻域结构进行局部搜索，所采用的邻域结构如下。

1）邻域结构 1

邻域结构 1 借鉴以往算法中交叉操作的思想，从精英解中随机选择 k 个个体。在基因序列中随机选择两个基因位置，由 k 个个体中位于两个位置点的相应基因组成当前解的邻域，这样得到不同邻域个体。比较新个体的适应度值，选择较优个体。这样所有邻居构成第 1 邻域。具体操作如图 3.15 所示。

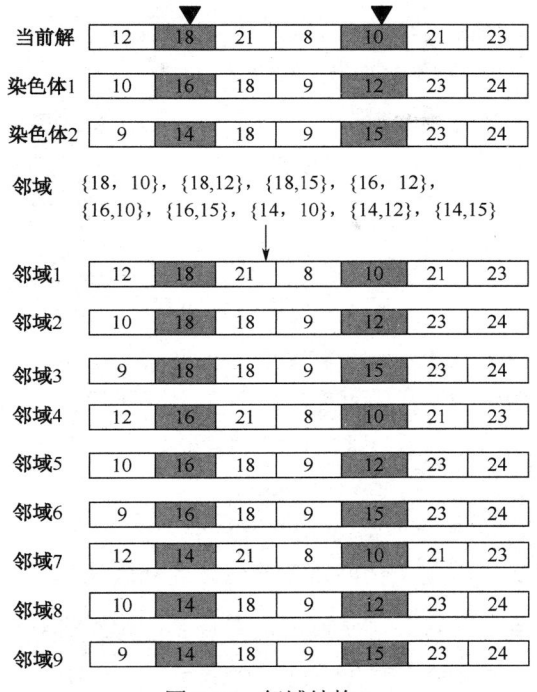

图 3.15　邻域结构 1

2）邻域结构 2

邻域结构 2 借鉴进化算法中基于块交叉操作的思想，随机从精英解中选择 k 个个体。在基因序列中随机选择两个基因位置，两基因位置中间部分形成基因块。将精英解中基因块部分的基因依次取代当前解中相应基因，这样得到不同的邻域个体。比较新个体的适应度值，选择较优个体。这样所有邻居构成第 2 邻域。具体操作如图 3.16 所示。

图 3.16　邻域结构 2

3）邻域结构 3

考虑交货期调整的情况，调整范围为 $[d_i-4, d_i+4]$。因此，将交货期区间分为 3 个步长，分别为 $l_1=1$，$l_2=2$ 和 $l_3=4$。在基因序列中随机选择一个位置，按照各自步长调整。这样所有邻居构成第 3 邻域。具体操作如图 3.17 所示。

| 当前解 | 12 | 18 | 21 | 8 | 10 | 12 | 23 |

将交货期区间分为3个步长，分别为 $l_1=1$，$l_2=2$，$l_3=4$

邻域 $\{21+l_1\}$, $\{21-l_1\}$, $\{21+l_2\}$, $\{21-l_2\}$, $\{21+l_3\}$, $\{21-l_3\}$

邻域1	12	18	22	8	10	12	23
邻域2	12	18	20	8	10	12	23
邻域3	12	18	23	8	10	12	23
邻域4	12	18	19	8	10	12	23
邻域5	12	18	25	8	10	12	23
邻域6	12	18	17	8	10	12	23

图 3.17　邻域结构 3

4）邻域结构 4

在基因序列 s_0 中，随机调整交货期重新产生新的基因序列 s，若 $f(s) < f(s_0)$，则记下调整的基因位置，在基因序列 s 的基础上，对该基因位置进行操作，按照交货期在调整范围内取得的数值作为不同邻域，产生不同的邻域解。这样所有邻居构成第 4 邻域。具体操作如图 3.18 所示。

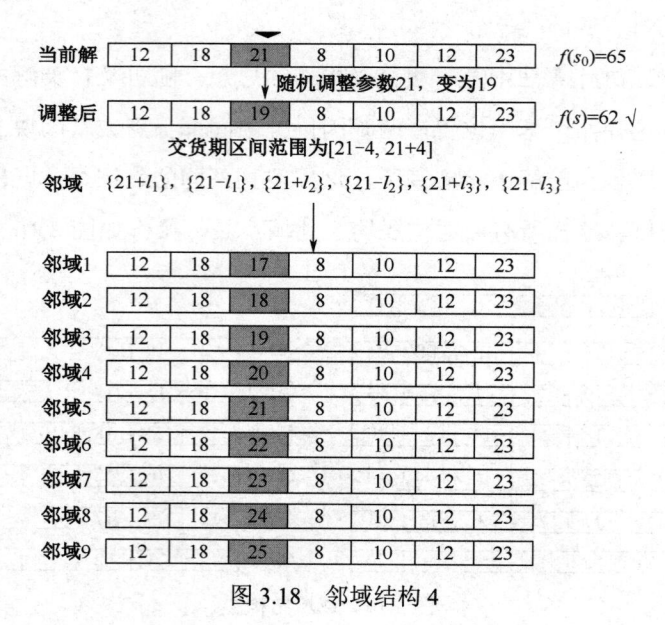

| 当前解 | 12 | 18 | 21 | 8 | 10 | 12 | 23 | $f(s_0)=65$ |

随机调整参数21，变为19

| 调整后 | 12 | 18 | 19 | 8 | 10 | 12 | 23 | $f(s)=62$ √ |

交货期区间范围为[21-4, 21+4]

邻域 $\{21+l_1\}$, $\{21-l_1\}$, $\{21+l_2\}$, $\{21-l_2\}$, $\{21+l_3\}$, $\{21-l_3\}$

邻域1	12	18	17	8	10	12	23
邻域2	12	18	18	8	10	12	23
邻域3	12	18	19	8	10	12	23
邻域4	12	18	20	8	10	12	23
邻域5	12	18	21	8	10	12	23
邻域6	12	18	22	8	10	12	23
邻域7	12	18	23	8	10	12	23
邻域8	12	18	24	8	10	12	23
邻域9	12	18	25	8	10	12	23

图 3.18　邻域结构 4

3.3.6　基于遗传变邻域交替算法的求解步骤

遗传算法有较好的全局优化性能，通过隐含并行进行解的全局搜索，这使得它可以更加灵活地与其他局部搜索算法相混合，发挥优势互补作用。但是，传统的遗传算法的局部搜索能力较差，算法收敛速度较慢。而 VNS 算法是通过变换邻域结构来扩大搜索区域，以此循环不断地寻求局部最优解。它具备较差的全局搜索性能但具备较强的局部探索能力。本节在混合遗传算法的研究基础上，鉴于 GA 算法和 VNS 算法的特性，将二者有机结合，可以起到很好的优势互补作用，提出一种高效的遗传变邻域交替算法——GAVT 算法。

GAVT 算法主要改进的部分如下。

（1）为了提高 GAVT 算法的搜索效率，采用启发式非最优调度法和随机初始化、局部初始化相结合的方式来产生逆调度的初始种群，并引入外部档案集保优策略，将进化中搜索到的优良个体按照一定比例保存到外部档案集中。

（2）为了避免种群陷入早熟，并且更好地保持种群多样性，在交叉操作时，可采用两种方式选择个体。一种是从外部档案集中选择一个父代，然后采用锦标赛选择方式从当前种群选择另一个父代，再进行交叉操作，此方式是为了使算法初期加快收敛速度；另一种是采用锦标赛选择方法从当前种群中选择两个父代个体，随着进化的不断进行，在此过程中，会不断涌现性能优良的个体，此方式是为了尽可能避免算法陷入早熟，达到增强种群多样性的目的。

通过上述的初始化方法产生初始种群，将产生的优良个体按一定比例存入外部档案集，分别采用多种方式进行交叉操作，然后对当前种群进行变异操作，最后采用邻域搜索算法求得每个个体的较优解。VNS 算法采用不同邻域结构，确保群体的多样性同时加强了搜索能力。下面给出 GAVT 算法步骤如下，其流程图如图 3.19 所示。

Step 1：确定参数设置，包括种群规模 N、外部档案规模 P_A、最大迭代次数 T、随机初始化比例 R_r、局部初始化染色体中工件参数改变的个数 N_{lc}、交叉概率 P_c、变异概率 P_m、复制概率 P_r、锦标赛选择参数 r 等。

Step 2：评价种群中个体的适应值，取初始种群中比例为 β 的较优个体对外部档案进行更新，完成外部档案的更新。

Step 3：判断是否满足算法终止准则，如果满足，停止算法操作，输出最优解；否则，转到 Step 4。

Step 4：按照概率 P_c，从下面两种交叉操作方式中选择其一进行交叉，直到新生成的个体达到种群规模大小：

（1）从外部档案集中随机选取一个个体，采用锦标赛选择方法从当前种群中挑选一个个体，按照前面所提的交叉操作进行交叉；

（2）从当前种群中依据锦标赛选择方法选择两个个体，按照上述的交叉操作进行交叉；其中按（1）操作的概率为 P_c，按（2）操作的概率为 $1-P_c$。

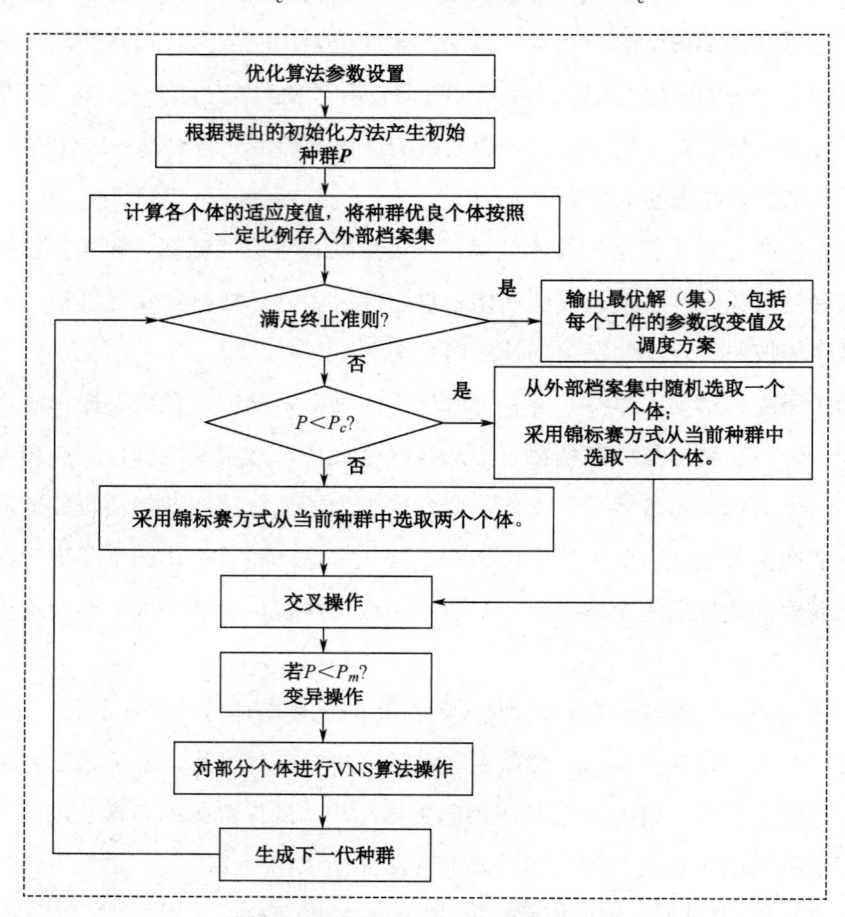

图 3.19 遗传变邻域交替算法流程图

Step 5：对交叉操作后种群中的每一个个体，依据变异概率 P_m 进行变异操作，然后用变异后的个体取代当前个体。

Step 6：对当前种群中的部分个体，利用前面所提的几种邻域结构进行变邻域搜索，求得每个个体的较优解，用更新后的较优个体取代当前个体。

Step 7：转到 Step 2。

3.4 实验结果与分析

上述的 GAIP 混合算法的求解方法采用 C++ 语言编程，程序运行环境为 Intel Core 2 Duo

CPU，主频为 2.29 GHz，内存为 2.86 GB。本章提出的单机逆调度问题方法将在一系列训练集合和验证集合上进行测试。

3.4.1 实验设计

为了检测该算法的性能，本节分别采用不同规模，分小、中、大三个规模实例，对算法进行测试，每个问题实例集合都代表着不同的加工条件，由若干问题实例组成。问题实例按照如下方法随机生成。

不同测试实例中，工件的个数 n 分为三个规模：20、50 及 100；工件的加工时间 p 符合离散的均匀分布区间，分布范围分别为[5,25]、[30,100]及[80,120]；同理，工件的权重值 w 符合离散的均匀分布区间，分布范围分别为[10,50]、[10,100]及[100,200]。

本节采用启发式非最优调度法和随机初始化、局部初始化相结合方式来产生逆调度的初始种群。在 3.3.3 部分介绍了该方法，实验测试部分包括初始化方法中的参数设置测试。根据三个参数的不同组合，工件个数 n、工件加工时间 p 和权重值 w 不同组合生成 27（3×3×3=9）个实例集合，记作 TSet1-27。表 3.1 给出了代表不同加工条件的测试实例集合包含的测试实例仿真参数值。

表 3.1 测试实例集合包含的问题实例仿真参数值

仿真参数	规模大小	参数值
工件个数（n）	小规模（S）	20
	中等规模（M）	50
	大规模（L）	100
工件加工时间（p）	小规模（S）	U[5,25]
	中等规模（M）	U[30,100]
	大规模（L）	U[80,120]
工件权重值（w）	小规模（S）	U[10,50]
	中等规模（M）	U[10,100]
	大规模（L）	U[100,200]

3.4.2 参数设置

在算法设计中，参数设置是非常关键的。目前，关于遗传算法的参数设置仍然值得讨论研究，也是公开的研究方向。关于参数设置往往基于经验或者多次试验测试获得，目前也有很多其他方法获得。本节针对 GAIP 混合算法参数的设置采用实验和经验相结合的方法。参数设置如下：种群规模（N）设为 100，最大进化代数（T）设为 300，复制概率（P_r）设为 0.01，交叉概率（P_c）设为 0.8，变异概率（P_m）设为 0.1，$c_1=c_2=2$，$w=0.9$。

在 3.3.3 提出的新的初始化方法中涉及两个重要参数：随机初始化比例 R_r、部分初始化染色体中工件参数调整的个数比例 N_{lc}，下面我们将采取实例验证的方法讨论这两个参数的取值。因为初始化方法中采用随机初始化和部分初始化两种初始化方式，为了使得种群多样性更好，假设 Rr（0.5,0.7,0.9）三个取值；在部分初始化中，假设有部分工件参数固定不变，而其他工件参数随机生成，因此工件参数调整的个数比例 N_{lc} 设置为（30%,50%,70%）。根据参数 Rr 和参数 N_{lc} 的不同组合生成 9（3×3）类不同的问题实例。根据每个实例工件个数的不同，分为小、中、大规模进行测试。为了分析不同参数值对算法的影响，在相同实验环境下，对每个问题实例连续运行 20 次之后的试验结果进行统计分析，共会产生 540（3×3×3×20）个问题解。分析结果见表 3.2。表中计算结果由下式得出：$RPD_j = \frac{1}{n}\sum_{i=1}^{n}\frac{|S_{GAIPj} - Best_j|}{Best_j}$ 计算每个实例的平均相对偏差，该公式中，n 表示实例运行次数；S_{GAIPj} 表示第 j 组实例经 GAIP 算法求得的最优结果；$Best_j$ 表示第 j 组实例的最优结果，通过该指标统计最优解的波动情况。指标 Z 代表单机逆调度问题的目标，即加工参数最小调整量。从表 3.2 中可以看出，不同的参数设置对于不同规模的问题实例，结果有很大差别。对于小规模问题实例（20 个工件），当参数设置 $Rr=0.5$，$N_{lc}=30\%$时，可以取得最优结果：RPD=0.12，$Z=15$；而对于中等规模问题实例（50 个工件），当参数设置 $R_r=0.7$，$N_{lc}=30\%$时，可以取得最优结果：RPD=0.15，$Z=41$；同理，大规模问题实例（100 个工件），当参数设置 $R_r=0.7$，$N_{lc}=70\%$时，可以取得最优结果，RPD=0.21，$Z=68$。

表 3.2 初始化参数设置实例仿真结果

参数组合	20 个工件		50 个工件		100 个工件	
	RPD	Z	RPD	Z	RPD	Z
(0.5,30%)	**0.12**	**15**	1.61	52	0.73	74
(0.5,50%)	0.48	15	0.29	49	1.16	79
(0.5,70%)	1.14	21	0.21	56	0.49	77
(0.7,30%)	2.09	20	**0.15**	**41**	1.03	83
(0.7,50%)	0.69	28	1.82	64	1.83	80
(0.7,70%)	0.65	38	0.26	49	**0.21**	**68**
(0.9,30%)	1.44	29	1.12	57	0.65	79
(0.9,50%)	0.69	25	0.36	55	1.21	84
(0.9,70%)	0.46	26	0.91	51	1.09	81

3.4.3 实验结果分析

为了测试 GAIP 混合算法的性能，利用 3.4.1 中的设计的 27 个调度实例及参数，因为没有任何结果可以作为参考比较。因此本章采用另外两种比较常用的智能算法与本章提出的 GAIP 混合算法进行结果对比。在相同的环境下，分别采用 GA 和 PSO 算法进行比较实验。GA 和 PSO 算法的参数设定见表 3.3。

表 3.3 参数设定

GA		PSO	
N，种群大小	100	N，种群大小	50
G，最大迭代次数	300	G，最大迭代次数	300
Pr，复制概率	8%	W，$w_{max};w_{min}$	0.9; 0.45
P_c，交叉概率	80%	C_1	2
P_m，变异概率	10%	C_2	2

为了减少算法随机性带来的计算误差影响，使计算结果更具有效性和一般性，对每个问题进行测试 10 次。本章采用两个指标来显示计算结果：ARD 和成本节省百分比（RPCS），其公式如下：

$$\text{ARD} = \left|\text{OPT}_j - \text{best}_j\right| \Big/ \text{OPT}_j \times 100\% \tag{3.7}$$

$$\text{PRCS} = \frac{H - H^*}{H} \times 100\% \tag{3.8}$$

其中，H 表示逆调度调整前的原始目标值，即加权完成时间和，H^* 表示经逆调度方法取得的结果，即逆调度调整后的加权完成时间和。OPT_j 代表第 j 组实例经不同算法取得的结果，best_j 表示第 j 组实例的最优结果。指标 ARD 表示算法所取得结果的波动情况。显然，ARD 越小越好，说明求得的解越稳定。节省成本比率（RPCS）是指通过逆调度调整后，目标值相对原目标值改进的百分比。表 3.4 展示了三种算法的比较结果，其他指标还包括计算时间和参数最小调整量。

表 3.4 测试实例运行结果

工件个数	ARD			PRCS			参数最小调整量（Z）			计算时间（ms）		
	GA	GAIP	PSO	GA	GAIP	PSO	GA	GAIP	PSO	GA	GAIP	PSO
20	62.4%	53.7%	58.8%	6.5%	10.6%	8.9%	18	13	16	8470	8859	8339
50	48.8%	41.1%	46.2%	4.96%	5.3%	3.6%	44	40	42	15450	16419	11499
100	21.1%	10.0%	15.1%	3.25%	4.28%	2.6%	86	83	87	51661	47638	46718
20	35.5%	30.9%	34.7%	6.4%	10.6%	8.9%	19	12	17	9907	9505	9408
50	31.4%	27.6%	30.7%	4.1%	14.3%	12.6%	43	41	45	16275	16075	15155

续表

工件个数	ARD			PRCS			参数最小调整量（Z）			计算时间（ms）		
	GA	GAIP	PSO	GA	GAIP	PSO	GA	GAIP	PSO	GA	GAIP	PSO
100	33.6%	20.5%	25.6%	2.2%	3.2%	2.5%	84	64	70	24045	26290	23170
20	73.3%	65.1%	70.2%	4.7%	5.1%	4.8%	17	12	15	9512	9512	9522
50	48.4%	39.6%	44.7%	1.5%	7.8%	6.1%	42	40	43	14412	14902	14982
100	29%	12.8%	17.9%	1.5%	10.9%	9.2%	85	78	82	24418	24398	24378
20	44.3%	34.7%	39.8%	1.3%	2.7%	2.0%	18	13	14	9320	9464	9244
50	46.4%	41.9%	45.0%	1.3%	9.1%	7.4%	44	31	37	15226	15027	15107
100	13.9%	9.8%	14.6%	-1.7%	2.2%	0.5%	84	83	84	9668	9874	9354
20	72.7%	69.5%	74.6%	0.9%	2.1%	0.4%	19	13	17	9515	9627	9507
50	47.4%	37.1%	42.2%	-0.9%	1.1%	0.6%	44	35	39	26928	25095	26175
100	32.1%	12.8%	17.9%	-6.1%	4.9%	3.2%	84	68	72	23578	23639	23719
20	57.2%	46.2%	51.3%	0.4%	3.7%	-2.0%	19	14	17	8667	9706	8586
50	42.1%	36.6%	41.7%	0.09%	1.5%	-0.2%	44	40	42	12904	12845	11925
100	15.7%	12.6%	15.7%	1.3%	1.6%	1.4%	84	76	79	38438	39564	38644
20	81%	72.7%	77.8%	1.2%	2.8%	1.6%	19	12	18	8297	8084	8164
50	26.5%	18.9%	24.0%	2.8%	3.6%	3.2%	44	43	44	12715	15915	12095
100	22.1%	10.1%	15.2%	3.1%	9.4%	7.7%	83	79	88	19301	19957	19037
20	63.8%	55.7%	60.8%	1.4%	3.9%	-2.2%	18	15	17	8290	8843	8023
50	22.2%	20.1%	25.2%	-1.1%	2.9%	1.2%	42	32	40	23977	23757	23837
100	17.4%	14.5%	16.6%	0.9%	3.05%	1.4%	83	75	79	20473	19809	19889
20	26.4%	21.8%	26.9%	6.0%	7.9%	6.2%	19	15	18	9437	8438	9218
50	38.6%	29.6%	34.7%	-1.7%	0.2%	0.2%	44	42	45	14425	19405	14285
100	14.6%	12.7%	17.8%	2.2%	3.9%	2.8%	85	67	74	22931	23893	22673
均值	39.6%	31.8%	36.51%	1.72%	5.13%	3.5%	48.7	42.07	45.96	17342.2	17649.6	16764.9

从结果（表3.4）可以看出GAIP、GA和PSO算法求得所有实例的各项指标平均值（ARD，PRCS，Z）分别为 31.8%、39.6%、36.51%、5.13%、1.72%、3.5%、42.07、48.7、45.96。从上述表中可以得到如下结果：

（1）对于每一组算例，GAIP 混合算法产生的平均相对偏差明显小于 GA、PSO 算法产生的平均相对偏差，尤其是对于 9 组大规模实例（100 个工件），GAIP 混合算法求得的 ARD 结果比 GA 算法的低 41.9%。因此，从波动情况来看，本节提出的算法优于其他算法。

（2）从计算时间来看，本节提出的算法效率比 GA、PSO 算法效率略高。这个主要是因为本节提出的算法加入了改进 PSO 节法，这些都影响算法运行时间。但是 GAIP 混合算法的计算时间只是略大于 GA 和 PSO 算法。虽然本节提出算法所需总的运行时间也长，但综合看来，它们仍然是最好的算法，因为，即使对于大规模实例，其执行时间与其他算法差别不大。

（3）PRCS 代表目标值改进情况，如果该值为负，表明逆调度求得加权完成时间和大于原始调度中的结果，这是我们所不期望的。从表中可以看出，灰色标记的是 PRCS 结果为负的情况，在 27 个实例中，GA 算法有 5 个结果为负，PSO 算法有 3 个结果为负，而本章提出的算法均为正值，因此 GAIP 对原始目标值均有所改善。

通过上述实验结果不难看出，与 GA 算法和 PSO 算法相比，本节提出的 GAIP 混合算法可以取得更优的结果。

为了进一步分析本节提出的算法与另外两种算法是否存在显著差异，采用方差分析（ANOVA）方法进行分析，并在商业统计软件 MATLAB 中执行。其中因素分别为工件个数，性能评价指标：ARD，PRCS，以及三种比较算法：GAIP、GA、PSO。由于篇幅有限，因此，我们仅展示部分中等规模和大规模实例分析结果。设定显著性水平 $\alpha = 0.05$，从图 3.20 可以看出，对于加工规模为 50 和 100 的工件问题，采用的 GAIP 混合算法与 GA 和 PSO 算法相比，有显著差异。

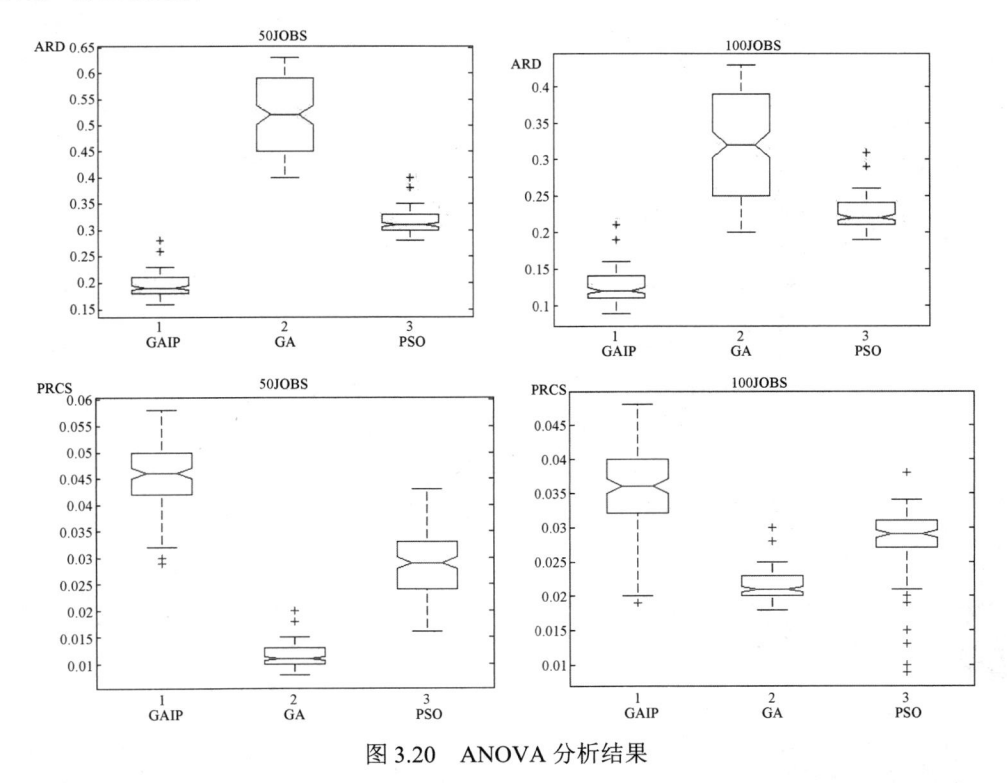

图 3.20 ANOVA 分析结果

本节研究的是单机逆调度问题，以加工时间为参数，目标为使加工时间改变量尽可能小。传统调度得到的结果是最优解对应的最优调度顺序，而逆调度考虑加工参数的改变，因此还需要求得每个加工参数对应的改变量。如图 3.21 所示，以 20 个工件的调度为例，柱状图代表每个工件的加工时间,深色代表工件原始加工时间,浅色代表调整后的加工时间比原始加工时间减少的情况,而黄色则表示增加的情况。因此,这表明逆调度的调整是符合实际生产情况的,加工时间可以在可控范围内调整。

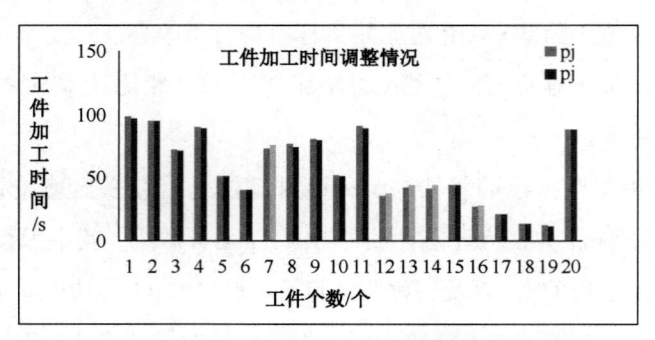

图 3.21 加工时间调整情况

图 3.22 分别展示了 GAIP 混合算法求解大、中、小规模问题实例的迭代曲线,从图中可以看出:对于小规模问题,大约迭代次数在 180 次左右时,算法可以求得较优解;对于大规模问题,算法也以较快收敛趋于最优解。

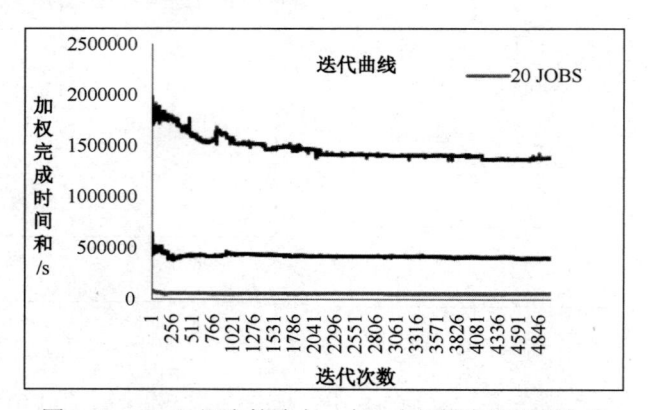

图 3.22 GAIP 混合算法大、中、小规模实例迭代曲线

3.5 本章小结

本章探讨了基于加权完成时间和最小为目标的数学模型,提出了一种基于遗传算法和粒子群优化的混合算法。该算法中,采用启发式非最优调度法,随机初始化和局部初始化相结合的方式产生逆调度的初始种群,提高了初始种群多样性与质量;针对问题特性及编码方法,设计有效的交叉、变异算子;为了提高求解算法的效率,采用三种有效策略对 PSO

算法进行改进。最后，采用实例对 GAIP 混合算法进行了测试，验证了编码方法和操作算子的有效性和优越性。将本章方法与其他算法进行结果对比，验证了所提算法的优越性。ANOVA 分析结果表明，本章提出的方法与其他两种方法相比具有明显优势。

3.6 习题

1. 简述遗传算法的优缺点。
2. 考虑带有如下权重和加工时间的 $1\|\sum \omega_j C_j$

工作	1	2	3	4	5	6	7
ω_j	0	18	12	8	8	17	16
p_j	3	6	6	5	4	8	9

（a）找出所有最优顺序。

（b）确定 p_4 从 6 变为 7 对最优顺序的影响。

（c）确定（b）下的改变对目标值的影响。

3. 简述粒子优化算法的改进策略。

参考文献

[1] Batun S, Azizoğlu M. Single Machine Scheduling with Preventive maintenances[J]. International Journal of Production Research, 2009, 47(7): 1753-1771.

[2] Yin N, Wang X Y. Single-machine Scheduling with Controllable Processing Times and Learning Effect[J]. International Journal of Advanced Manufacturing Technology, 2011, 54(5-8): 743-748.

[3] Joo C M, Kim B S. Genetic Algorithms for Single Machine Scheduling with Time-dependent Deterioration and Rate-modifying Activities[J]. Expert Systems with Applications, 2013, 40(8): 3036-3043.

[4] Wang J B, Wang M Z. Single-machine Scheduling to Minimize Total Convex Resource Consumption with A Constraint on Total Weighted Flow Time - ScienceDirect[J]. Computers

& Operations Research, 2012, 39(3): 492-497.

[5] Sen T, Sulek J M, Dileepan P. Static Scheduling Research to Minimize Weighted and Unweighted Tardiness: A State-of-the-art Survey[J]. International Journal of Production Economics, 2003, 83(1):1-12.

[6] Feldmann M, Biskup D. Single-machine Scheduling for Minimizing Earliness and Tardiness Penalties by Meta-heuristic Approaches[J]. Computers & Industrial Engineering, 2003, 44(2):307-323.

[7] Allahverdi A, Ng C T, Cheng T, et al. A Survey of Scheduling Problems with Setup Times or Costs[J]. European Journal of Operational Research, 2008, 187(3): 985-1032.

[8] Abdul-Razaq T S, Potts C N, Wassenhove L N V. A Survey of Algorithms for the Single Machine Total Weighted Tardiness Scheduling Problem[J]. Discrete Applied Mathematics, 1990, 26(s 2–3): 235-253.

[9] 陈荣军，唐国春. 单机供应链排序及流水作业的反问题模型[J]. 运筹与管理，2009, 18(002):80-84.

[10] Chan F, Choy K L, Bibhushan. A Genetic Algorithm-based Scheduler for Multiproduct Parallel Machine Sheet Metal Job Shop[J]. Expert Systems with Applications, 2011, 38(7): 8703-8715.

[11] Karaoglan I, F Altiparmak. A Hybrid Genetic Algorithm for the Location-Routing Problem with Simultaneous Pickup and Delivery[J]. Industrial Engineeering & Management Systems, 2010, 10(1):1-6.

[12] Rahmani K, Mahdavi I. A Genetic Algorithm for the Single Machine Preemptive Scheduling Problem with Linear Earliness and Quadratic Tardiness penalties[J]. International Journal of Advanced Manufacturing Technology, 2013, 65(5-8): 763-770.

[13] Lee K, Kim B S, Joo C M. Genetic Algorithms for Door-assigning And Sequencing of Trucks at Distribution Centers for The Improvement of Operational Performance-ScienceDirect[J]. Expert Systems with Applications, 2012, 39(17): 12975-12983.

[14] Park B J, Choi H R, Kim H S. A Hybrid Genetic Algorithm for the Job Shop Scheduling Problems[J]. Computers & Industrial Engineering, 2003, 45(4): 597-613.

第4章

流水车间逆调度

4.1 引言

流水车间调度问题是一种经典调度问题之一，具有代表性。据研究发现，很多生产系统、装配车间及信息系统都可以抽象为 FSP 模型。同时，该问题也被证明是一个典型的 NP-hard 问题。1954 年，Johnson 第一次研究了 FSP 问题，自此，该问题获得大多数学者的关注。流水车间调度问题，作大多实际生产中流水线的简化，具有广泛的实际应用范围，与真实生产联系密切。因此，流水车间调度问题一直是研究的热点问题之一。

基于单机逆调度问题的研究发现，车间逆调度问题对于系统性能的改善有至关重要的意义。因此将逆调度思想与流水车间调度问题相结合，本章将深入研究流水车间逆调度问题，通过调整相关参数，既保证方案满足期望，又使得相关成本最低或方案改变最小成为该问题追求的目标。综上所述，本章主要以最小化最大完工时间为目标的流水车间调度问题为研究背景，考虑最小化加工参数改变量为目标，建立相应的单目标流水车间逆调度问题模型。

以往的调度系统假设是在理想的加工环境下进行的，考虑的目标比较单一，大多数是关于调度效率的研究。在现实生产制造中，为了提高自身竞争力，企业管理者需要同时考虑多个目标，进而寻求满足多方利益的合理生产调度方案。因此，多目标优化问题广泛存在。当不确定事件发生时，企业往往需要权衡不同目标之间的冲突：从企业自身利益出发，企业管理者希望尽可能小地调整原生产系统，即最小的改变参数或不改变原始调度顺序，以获得最大的顾客满意度；而从客户自身利益出发，客户希望自己的需求能够及时得到满足，即尽早完工或按时交货等。这些不同方面的需求往往是相互冲突的，忽略任何一方面的需求对于企业的发展都是不利的。结合这种问题实际需求，生产中决策者需要考虑的目标主要有面向系统改变量的目标、面向交货期的目标、面向加工效率的目标等。本章基于单目标逆调度的研究成果，针对真实生产中出现的多目标和参数不确定等情况，对多目标流水车间逆调度问题展开研究，建立以调度效率与调度稳定性为目标的问题模型。

多目标优化问题最大特点是针对两个及以上子目标，同时进行最优化处理并且这些子目标彼此关联、彼此限制。由于不确定因素的存在，使得确定性的优化调度方案在具体实施时很可能难以顺利执行，进而需要对已有的调度方案进行调整。因此，企业管理者必须考虑如何处理生产调度过程当中的不确定因素。由于不确定性因素的存在所造成的系统改变已经成为实际生产中应用优化技术的瓶颈。基于传统确定性的模型对生产调度问题进行研究，往往很难获得具有最优性能的调度方案。同时，与确定性环境下的生产调度问题相比，除了需要考虑确定性环境下生产调度的评价指标，还需要考虑如何评价因为不确定性事件对系统稳定性带来的影响。因此，多目标逆调度问题更加复杂。对多目标逆调度问题进行研究能够更好地指导实际生产，对于改善生产系统性能具有重要的意义。

4.2 流水车间逆调度问题

4.2.1 流水车间逆调度问题描述

4.2.1.1 FSISP 问题描述

流水车间调度问题可以描述为：具有相同工艺路线的 N 个工件，它们之间相互独立，在 M 台设备上连续加工，各机器之间有无限大的缓冲区。下面对该问题做如下假设：各设备之间缓冲区无限大并且设备可以连续运转；每个工件加工起始时刻为零时刻；一个工件不能同时由多台机器加工；一台机器也不能同时加工多个工件；每个工件的准备时间包含在加工时间中或者忽略不计。已知各工件相应工序的加工时间，目标是确定一个最优加工次序，同时使生产指标达到最优。在流水车间调度问题中，假设经每台机器上的待加工工件具有相同顺序，则此问题称为置换 Flow-shop 调度问题（Permutation Shop Scheduling Problem，PFSP）。常见的生产指标有最大完工时间、总流经时间和机器闲置时间等。最大完成时间是反映生产率的一种指标，根据文献，考虑最大完成时间最小的优化目标的 FSP 记为 $F_m||C_{max}$。对应的置换 FSP 问题可记为 $F_m|prmu|C_{max}$。因此，基于上述问题描述，该问

题的解空间规模均为$(n!)^m$。一般，不同设备上的工件加工路径相同，因此解空间变为$n!$的不同排列。显然 PFSP 的解空间规模大大低于 FSP，但 $F_m|prmu|C_{max}$（$m \geq 3$）也已被证明为 NP-hard 问题，至今没有一个具有多项式计算复杂度的全局优化算法。

4.2.1.2 流水车间逆调度问题的数学模型

以流水车间调度问题为背景，研究考虑最大完工时间的流水车间逆调度问题，以最小化加工时间改变量为目标建立问题模型。一个典型的例子可以用下面的实例来更加详细地描述此问题：某汽车公司生产管理中，发动机加工车间流水线，该生产线负责曲轴加工，符合流水车间特性，其最优装配次序已定。然而，车间的状况经常不确定，例如设备故障、新工件到达等因素，这使得初始优化的调度方案失去最优性，使得优化失去意义。以往解决思路是进行重调度等策略，但是该曲轴线加工工序由于工艺约束等无法随意调整，因此，通过调整相关参数来使得原调度变为该情况下的最优调度。

为了更好地描述其数学模型，做如下假设：

（1）各个工件之间相互独立，相互之间没有优先级差别；

（2）每台设备在同一时刻只能处理一道工序；

（3）同一个工件的不同工序不能同时加工；

（4）每个工件的每道工序一旦开始加工不能中断；

（5）机器的开始状态均为零时刻且空闲，每项任务均为可行的；

（6）工件的一道工序被加工完后马上转移到下一个工序所需要的设备，中间的转移时间忽略；

（7）所有工序的准备时间和加工顺序没有关系，并且该时间包含在工序的加工时间中；

（8）所有工序的加工时间在给定范围内可控。

根据以上假设，在建立模型之前，首先需要对用到的一些符号做如下定义和说明：

n：工件的数量；

m：机器的数量；

P_{ji}：工件 j 在机器 i 上的加工时间，$i \in \{1,2,\cdots,m\}$，$j \in \{1,2,\cdots,n\}$；

C_{ki}：表示工件 k 在机器 i 的完成时间，$k \in \{1,2,\cdots,n\}$；

$\bar{P}_{ji}$：表示工件 j 在机器 i 的调整后加工时间；

$\bar{C}_{ki}$：工件 k 在机器 i 的调整后完成时间；

$X_{jk} = \begin{cases} 1 & \text{如果}j\text{是排列}\pi\text{的第}k\text{个工件} \\ 0 & \text{否则} \end{cases}$ $j,k \in \{1,2,\cdots,n\}$；

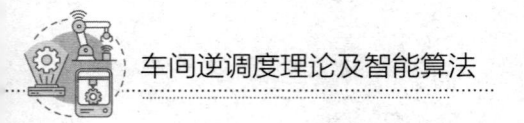

则建立如下模型，所有工件的加工时间改变量和最小：
$$\mathrm{Min}Z = \mathrm{Min}(\Delta P)$$
$$\Delta P = \sum_{j=1}^{n}\sum_{i=1}^{m}\left|P_{ji} - \bar{P}_{ji}\right| \tag{4.1}$$

约束条件如下：

（1）针对工件工序约束，即一个工件的不同工序不能同时被加工：
$$\sum_{k=1}^{n} X_{j,k} = 1, j \in \{1,2,\cdots,n\} \tag{4.2}$$

（2）针对机器约束，即一台机器同一时刻只能加工一道工序：
$$\sum_{j=1}^{n} X_{j,k} = 1, k \in \{1,2,\cdots,n\} \tag{4.3}$$

（3）针对第一台机器上的第一个工件的完成时间：
$$C_{1,1} \geq \sum_{j=1}^{n} X_{j,1} \cdot \bar{p}_{j,1} \tag{4.4}$$

（4）针对工件 i 的第 l 条工艺路线的最后一个工序：
$$C_{k+1,i} \geq C_{k,i} + \sum_{j=1}^{n} X_{j,k+1} \cdot \bar{P}_{j,1}, k \in \{1,2,\cdots,n-1\}, i \in \{1,2,\cdots,m\} \tag{4.5}$$

（5）针对工件 i 的第 l 条工艺路线的最后一个工序：
$$C_{k,i+1} \geq C_{k,i} + \sum_{j=1}^{n} X_{j,k} \cdot \bar{P}_{j,i+1}, k \in \{1,2,\cdots,n\}, i \in \{1,2,\cdots,m-1\} \tag{4.6}$$

（6）针对工件 i 的第 l 条工艺路线的最后一个工序：
$$C_{k,i} \geq 0, k \in \{1,2,\cdots,n\}, i \in \{1,2,\cdots,m\} \tag{4.7}$$
$$P_{j,i} \in \left[\underline{P}_{j,i}, \bar{P}_{j,i}\right] \tag{4.8}$$

式（4.2）至式（4.8）代表流水车间逆调度问题的约束条件：式（4.2）表示工件工序的约束，即不能同时加工一个工件的不同工序；式（4.3）表示机器的约束，即在同一时刻，一台机器只能处理一道工序；式（4.4）为第一台设备上加工首个工件的完工时间。式（4.5）和式（4.6）是为了确保一个工件不能同时被多台机器加工和同一时刻一台机器仅能加工一个工件；式（4.7）限定所有工序的完工时间应该是大于 0；式（4.8）表示工件加工参数在给定范围内可控。

4.2.2　多目标流水车间逆调度问题描述

基于单目标车间逆调度问题的研究发现，车间逆调度问题对于系统性能的改善有至关重要的意义。而这种改善往往不仅需要考虑单一目标，而是需要面临多个目标冲突，因此，多目标的车间逆调度问题研究将更加具有实际意义。多目标流水车间逆调度问题是在流水车间调度问题的研究基础上，结合逆调度的问题特征进行研究。流水车间调度问题描述及模型第 3 章已经介绍，这里不再过多介绍。在此模型上，结合逆调度问题本质，同时考虑多个目标冲突。此问题中主要考虑调度效率和调度稳定性，包括三个目标：（1）尽可能小地调整加工参数为追求目标；（2）研究最大完工时间的流水车间调度问题，很显然，生产者希望在逆调度调整之后，完成时间和尽可能小或者接近原指标；（3）尽量保证整个系统调度顺序不变或者尽可能使其调整量越小越好。在介绍此目标之前，首先需要了解汉明距离这个概念，本节以汉明距离作为衡量工件加工顺序调整量的工具。两个编码方案中，对应位置上不同码的个数称为汉明距离，简称 H 距离。如图 4.1 所示的两个编码，它们之间的汉明距离为 3。同上，该问题中，加工时间符合随机均匀区间内取值。

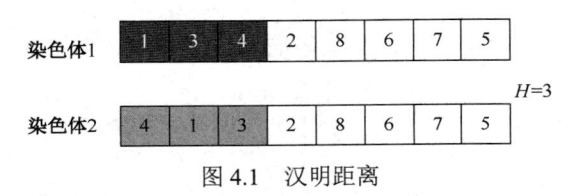

图 4.1 汉明距离

为了更好地描述其数学模型，做如下假设：

（1）各个工件之间相互独立，相互之间没有优先级差别；

（2）每台设备在同一时刻只能处理一道工序；

（3）同一个工件的不同工序不能同时加工；

（4）每个工件的每道工序一旦开始加工不能中断；

（5）设备的开始状态为零时刻且均为空闲，所有任务均为可行的；

（6）工件的一道工序被加工完后马上转移到下一个工序所需要的设备，中间的转移时间忽略；

（7）所有工序的准备时间和加工顺序去关联性，并且该时间包含在工序的加工时间中；

（8）所有工序的加工时间在给定范围内可控。

根据以上假设，在建立模型之前，首先需要对用到的一些符号做如下定义和说明：

n：工件的数量；

m：机器的数量；

P_{ji}：工件 j 在机器 i 上的加工时间，$i \in \{1,2,\cdots,m\}$，$j \in \{1,2,\cdots,n\}$；

C_{ki}：表示工件 k 在机器 i 的完成时间，$k \in \{1,2,\cdots,n\}$；

$\bar{P}_{ji}$：表示工件 j 在机器 i 的调整后加工时间；

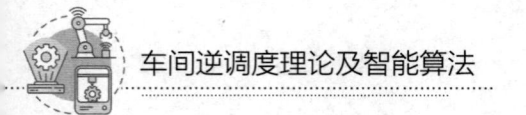

$\bar{C}_{ki}$：工件 k 在机器 m 的调整后完成时间；

$$X_{jk} = \begin{cases} 1 & \text{如果 } j \text{ 是排列 } \pi \text{ 的第 } k \text{ 个工件} \\ 0 & \text{否则} \end{cases}, j,k \in \{1,2,\cdots,n\};$$

则建立模型如下：

1）所有工件的加工时间改变量和最小：

$$\text{Min}Z_1 = \text{Min}(\Delta P) \tag{4-9}$$

$$\Delta P = \sum_{j=1}^{n}\sum_{i=1}^{m}\left|P_{ji} - \bar{P}_{ji}\right|$$

2）系统指标改变量最小：

$$\text{Min}Z_2 = \text{Min}(\Delta C)$$

$$\Delta C = \text{Min}\left(\left|\max_{k\in\{1,2,\cdots,n\}}(C_{k,m}) - \max_{k\in\{1,2,\cdots,n\}}(\bar{C}_{k,m})\right|\right) \tag{4.10}$$

3）所有工件顺序尽可能小调整和系统改变量最小：

$$\text{Min}Z_3 = \text{Min}(H) \tag{4.11}$$

约束条件如下：

1）针对工件工序约束，即一个工件的不同工序不能同时被加工：

$$\sum_{k=1}^{n} X_{jk} = 1, j \in \{1,2,\cdots,n\} \tag{4.12}$$

2）针对机器约束，即一台机器同一时刻只能加工一道工序：

$$\sum_{j=1}^{n} X_{jk} = 1, k \in \{1,2,\cdots,n\} \tag{4.13}$$

3）针对第一台机器上的第一个工件的完成时间：

$$C_{11} \geqslant \sum_{j=1}^{n} X_{j1} \cdot \bar{p}_{j1} \tag{4.14}$$

4）针对工件 i 的第 l 条工艺路线的最后一个工序：

$$C_{k+1,i} \geqslant C_{ki} + \sum_{j=1}^{n} X_{j,k+1} \cdot \bar{P}_{j1}, k \in \{1,2,\cdots,n-1\}, i \in \{1,2,\cdots,m\} \tag{4.15}$$

5）针对工件 i 的第 l 条工艺路线的最后一个工序：

$$C_{k,i+1} \geqslant C_{ki} + \sum_{j=1}^{n} X_{jk} \cdot \bar{P}_{j,i+1}, k \in \{1,2,\cdots,n\}, i \in \{1,2,\cdots,m-1\} \tag{4.16}$$

6）针对工件 i 的第 l 条工艺路线的最后一个工序：

$$C_{ki} \geqslant 0, k \in \{1,2,\cdots,n\}, i \in \{1,2,\cdots,m\} \tag{4.17}$$

$$P_{ki} \in \left[\underline{P}_{ki}, \bar{P}_{ki}\right] \tag{4.18}$$

在该模型中包括多目标函数,式(4-9)至式(4-11)分别表示加工时间改变量最小、系统改变量最小和汉明距离最小。式(4.12)至式(4.18)是流水车间逆调度问题的约束条件:式(4.12)表示工件的工序约束,表示不能同时加工一个工件的不同工序;式(4.13)表示机器的约束,即同一时刻一台设备仅能加工一道工序;式(4.14)为在首台设备上加工首件工件的完工时间。式(4.15)和式(4.16)确保一个工件不能被多台机器同时加工和同一时刻在一台机器上仅能处理一个工件;式(4.17)限定所有工序的完工时间应该是大于0;式(4.18)表示工件加工参数在给定范围内可控。

4.3 自适应混合遗传算法求解 FSISP 问题

基于第3章混合遗传算法的研究,不难看出混合遗传算法对求解逆调度问题表现出较好的性能,遗传算法对解空间中的一群解进行搜索操作,表现出其优秀的全局搜索能力;同时它具有隐含并行和全局搜索的特点,便于与其他局部搜索算法相混合。因此,基于遗传变邻域混合算法的研究成果,为了提高算法的搜索能力同时尽可能提高算法的适用性,本节引入了一种自适应的局部搜索方法,这样不仅能够丰富算法的搜索方式,而且有助于算法选用最合适的邻域,提高算法的整体性能。

4.3.1 流水车间逆调度问题编码与解码

本节研究的是流水车间调度问题(注:本节的调度问题是非经典的流水车间调度问题),又因流水车间调度问题本身比单机调度车间问题更加复杂,逆调度还需要考虑加工参数可调的情况,因此在编码设计上需要考虑多种因素,包括工序的选择及加工参数的调整等信息,这增大了设计难度。目前,大多数车间调度问题中都采用基于工序的编码方法,相对于其他的编码方法,该编码方法简单易行。一般多采用双层编码方法,如图4.2所示。

	工件1	工件2	工件3	工件4	工件5
工序	2	1	4	3	5
	[0,3]	[0,4]	[0,2]	[0,4]	[0,1]
参数调整量	1	2	1	3	0

图 4.2 双层编码方法

该编码方法由两层组成，第一层代表工件加工的工序，第二层代表工件加工的参数调整量。此编码方法无法保证后续交叉、变异操作可行解的产生。针对逆调度问题特性，不仅需要满足工序的调整，同时需要加工参数可以调整。因此，针对流水车间逆调度问题，这里设计一种基于小数的编码方案（DSPM）。该编码方案中每一个基因位（A.B）由两部分组成：整数部分 A 和小数部分 B。每个整数 A 表示当前工件的顺序编号，并不是对应的机器号。B 部分由三位小数组成$[X_1X_2X_3]$，其中 X_1X_2 表示每个工件的不同工序选择，X_3 表示每个工件对应工序的参数改变量，通过此编码方法可以使不同工件对应不同工序的加工参数可调，同时保证了后续交叉、变异等操作后产生的解仍然是可行解。为了更清楚地描述该编码方法，以 5 个工件的流水车间调度问题为例，其编码方式如图 4.3 所示。染色体=[+2.013，−3.032，+4.021，+5.040，−1.052]，此染色体由 5 个小数组成，其中第一部分整数部分可以解码为[2，3，4，5，1]代表工件加工顺序。第二部分小数部分，由三位小数组成，其中前两位代表工件的不同工序，可以解码为[01，03，02，04，05]，依次代表第二工件第一道工序 O_{21}，其他依次为：O_{33}，O_{42}，O_{54}，O_{15}。第三位小数代表加工参数调整量，此染色体中解码为[3，2，1，0，2]代表加工参数调整量分别为 3，2，1，0，2，正号"+"代表加工参数增加，负号"−"代表加工参数减少。例如，+2.013 代表第二个工件的第一道加工工序的加工时间增加 3，其他以此类推。

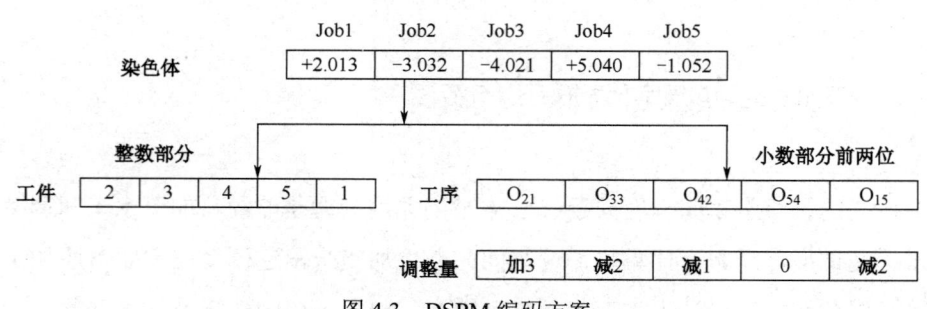

基于小数编码方案

染色体	Job1	Job2	Job3	Job4	Job5
	+2.013	−3.032	−4.021	+5.040	−1.052

整数部分

工件	2	3	4	5	1

小数部分前两位

工序	O_{21}	O_{33}	O_{42}	O_{54}	O_{15}

调整量	加3	减2	减1	0	减2

图 4.3 DSPM 编码方案

4.3.2 流水车间逆调度问题初始化

逆调度是在已有调度顺序非最优的基础上进行优化，因此，开始逆调度前，必须有一个初始的调度排序，并且该调度排序非最优。针对流水车间调度问题，研究学者已经设计了若干典型实例（benchmarks），用于测试和比较不同方法的优越性。Taillard 的 PFSP 问题是最典型的问题之一。诸多学者对 Taillard 典型问题进行了研究，已经求得 93 个算例的最优解，剩余 27 个问题分别为：TA51～TA55、TA57～TA60、TA81、TA83～TA90、TA101、TA102、TA107～TA110、TA111、TA112、TA116。因此取目前已有的流水车间调度结果作为逆调度初始结果和初始调整序列，相关结果可以在该网址下载：http://mistic.heig-vd.ch/taillard/problemes.dir/ordonnancement.dir/ordonnancement.html。

根据前面介绍的编码方案，本节主要采用两种方法混合生成初始化种群：工序部分初始化和加工参数部分初始化。通过两者的有机结合提高初始解的质量。下面分别介绍两种初始化方法的具体执行步骤。

1）工序部分初始化

通过 DSPM 介绍可知，此染色体编码方法包括三部分组成，整数部分代表工件顺序，此部分保持固定不变；小数部分前两位代表工件的工序；最后一位代表加工时间调整量。因此第一种初始化方式通过随机生成工序部分，达到工序可调的目的。具体操作如图 4.4 所示。

2）加工参数部分初始化

此初始化方法与工序部分初始化方法相似，最后一位代表加工时间调整量。因此初始化方式通过随机生成加工时间部分，达到加工时间可调的目的。具体操作如图 4.5 所示。在该种群初始化中，分别采用这两种方式生成初始化种群。

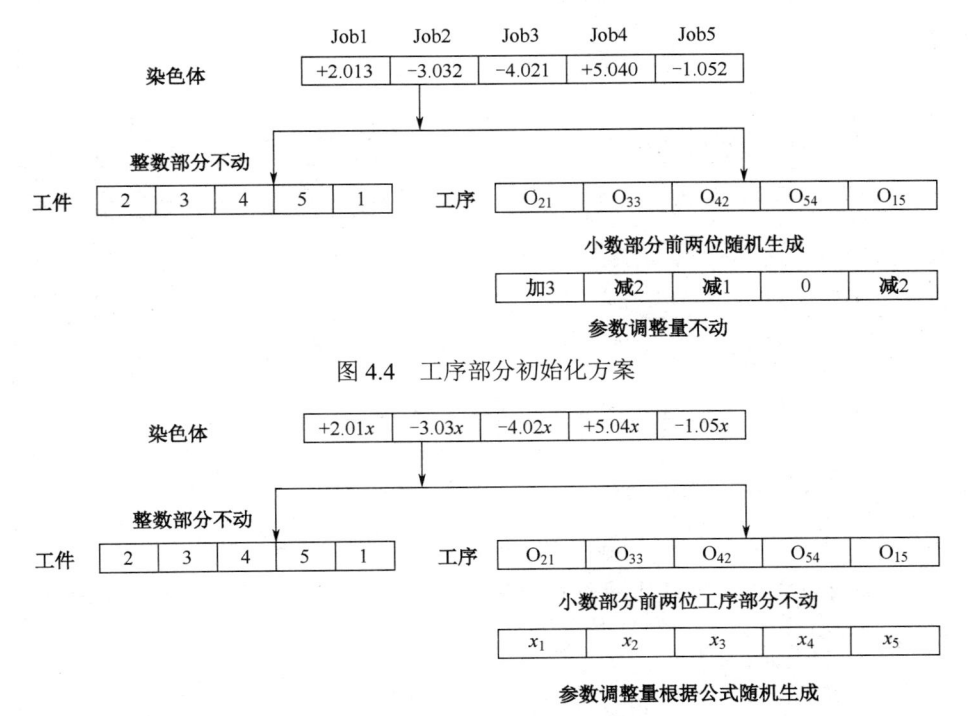

图 4.4 工序部分初始化方案

图 4.5 加工参数部分初始化方案

4.3.3 变异与交叉操作

4.3.3.1 交叉操作

采用 DSPM 编码方案，根据此编码方案的特点及逆调度特性考虑，这里提出两种交叉操作。其具体步骤如下。

1）块交叉操作（Block Crossover Operator，BCO）

Step 1：随机选择两个位置进行交叉，将两交叉点之间的块基因进行交叉，其他基因保持不变，分割块部分如图 4.6（a）所示。

Step 2：交叉父代 Block 中的基因，在 P1 中，第 3 位置到第 4 位置的基因即块基因，将其复制到 C2 中，同理，将 P2 中 Block 部分的基因复制到 C1 中。

Step 3：将父代 1 中剩余部分的基因复制到子代 1 中对应的位置，如图 4.6（a）所示，将 P2 中的剩余部分的基因复制到 C2 中，则 C1、C2 可以由同样的方法得到。

2）基于小数部分的两点交叉操作（Fractional Two-point Crossover Operator，F2CO）

Step 1：在逆调度问题中，要求调度顺序保持不变，为了避免产生非法解，因此，仅交叉基因位上的小数部分。首先，随机选择两个位置进行交叉，如图 4.6（b）所示，此操作中选择的基因位是 2，4 位置。

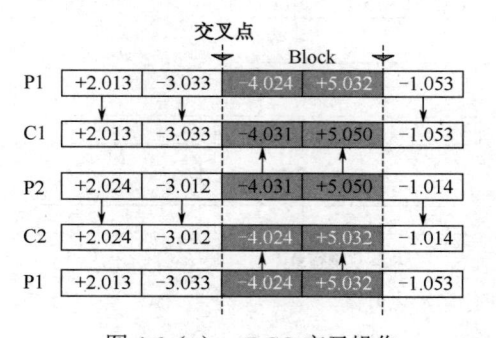

	P1	+2.013	−3.033	−4.024	+5.032	−1.053		P1	+2.013	−3.033	−4.024	+5.032	−1.053
	C1	+2.013	−3.033	−4.031	+5.050	−1.053		C1	+2.013	−3.050	−4.024	+5.012	−1.053
	P2	+2.024	−3.012	−4.031	+5.050	−1.014		P2	+2.024	−3.012	−4.031	+5.050	−1.014
	C2	+2.024	−3.012	−4.024	+5.032	−1.014		C2	+2.024	−3.012	−4.031	+5.033	−1.014
	P1	+2.013	−3.033	−4.024	+5.032	−1.053		P1	+2.013	−3.033	−4.024	+5.032	−1.053

图 4.6（a）　BCO 交叉操作 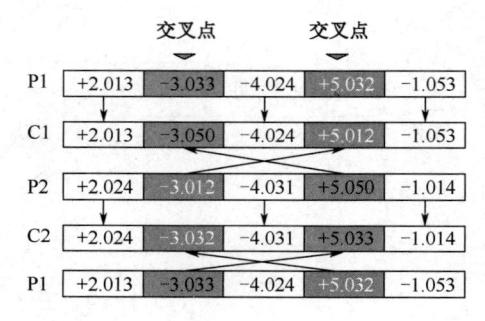　　　　图 4.6（b）　2PX 交叉操作

Step 2：保存父代中未选中的基因，将其复制到子代中，在 P1 中，第 1、3、5 位置的基因未被选中，复制到 C1 中，同理，将 P2 中相应位置的基因复制到 C2 中。

Step 3：将父代中选中的基因进行交叉操作，将 P1 中 2、4 位置的基因复制到子代 2，即 C2 中。P2 中的基因复制同理。

4.3.3.2 变异操作

本节主要采用两种变异操作：基于工序变异操作和基于参数变异操作，具体操作步骤如下。

1）基于工序变异操作（Operator-basedMutation，OM）

Step 1：在父代特征串中随机选择一个基因，如图4.7（a）所示，随机选中第2位的基因。

Step 2：改变第2位基因，小数部分前两位代表工间不同工序，随机变化此部分，使得工序调整。其他基因不变。

2）基于参数变异操作（Parameter-basedMutation，PM）

Step 1：在父代特征串中随机选择一个基因，如图4.7（b）所示，随机选中第4位的基因。

Step 2：改变第4位基因，小数部分最后一位代表不同工件加工参数调整量，在限定范围内随机变化此部分，使得加工参数调整。其他基因不变。

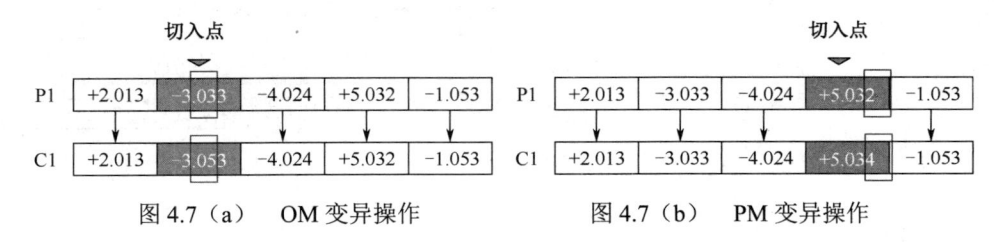

	切入点						切入点	
P1	+2.013	−3.033	−4.024	+5.032	−1.053	P1	+2.013	−3.033	−4.024	+5.032	−1.053
C1	+2.013	−3.053	−4.024	+5.032	−1.053	C1	+2.013	−3.033	−4.024	+5.034	−1.053

图4.7（a） OM变异操作　　　图4.7（b） PM变异操作

4.3.4 自适应的变邻域搜索算法介绍

1. 邻域结构

大多数邻域搜索算法一般只采用一种至多两种邻域结构，而本节采用自适应的变邻域搜索算法在搜索全局最优解的过程中使用了4种邻域结构，比使用单一邻域结构有更大可能找到全局最优解，并且该算法简单、易操作。在流水车间逆调度问题中，关于邻域结构的定义依赖于问题的特征及解的表示方式，鉴于传统调度问题中，邻域结构一般常用的有交换、移动等方法，一个解往往可以对应多个不同的邻域结构，可以通过多个邻域结构产生多个邻域解，并从中选择较好的解。自适应的变邻域搜索算法首先设计4种邻域结构。所采用的邻域结构如下。

1）邻域结构 1

选择一条染色体，在流水车间逆调度中，工件加工顺序是固定的，而加工时间可调整。在置换流水车间调度问题中，每一台机器上的工件加工顺序相同，因此工件的工序数量相同，所以通过调整各工序的加工时间来实现优化目的。基于 DSPM 编码方案，小数部分前两位代表工序。因此，邻域结构 1 中，操作主要集中在工序选择部分，对机器排序部分不进行操作。通过交换工序位置，实现邻域搜索，随机产生三个不同的小于等于工件排序部分染色体长度的随机数，则任意交换此三个位置的工序部分基因，产生的新解就是当前解的邻域。这样得到新个体，比较新个体的适应度值，选择较优个体。这样所有邻居构成第 1 邻域。具体操作如图 4.8 所示。

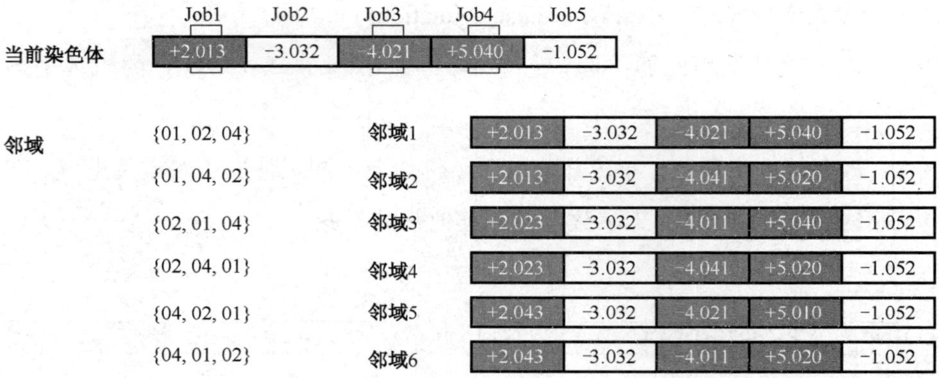

图 4.8　邻域结构 1

2）邻域结构 2

邻域机构 2 是对工序排序部分进行邻域更新，随机指定一个基因位置，随机产生工序数量的随机数，产生的新解就是当前解的邻域，其具体操作如图 4.9 所示。

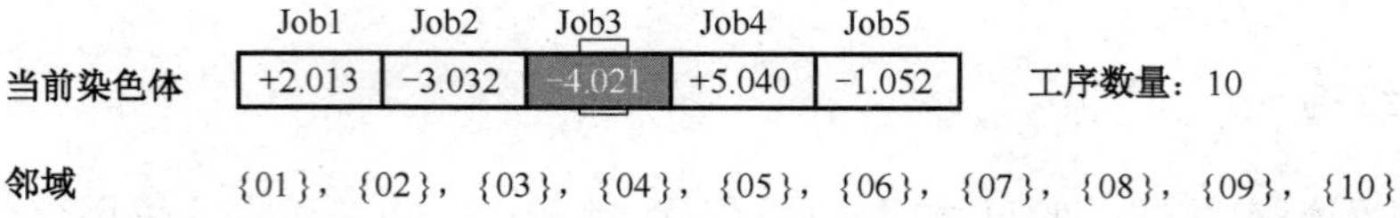

图 4.9　邻域结构 2

3）邻域结构 3

基于 DSPM 编码方案，小数部分第 3 位代表工序加工时间调整量。因此，邻域结构 3 中，操作主要针对此加工时间部分进行调整。通过交换加工时间调整量，实现邻域搜索。用领域结构 1 的方式产生 3 个随机数，则任意交换此三个位置的小数第三位上的基因，产生的新解就是当前解的邻域，这样得到新个体，比较新个体的适应度值，选择较优个体。

这样所有邻居构成第 3 邻域。具体操作如图 4.10 所示。

图 4.10　邻域结构 3

4）邻域结构 4

邻域机构 4 是在邻域结构 3 的基础上，对小数部分第 3 位进行邻域更新，随机指定一个基因位置，随机产生加工参数调整量的随机数，产生的新解就是当前解的邻域，其具体操作如图 4.11 所示。

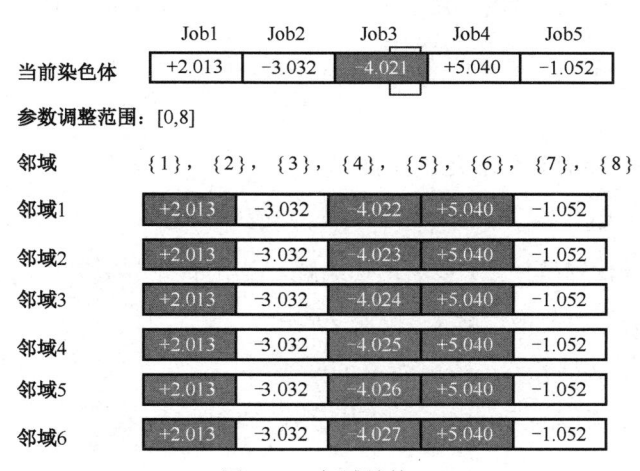

图 4.11　邻域结构 4

2. 自适应的变邻域搜索算法

为了合理利用各邻域结构，根据逆调度问题特性提出了四种邻域结构，并且采用四种邻域结构，通过自适应的方式，选择最适合当前搜索的邻域结构来实施局部搜索。邻域结构通常使解在一个小范围内波动，但是变邻域搜索算法很可能以消耗大量的时间为代价，这将会使算法整体性能下降。因此，在将采用下面的公式来控制群体中进行邻域搜索的染色体数量。基于以往经验，种群进化初期一般采用大范围全局搜索，而到种群进化后期，

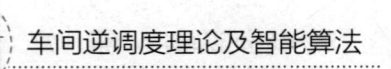

使用小范围邻域搜索进行局部寻优，这样将会大大增强整个算法的效率。$N_{ALS}=\max\{N_M\times(1-t/TG),1\}$，其中，$N_{ALS}$ 代表进行邻域搜索的染色体个数，N_M 代表进行邻域搜索的最大染色体个数，TG 为最大迭代次数，t 代表当前代数。通过此公式调整每代进行自适应局部搜索的比例，避免所有种群都需要进行邻域搜索，浪费计算时间。

$$\lambda_i = \frac{f-f'}{n_d} \tag{4.19}$$

式中，f 代表原目标值，f' 代表变邻域搜索后的目标值，n_d 为邻域结构个数。邻域结构的选择概率根据 λ_i 来计算。在第一代进化过程中，对选择的每个染色体个体进行变邻域搜索，并记录累积值，令 X 为初始序列，对 X 执行 4 种邻域结构，并计算 λ_i，根据式（4.20）计算邻域结构的选择概率：

$$p_i = \frac{\lambda_i}{\sum_{j=1}^{n_d}\lambda_j} \tag{4.20}$$

因此，自适应的变邻域局部搜索算法的基本步骤如下所示：

Step 1：首先确定当代种群中需要进行自适应局部搜索的染色体数量 N_{ALS}，依据概率 P_L，选择染色体序列 π，并给出初始解 s。根据以下概率选择邻域结构：

$$p_i = \frac{\lambda_i}{\sum_{j=1}^{n_d}\lambda_j} \tag{4.21}$$

Step 2：重复如下步骤直到满足停止准则。

Step 2.1：设置 $i=0$；

Step 2.2：对 π 进行局部搜索，以 s 为初始解，运用邻域搜索方法得到序列 π'，获解 s'，如果局部最优解 s' 优于当前最优解 s，设置 $\pi=\pi'$；

Step 2.3：$i=i+1$，若 $i<L_{max}$，转到 Step 2.2；

Step 3：若 $f'<f$，则 $\lambda_i=\lambda_i+\Delta\lambda_i$，$\Delta\lambda_i$ 如公式（4.19）所示。

4.4 基于 LMONG 算法求解多目标流水车间逆调度问题

早在 20 世纪 70 年代，进化算法开始引起众多学者的研究兴趣，并且将进化算法应用于求解多目标优化问题，称为多目标优化算法（Multi-objective Optimization Evolution Algorithm，MOEA）。多目标进化算法发展迅速，并且在车间调度中得到很好的应用。多目标进化算法的设计主要需要考虑两点：首先，种群能尽快收敛，并且尽可能靠近 Pareto 最优前端，且符合均匀分布；其次，保持非劣解集的多样性。为了保证算法能够沿着 Pareto 最优方向寻优，适应度赋值与选择方式的设计十分重要。此外，如何保持种群多样性也是算法设计的重点。

通过对多目标进化算法的现状分析，可以发现 NSGA-II 是一种有效的多目标进化算法。Deb 等人对第一代 NSGA 进行改进，加入了快速非支配排序、拥挤距离等多样性保持策略，降低了以前算法的复杂度，提高了算法求解效率。本节采用 NSGA-II 中的快速非支配排序方法、拥挤距离等策略；结合遗传算法中的交叉、变异算子，同时考虑引入有效的局部搜索策略，设计一种基于 LMONG 算法的多目标求解算法。

4.4.1 多目标优化问题的基本理论

进化算法，因其广泛的应用背景，已经引起众多学者的广泛关注，作为一个崭新课题，多目标进化算法（Multiobjective Evolution Algorithms，MOEAs）已经有许多研究成果。最近 MOEAs 的相关理论成果在论文和专著中进行了比较详尽的总结。首先介绍相关的基本概念和定义，对多目标进化进行数学描述和定义，并较系统地阐述进化算法的一些基本知识及其应用。

1. 多目标优化的基本概念

在实际应用中，人们经常会面对多个目标在给定的可行区域内尽可能最优的决策问题。此类问题被人们称为多目标优化问题（Multi-objective Optimization Problem，MOP）。MOP 可以精确定义为：问题的总目标由多个子目标函数组成，各子目标函数之间彼此冲突。如何协调各目标之间冲突，寻找一组既满足约束条件又使总目标满意的解，是 MOP 研究的重点。

定义 4.1（MOP）：一般 MOP 由多个决策变量参数、目标函数和约束条件等组成，彼此之间的关系可以描述为：

$$\text{Minimize/Maximize } f(x) = \{f_1(x), f_2(x), \cdots, f_k(x)\} \quad (4.22)$$
$$\text{Subject to } g_j(x) \leq 0, \ j = 1, 2, \cdots, m$$
$$x = (x_1, x_2, \cdots, x_n) \in X, \ f(x) \in Y$$

其中，x 代表决策变量，$f(x)$ 是目标函数，X 代表问题的决策空间，Y 表示问题的目标空间，约束 $g_j(x) \leq 0$ 来决定决策向量的可行取值范围。

不同于单目标优化问题的是，在 MOP 问题中，各子目标之间相互冲突是其主要的特点，各个目标之间相互作用、相互制约，某些目标的优化很可能引起另外一些子目标性能的下降，也就是说使得各个子目标同时达到最优解是不可能的。因此，MOP 求得的问题解应该是一组解集合而不是单一解，该组解集合被称为 Pareto 最优解，这不同于单目标问题。下面对 MOP 可行解的概念进行定义。

定义 4.2（可行解集）：可行解集 X_f 是满足下面约束条件的一组集合，即：

$$X_f = \{x \in X \mid g(x) \leqslant 0\} \tag{4.23}$$

X_f 相应的目标空间如下式：

$$Y_f = f(X_f) = Y_{x \in X(f)}\{f(x)\} \tag{4.24}$$

式（4.24）的物理意义为：对于可行解集 X_f 中的所有 x，经过优化函数映射形成目标空间中的一个子空间，该子空间的决策向量都属于可行解集。

单目标的解可以通过唯一的目标函数来确定，即可以通过比较大小关系来确定解的优劣。多目标问题与其有本质的区别，MOP 的解不只是针对某个目标进行比较，因此无法用比较大小等方式简单地比较其优劣关系，下面将对介绍 MOP 中决策向量的关系进行详细介绍，以最小化问题为例：

定义 4.3（Pareto 支配）：关于决策向量 $\boldsymbol{a}$、$\boldsymbol{b}$，

$$\boldsymbol{a} < \boldsymbol{b} \text{（} a \text{ 优于 } b\text{）：当且仅当 } f_i(\boldsymbol{a}) < f_i(\boldsymbol{b})，\forall i \in \{1, 2, \cdots, k\}; \tag{4.25}$$

$$\boldsymbol{a} \leqslant \boldsymbol{b} \text{（} a \text{ 弱优于 } b\text{）：当且仅当 } f_i(\boldsymbol{a}) \leqslant f_i(\boldsymbol{b})，\forall i \in \{1, 2, \cdots, k\}; \tag{4.26}$$

$$\boldsymbol{a} \sim \boldsymbol{b} \text{（} a \text{ 无差别于 } b\text{）：当且仅当 } f_i(\boldsymbol{a}) \not\leqslant f_i(\boldsymbol{b}) \wedge f_i(\boldsymbol{b}) \not\leqslant f_i(\boldsymbol{a})，\forall i \in \{1, 2, \cdots, k\} \tag{4.27}$$

以上比较都是针对相应子目标，如果 $\boldsymbol{a}$ 优于 $\boldsymbol{b}$，则决策向量 $\boldsymbol{a}$ 的对应子目标函数值均小于决策向量 $\boldsymbol{b}$。

上面描述了 Pareto 优胜的概念，下面定义 MOP 的最优解概念。

定义 4.4.（Pareto 最优解）：对于集合 $A \subseteq X_f$，决策向量 $x \in X_f$ 为非劣的（或称为非支配的）当且仅当：

$$\nexists a \in A : a < x \tag{4.28}$$

即当且仅当可行解集 X_f 中没有其他的解可以支配 $\boldsymbol{x}$，决策向量 $\boldsymbol{x}$ 为 Pareto 最优解。从此定义中可以看出，多目标优化问题的解并非单一解而是一组非劣解。该最优解集叫作 Pareto 最优集，相应的目标向量的图形表示则被称为 Pareto 最优前端（Front）或曲面（Surface）。

定义 4.5（Pareto 最优前端）：假设 $A \subseteq X_f$，$p(A)$ 为 A 中非支配解集：

$$p(A) = \{\boldsymbol{a} \in A \mid \boldsymbol{a} \text{ 是 } A \text{ 中非支配解}\} \tag{4.29}$$

2．多目标优化方法

现实生产会面临多种因素制约，通常需要权衡多个目标冲突。VanVeldhuizen 等人将 MOEA 进行了分类：

（1）决策者将多个目标合成数量成本函数，后经优化寻求最优，这就是所谓的先验法（Priori Method）。

（2）与先验法不同的是，决策者和优化算法相互作用，人的主观偏好作用于寻优过程中，同时，优化算法通过产生新的高质量解不断调整目标之间的优先关系，此方法称为渐进法。

（3）通过优化算法求得一组候选解供决策者参考选择，这种方法称为后验法（Posteriori Method，PM）。目前，比较常见的多目标进化算法是后验法。几类多目标优化方法各自优缺点见表 4.1。

表 4.1 几类多目标优化方法的优缺点

	先验方法	渐进方法	后验方法
优点	操作简单 花费时间短 计算成本低	能根据优化过程实时调整搜索方向，敏捷性较强	可以得到多个非支配解
缺点	只能得到一个解	实施过程过于烦琐	花费时间长 计算成本高 搜索具有一定盲目性

1967 年，Rosenberg 将遗传搜索的思想应用于求解多目标优化问题。此后，多目标进化算法由 Schaffer 首次提出，即向量评价遗传算法（Vector-Evaluated Genetic Algorithm，VEGA），该方法掀起了多目标进化算法的研究热潮。Carlos Fonseca 提出了一种多目标遗传算法，通过采用 GA 方法的思路处理多目标问题。Horn 等人提出了小生境遗传算法（Niched Pareto genetic algorithm，NPGA），该算法区别于其他算法，表现在选择机理和适应度赋值法的不同。1994 年，一种非劣分配遗传算法（Non-dominated Sorting Genetic algorithm，NSGA）由 Srinivas 和 Deb 提出，此算法选择操作算子不同，其过程类似于 SGA。以上算法具有相同的特征，都是采用 Pareto 级别排序的适应度赋值等策略。

在上述研究成果基础上，多目标进化算法中引用外部存档的精英保留机制成为较受欢迎的策略。以此为特征的第二代 MOEA 逐渐引起各学者的关注。以 Knowles 为代表，将 Pareto 存档进化策略（Pareto Arhcived evolutionary algorithm，PAES）引入，该策略具有较好的进化性能和收敛速度。随后，Zitzler 等人提出一种强 Pareto 进化算法（Strength Pareto evolutionary algorithm，SPEA)，主要针对外部档案集采用基于优胜的适应度赋值策略。之后，Zitzler 等人对 SPEA 方法加以改进，加入两种改进策略及新的存档方案，称为 SPEA2。在此基础上，Knowles 采用 SPEA 和 PAES 的一些策略，对 PAES 进行选择策略和种群多样性的改进，提出基于 Pareto 包络选择算法（Pareto Envelope-based Selection Algorithm，PESA）和 PESA-II。2002 年，Jaszkiewicz 基于局部搜索方法，提出一种称为多目标遗传局部搜索算法的方法（MOGLSA）。2001 年，Erichson 对 NPGA 进行改进称为 NPGA2；Coello 提出了微遗传算法（Micro-Genetic Algorithm，Micro-GA）；在 NSGA 的研究基础上，Deb 等人对第一代 NSGA 进行改进，加入了快速非支配排序、拥挤距离等多样性保持策略，提高了算法性能，称为 NSGA-II 算法。通过以上介绍发现，在大多数多目标进化算法中，通过引入一些更加有效的策略，例如多样性保持策略、精英保留策略等部分的改进，使得算法能够获得更满意的求解性能。

随着智能优化算法的发展，许多学者开始关注将更多更有效的优化算法与前面所述方法相结合，形成优势互补，例如将局部搜索加入多目标进化算法，依据不同的搜索机制，进行多目标优化算法设计，主要有多目标差分进化算法（Multi-objective Differential Evolution，MODE）、多目标免疫算法（Multi-objective Immune Algorithm，MOIA）和多目标粒子群优化（Multi-objective Particle Swarm Optimization，MOPSO）等。

针对多目标优化问题的研究，在设计多目标优化算法时，必须考虑适应值分配策略、选择策略、多样性保持策略及精英策略等。在求解复杂的实际工程问题时，最终所得到的解往往并不是真正的 Pareto 最优解。因此，在设计算法时，必须综合考虑不同策略。

4.4.2 LMONG 算法基本操作

1. 初始解的产生

种群初始化方法对进化算法有显著影响，好的初始解能够提高算法的求解质量和速度。目前大部分研究多数采用随机初始化法生成初始种群，使得初始解的质量不高。本节采用前面提出的启发式非最优调度法和随机初始化、局部初始化方法相结合，来产生初始种群。

1）工序部分初始化

通过 DSPM 介绍可知，此染色体编码方法包括三部分组成，整数部分代表工件顺序，此部分保持固定不变。小数部分前两位代表工件的工序，最后一位代表加工时间调整量。此初始化方式通过随机生成工序部分，达到工序可调的目的。具体操作如图 4.12 所示。

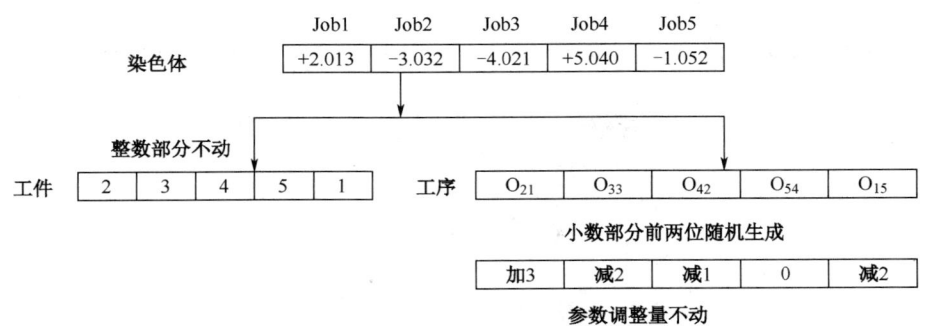

```
                    Job1    Job2    Job3    Job4    Job5
     染色体        +2.013  -3.032  -4.021  +5.040  -1.052
                            │       │       │       │
       整数部分不动           │       │       │       │
     工件  [ 2 │ 3 │ 4 │ 5 │ 1 ]    工序 [O_{21} O_{33} O_{42} O_{54} O_{15}]
                                          小数部分前两位随机生成
                                        [ 加3 │ 减2 │ 减1 │ 0 │ 减2 ]
                                            参数调整量不动
```

图 4.12 工序部分初始化方案

2）加工参数部分初始化

此初始化方法与工序部分初始化方法相似，最后一位代表加工时间调整量。此初始化方式通过随机生成加工时间部分，达到加工时间可调的目的。具体操作如图 4.13 所示。在该种群初始化中，分别采用这两种方式生成初始化种群。

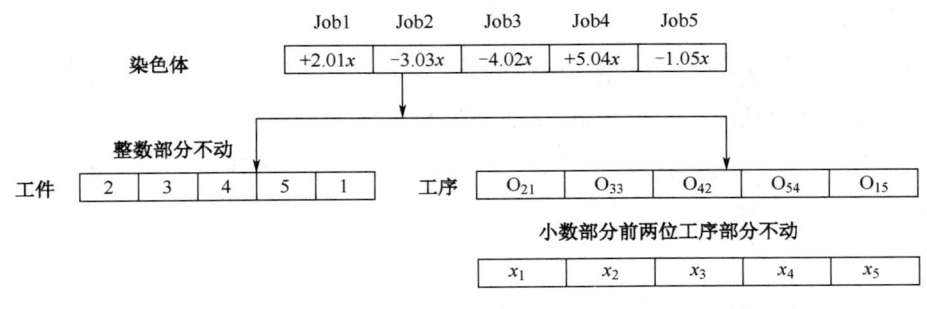

```
                    Job1    Job2    Job3    Job4    Job5
     染色体        +2.01x  -3.03x  -4.02x  +5.04x  -1.05x
       整数部分不动
     工件  [ 2 │ 3 │ 4 │ 5 │ 1 ]    工序 [O_{21} O_{33} O_{42} O_{54} O_{15}]
                                     小数部分前两位工序部分不动
                                   [ x_1 │ x_2 │ x_3 │ x_4 │ x_5 ]
                                      参数调整量根据公式随机生成
```

图 4.13 加工参数部分初始化方案

2. 交叉操作

本章考虑的目标是尽可能小地调整调度系统，根据第 3 章提出编码方法的特点及逆调度特性，采用遗传算法中常用的交叉策略：线性交叉（LOX）和两点交叉（2PX），并对其进行改进。两种交叉操作。其具体步骤如下：

1）线性交叉操作（Linear Order Crossover，LOX）

Step 1：随机选择两个交叉点，两交叉点之间的基因从父代个体 P_1、P_2 直接复制到子代个体 C_1、C_2 中相应的基因位置，保持它们的位置和顺序。

Step 2：将 P_1、P_2 中包含在交叉点之间的工件去掉（整数部分代表工件），不包含在交叉点之间的工件复制到 C_2、C_1 中，保持它们的顺序。

如图 4.14 所示，此染色体含有 7 个工件。选择交叉点 3、5 进行交叉，P_1、P_2 位于交叉点内的灰色部分基因直接复制到 C_1、C_2；将 P_1 中位于交叉点间的工件 J_4、J_5 从 P_2 中去

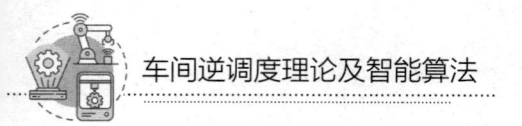

掉，P_2 剩下的白色部分按顺序依次复制到 C_1 中，而产生新的个体，C_2 采用同样方式产生。

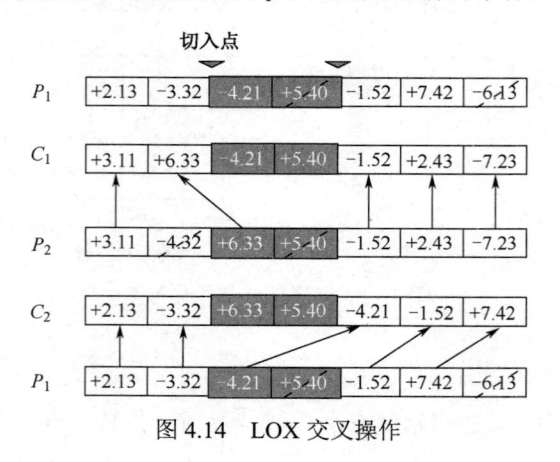

图 4.14 LOX 交叉操作

3. 变异操作

本节采用了两种变异操作，记为单点变异和插入变异。单点变异操作是随机选择一个变异位置，将此位置小数部分的基因进行变异操作。具体过程如 5.3.4 部分所述。如图 4.15（a）所示，随机选择基因 3，调整基因 3 位置的最后一位，使加工时间由 1 变为 4，从而得到新的染色体。另外一种单点变异是调整基因 3 的小数部分前两位，工序部分由 O_{21} 变为 O_{64}，如图 4.15（b）所示。

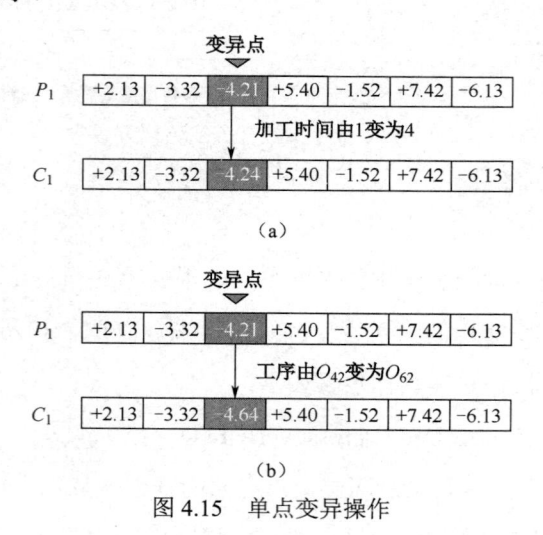

图 4.15 单点变异操作

插入变异操作是随机选择两个不同位置的基因，将排在前面的基因插入到另一个基因前面。具体流程如图 4.16 所示，基因 3 和基因 6 是随机选择的两个不同位置的基因。将基因 3 插入到基因 6 的前面，其他依次后移，从而得到新的染色体。

插入点

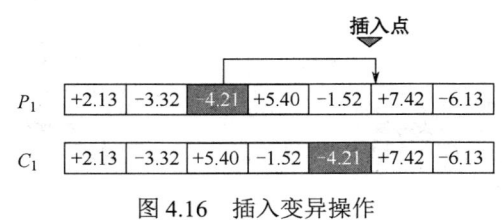

| P_1 | +2.13 | -3.32 | -4.21 | +5.40 | -1.52 | +7.42 | -6.13 |

| C_1 | +2.13 | -3.32 | +5.40 | -1.52 | -4.21 | +7.42 | -6.13 |

图 4.16　插入变异操作

4.4.3　适应值评价方法

单目标问题中，适应度值往往是与目标函数相对应的，但是对于多目标优化问题，存在多个待优化的子目标，因此目标适应值分配（Fitness Assignment，FA）是多目标问题优化过程中需要解决的一个关键问题。基于前几章研究的单目标问题，适应值是与目标值保持一致的，这样很容易可以判断解的优劣。但是，针对多目标问题，多个目标之间的冲突导致很难抉择具体哪一个解是好的。目前，在多目标优化问题中常采用如下适应度赋值策略，分别是：基于聚合的策略（Aggregation-based Method）；基于准则的策略（Criterion-based Method）；基于 Pareto 支配的策略（Dominance-based Method）。NSGA-Ⅱ中采用基于优胜的快速非支配排序方法进行适应度赋值。本节所提的 LMONG 算法引用此适应度赋值策略。首先，根据种群 P 中个体之间的支配关系将其分成互不相交的且具有支配关系的子群体 $F_1 < F_2 < \cdots < F_r$。其中，S_p 表示受个体 p 支配的集合，n_p 表示支配个体 p 的个体数，具体的执行步骤如下：

Step 1：对种群 P 中任一个体 p，令 $S_p = \varnothing$，$n_p = 0$，对 P 中任一个体 q，若 $p < q$，则令 $S_p = S_p \cup \{q\}$；否则，若 $q < p$，令 $n_p = n_p + 1$。若 $n_p = 0$，令 $p_{rank} = 1$，$P_1 = P_1 \cup \{p\}$。

Step 2：令 $i = 1$，当 $P_i \neq \varnothing$ 时，设 $Q \neq \varnothing$；对每个个体 $q \in S_p$，令 $n_q = n_q - 1$，若 $n_q = 0$，则 $q_{rank} = i + 1$；令 $Q = Q \cup \{q\}$。$i = i + 1$，$P_i = Q$。

Step 3：若 $P_i = \varnothing$，则停止。否则转入 Step 2。

4.4.4　多样性保持策略

多目标优化的目的是求得一组解集合而非单一解，即搜索到一组均匀分布的 Pareto 曲面，避免算法收敛。因此，有效的多样性保持策略是多目标优化进化算法设计中的关键一步。本节主要采用两种有效措施来保持种群多样性：一种是拥挤距离策略，一种是按需分层策略。

1）拥挤距离策略

拥挤距离是对不同曲面上的非支配解集中的个体进行计算，它是指不同非支配曲面上，不同个体与其相邻个体之间在子目标上的距离之和。该策略可以使种群均匀分布并且保持种群多样性，具体操作步骤如下。

Step 1：设种群 N 中每个个体 i 的拥挤距离 $P[i]_{\text{distance}}=0$，对个体 i 的每个子目标函数值进行排序。

Step 2：第 2 个个体到第 $(N-1)$ 个个体的拥挤距离为：

$P[i]_{\text{distance}} = P[i]_{\text{distance}} + (P[i+1].m - P[i-1].m)/(f_m^{\max} - f_m^{\min})$，给边界点一个最大值以确保每次它们均能选入下一代，$P[0]_{\text{distance}} = P[N]_{\text{distance}} = 0$。

2）按需分层策略

在 NSGA-Ⅱ算法中，一般采用种群合并的方式形成新的进化群体，种群个数为 $2N$。然后对该种群按照本节所介绍的排序方式进行非支配排序，将上半部分层面的个体，即级别较低的个体作为父代种群进化到下一代。

但是，该策略存在一定不足之处：非支配等级较高的前段曲面中，可能会有拥挤距离较大的个体或者某些重复个体被选中进入下一代种群中；而非支配等级较低的曲面中，可能存在拥挤距离较小的个体被遗漏，这样就会使得父代进化到下一代种群中过多的选择精英解，造成种群提前收敛或非支配解分布不均等情况。为了引导搜索能沿着正确的方向进行，并且保证得到的非支配解均匀分布。采用以下策略进行改进。为了防止算法陷入局部收敛，尽可能减少精英解的数量，适当选择一些非精英解，为此，引入一个分布函数来达到此目的，分布函数计算公式为：

$$n_i = |F_i| \times r_i \tag{4.30}$$

其中，n_i 为第 i 层曲面 F_i 上选取的个体数；$|F_i|$（$i \geq 1$）代表第 i 层非支配曲面上个体的个数，$r \in (0,1)$。新旧种群合并过程及按需分层策略如图 4.17 所示。

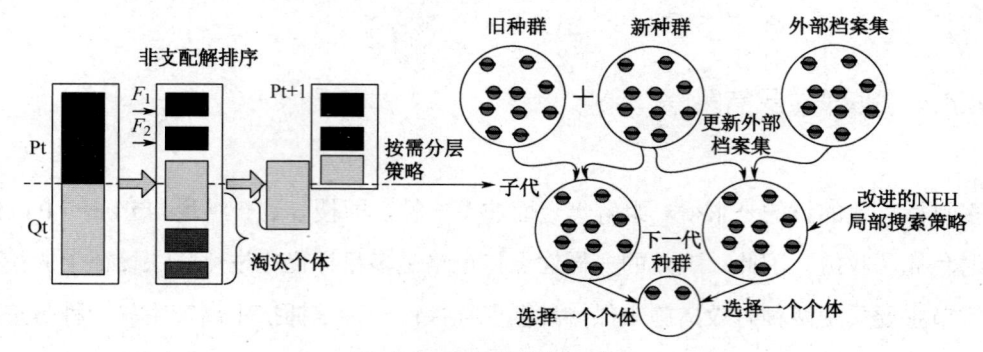

图 4.17 混合精英保留策略

4.4.5 改进的 NEH 局部搜索方法

针对流水车间调度问题的研究中，1983 年，由 Nawaz 等人提出的 NEH 算法被认为是解决 $F_m|prum|C_{max}$ 有效的启发式方法之一。该方法是首先计算工件的总加工时间，总加工时间越长将会优先加工，通过赋予工件优先权，进行排列得到一个初始序列，然后通过插入方法构造一个调度。鉴于此思想，提出一种改进的 NEH 局部搜索算法，以 NEH 插入思想作为邻域结构的构建方法对个体执行局部搜索。鉴于逆调度的问题特性，改进的方法不是进行工件的插入操作，而是借鉴插入思想，针对小数部分，也就是工序和加工参数的调整操作。但是，重新构建新的个体势必会消耗大量计算时间而影响算法的计算效率。因此引用式（4.31），通过迭代次数和最大插入的工件个数不同，控制进行邻域搜索个体数量。通过此操作可以保证在进化初期，种群进行较大范围的邻域搜索，而到了进化后期，只需要进行小范围邻域搜索来达到寻优的目的。以此方法来进行局部寻优，既提高了算法局部搜索性能，同时减少了计算时间。

$$n_{GB}=\max\{N_M\cdot(1-t/TG),\ 1\} \quad (4.31)$$

其中，N_M 代表提取的工件的最大数量；t 代表当前代数；TG 代表最大迭代次数，通过此公式计算 NEH 算法中提取的工件的数目 n_{GB}。另外两个需要确定是提取工件的起始位置：i 和 $m=i+n_{GB}-1$。下面通过一个简单例子说明改进的 NEH 局部搜索方法的具体操作步骤，如图 4.18 所示。

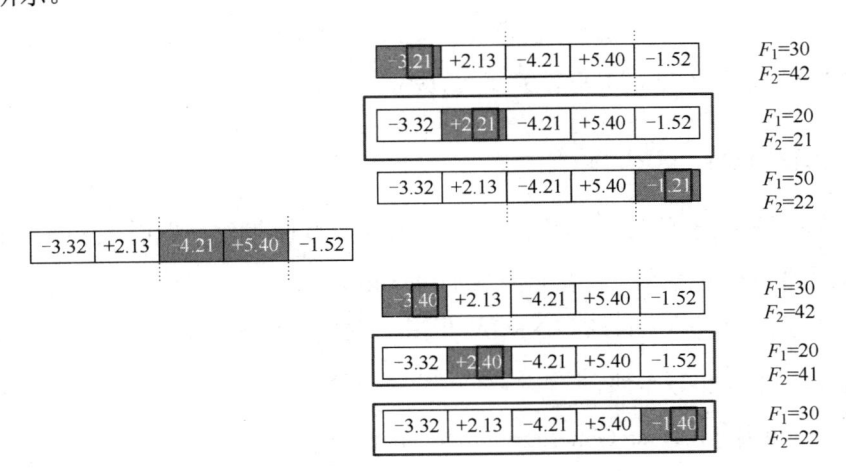

图 4.18 改进的 NEH 局部搜索方法

以 5 个工件为例，假设提取的工件数量 $n_{GB}=2$，令 $i=3$，即 $m=4$，也就是说在该例子中，最大提取 2 个工件进行重新变换小数位操作，提取工件的初始位置是基因 3，结束位置是基因 4。将染色体中位于 3、4 位置的小数位基因进行依次替换操作，将工件 4 的小数位进行依次替换操作，并比较每次结果。工件 5 同理。对于小规模问题，NEH 算法是有效的，但是对于大规模的问题，如 500 个工件 20 台机器，这种大规模的例子，则计算时间还是相当长的，通过本节的改进方法，有效地控制进行邻域搜索的染色体个数和插入工件的数目，可以大大缩短其计算时间，提高算法的搜索效率。

4.5 实验结果与分析

4.5.1 实验设计

1. 测试实例

为了测试提出的 LMONG 算法的性能，本节选取了流水车间调度问题中普遍研究的三类标准实例：Taillard benchmark，在第五章已经介绍过。Car 类问题包含 8 个算例，分别是 Car1（11×5）表示 11 个工件 5 台机器，其他算例类似，Car02（13×4），Car03（12×5），Car04（14×4），Car05（10×6），Car06（8×9），Car07（7×7）和 Car08（8×8）。Rec 类问题包含 22 个算例，这里采用其中 6 个算例，即 Rec01（20×5），Rec07（20×10），Rec13（20×15），Rec19（30×10），Rec25（30×15）和 Rec31（50×10）。

由于求解流水车间逆调度问题没有任何结果可以拿来与本节所求的结果进行比较，因此，采用 NSGA-Ⅱ算法与 LMONG 算法进行结果比较。

2. 性能评价指标

多目标问题不同于单目标优化问题，在求解多目标优化问题时主要关注两个问题：（1）使所求的非支配解集尽可能接近真实的 Pareto 前端；（2）尽可能使求得的非支配解集均匀分布。为了比较所提的算法与 NSGA-Ⅱ算法的非支配解情况，采用三种性能评价指标来比较解集的收敛性和分布性。

1）反世代距离（Inverse Generational Distance，I_{IGD}）

首先定义几个相关概念，PF_{true} 定义为 Pareto 最优解集，需要说明的是，逆调度问题目前没有任何比较结果作为参考解用来进行结构对比分析。因此，本章采用 NSGA-Ⅱ算法和 LMONG 算法对每一个问题实例进行独立运行 30 次，分别获得 30 组非支配解集，然后对

60 组非支配解集进行非支配排序，根据 Pareto 优胜关系求得一组 Pareto 最优解集，定义为 PF_{true}；根据 LMONG 算法求得的 Pareto 非支配解集定义为 PF_{known}。

反世代距离 I_{IGD} 是指 PF_{true} 离 PF_{known} 的远近程度，由式（4.32）所示，其中，n 代表 PF_{known} 中解的数目，d_i 表示每个向量解与其临近向量之间的欧式距离，此度量指标反映了算法求得的解与问题真实解之间距离的远近程度。很显然，反世代距离 I_{IGD} 越小越好，如果值为 0，则表示算法所求得的解完全接近 Pareto 真实解。如图 4.19 所示。

$$I_{IGD} = \frac{\sqrt{\sum_{i=1}^{n} d_i^2}}{n} \tag{4.32}$$

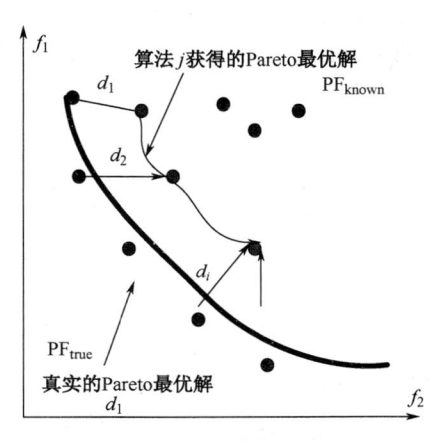

图 4.19　反世代距离

2）非支配解个数（N_{NDS}）

N_{NDS} 表示 PF_{known} 中不被 PF_{true} 中任何解支配的解的数量，N_{NDS} 越大，表明该算法求得的非支配解的数量越多，算法性能越好。

3）非支配解比例（R_{NDS}）

R_{NDS} 用来评价算法求得的非支配解的质量，表示 PF_{known} 中非支配解的比例。因此，R_{NDS} 越大，非支配解的质量越好。其计算如式（4.33）所示。

$$R_{NDS} = \frac{N_{NDS}}{|S_j|} \tag{4.33}$$

其中，N_{NDS} 表示非支配解的个数；S_j 表示由算法 j 求得的非支配解集。

3. 实验设置

上述提出的 LMONG 算法和比较算法 NSGA-Ⅱ采用 C++语言编程，程序运行环境为 Intel Core 2 Duo CPU，主频为 2.29GHz，内存为 2.86GB。两种比较算法对每一个问题实例进行独立运行 30 次，分别获得相关性能指标，并计算统计不同性能指标取得的最小值

（Min）、最大值（Max）及平均值（Avg），将其进行结果比较。LMONG 算法相关参数设置见表 4.2。

表 4.2　混合 LMONG 算法参数设置

工件数量	1~20	21~50	51~100
种群大小 P	30	50	60
迭代次数 T	400	200	100
交叉概率	0.9	0.9	0.9
变异概率	0.1	0.1	0.1
N_M	1, 2	2, 3	3
终止准则	P*T	P*T	P*T
运行次数	30	30	30

4.5.2　结果分析与讨论

1. 结果对比

表 4.3 给出了两种算法为每个实例独立运行 30 次后得到的指标 I_{IGD} 结果比较，表中展示了 119 组测试实例的最小值（Min）、最大值（Max）及平均值（Avg）。

表 4.3　LMONG 算法和 NSGA-Ⅱ 算法 I_{IGD} 结果比较

实例	(I_{IGD}) n×m	NSGA-Ⅱ Min	NSGA-Ⅱ Max	NSGA-Ⅱ Avg	LMONG Min	LMONG Max	LMONG Avg
TA001-010	20×5	0.00	0.00	0.00	2.36	3.67	2.52
TA011-020	20×10	0.00	0.00	0.02	1.50	2.50	1.73
TA021-030	20×20	0.00	0.00	0.00	0.00	0.45	0.31
TA031-040	50×5	0.00	0.00	0.00	0.00	1.65	1.24
TA041-050	50×10	0.00	0.04	0.03	1.67	2.08	1.83
TA051-060	50×20	0.00	1.01	0.52	0.54	3.96	1.58
TA061-070	100×5	0.03	1.31	0.31	4.05	4.68	4.23
TA071-080	100×10	0.08	0.10	0.09	2.23	3.06	2.46
TA081-090	100×20	0.31	0.43	0.34	3.63	4.14	3.76
Car01	11×5	0.00	0.00	0.00	0.67	3.45	1.76
Car02	13×4	0.00	0.00	0.00	0.58	2.47	1.80
Car03	12×5	0.00	0.00	0.00	0.00	2.09	2.03
Car04	14×4	0.08	0.70	0.23	0.00	3.21	2.45
Car05	10×4	0.00	0.00	0.00	0.00	3.80	3.01
Car06	8×9	0.00	0.00	0.00	0.34	3.58	2.06
Car07	7×7	0.00	0.06	0.05	0.00	0.89	0.65
Car08	8×8	0.00	0.00	0.00	0.34	0.78	0.70

续表

实例	(I_{IGD}) n×m	NSGA-Ⅱ Min	Max	Avg	LMONG Min	Max	Avg
Rec01	20×5	0.00	0.00	0.00	2.12	3.76	2.82
Rec03	20×5	0.00	0.00	0.00	2.52	3.80	3.60
Rec05	20×5	0.00	0.00	0.00	1.06	1.61	1.44
Rec07	20×10	0.12	0.15	0.13	1.00	2.78	1.35
Rec09	20×10	0.00	0.38	0.06	1.69	2.03	1.81
Rec11	20×10	0.00	0.00	0.00	0.00	1.65	1.16
Rec13	20×15	0.00	0.00	0.00	2.23	4.84	3.12
Rec15	20×15	0.00	0.00	0.00	3.54	3.86	3.63
Rec17	20×15	0.00	0.00	0.00	2.78	3.53	3.41
Rec19	30×10	0.00	0.00	0.00	0.00	2.51	1.21
Rec21	30×10	0.00	0.00	0.00	2.32	3.09	2.71
Rec23	30×10	0.00	0.00	0.00	0.89	1.50	1.04
Rec25	30×15	0.00	0.00	0.00	4.12	4.63	4.47
Rec27	30×15	0.00	0.00	0.00	2.36	2.84	2.43
Rec29	30×15	0.00	0.00	0.00	1.85	2.14	2.03
Rec31	50×10	0.00	1.47	0.73	0.59	3.36	1.82
Rec33	50×10	0.48	1.24	0.75	2.45	3.41	2.52
Rec35	50×10	0.00	0.04	0.02	1.34	3.00	1.50
Rec37	75×20	0.10	0.15	0.12	3.17	4.74	3.66
Rec39	75×20	0.00	0.00	0.00	3.20	5.54	4.97
Rec41	75×20	0.08	0.12	0.09	3.82	4.76	3.92
Average		0.03	0.18	0.09	1.60	3.04	2.33

表4.4 LMONG算法和NSGA-Ⅱ算法 N_{NDS} 结果比较

实例	(N_{NDS}) n×m	NSGA-Ⅱ Min	Max	Avg	LMONG Min	Max	Avg
TA001-010	20×5	14.00	16.00	14.95	5.00	9.00	6.20
TA011-020	20×10	13.00	15.00	14.15	6.00	10.00	8.75
TA021-030	20×20	16.00	18.00	17.40	7.00	9.00	8.25
TA031-040	50×5	31.00	36.00	33.05	6.00	21.00	17.56
TA041-050	50×10	23.00	41.00	31.80	11.00	15.00	13.00
TA051-060	50×20	31.00	35.00	34.35	12.00	14.00	13.45
TA061-070	100×5	41.00	58.00	53.65	23.00	33.00	24.15
TA071-080	100×10	22.00	48.00	36.60	19.00	31.00	23.00
TA081-090	100×20	42.00	59.00	54.25	21.00	27.00	22.05
Car01	11×5	11.00	16.00	14.00	5.00	9.00	6.00
Car02	13×4	10.00	15.00	13.55	3.00	9.00	4.35
Car03	12×5	11.00	18.00	15.20	6.00	10.00	7.00

续表

实例	(N_{NDS})	NSGA-II			LMONG		
	$n \times m$	Min	Max	Avg	Min	Max	Avg
Car04	14×4	8.00	16.00	13.75	5.00	9.00	7.45
Car05	10×4	9.00	17.00	15.35	3.00	9.00	4.45
Car06	8×9	10.00	17.00	15.85	4.00	8.00	6.25
Car07	7×7	13.00	18.00	13.05	7.00	11.00	10.35
Car08	8×8	14.00	15.00	14.28	1.00	6.00	3.57
Rec01	20×5	8.00	13.00	12.25	5.00	8.00	6.65
Rec03	20×5	17.00	18.00	17.00	5.00	10.00	9.05
Rec05	20×5	5.00	7.00	5.05	1.00	6.00	3.65
Rec07	20×10	18.00	20.00	19.15	6.00	8.00	6.35
Rec09	20×10	17.00	19.00	18.80	10.00	11.00	10.05
Rec11	20×10	7.00	10.00	8.65	4.00	7.00	4.25
Rec13	20×15	4.00	8.00	5.45	1.00	6.00	3.00
Rec15	20×15	11.00	15.00	12.85	5.00	8.00	6.15
Rec17	20×15	13.00	16.00	14.00	4.00	7.00	5.35
Rec19	30×10	15.00	25.00	22.25	8.00	13.00	10.15
Rec21	30×10	18.00	22.00	21.00	7.00	15.00	14.70
Rec23	30×10	15.00	26.00	23.80	7.00	13.00	9.95
Rec25	30×15	15.00	19.00	16.75	5.00	7.00	5.50
Rec27	30×15	30.00	30.00	28.05	17.00	19.00	17.95
Rec29	30×15	21.00	25.00	24.35	8.00	10.00	9.41
Rec31	50×10	28.00	37.00	34.45	11.00	19.00	12.26
Rec33	50×10	25.00	30.00	28.00	10.00	13.00	10.05
Rec35	50×10	23.00	38.00	26.00	11.00	15.00	13.25
Rec37	75×20	43.00	46.00	44.25	19.00	31.00	21.05
Rec39	75×20	52.00	67.00	60.65	18.00	33.00	25.23
Rec41	75×20	24.00	45.00	35.75	21.00	28.00	24.25
Average		19.15	26.15	23.25	8.60	13.90	10.89

表 4.5　LMONG 算法和 NSGA-II 算法 R_{NDS} 结果比较

实例	(R_{NDS})	LMONG			NSGA-II		
	$n \times m$	Min	Max	Avg	Min	Max	Avg
TA001-010	20×5	1.00	1.00	1.00	0.84	0.95	0.88
TA011-020	20×10	1.00	1.00	1.00	0.67	0.78	0.68
TA021-030	20×20	1.00	1.00	1.00	0.45	0.53	0.47
TA031-040	50×5	1.00	1.00	1.00	0.43	0.50	0.46
TA041-050	50×10	1.00	1.00	1.00	0.34	0.46	0.37
TA051-060	50×20	0.94	1.00	1.00	0.21	0.46	0.27
TA061-070	100×5	0.97	1.00	1.00	0.23	0.63	0.35
TA071-080	100×10	0.99	1.00	1.00	0.51	0.80	0.62

续表

实例	(R_{NDS}) $n×m$	LMONG Min	LMONG Max	LMONG Avg	NSGA-Ⅱ Min	NSGA-Ⅱ Max	NSGA-Ⅱ Avg
TA081-090	100×20	0.93	1.00	1.00	0.11	0.34	0.27
Car01	11×5	1.00	1.00	1.00	0.34	0.55	0.43
Car02	13×4	1.00	1.00	1.00	0.38	0.78	0.57
Car03	12×5	1.00	1.00	1.00	0.46	0.80	0.62
Car04	14×4	1.00	1.00	1.00	0.55	0.59	0.57
Car05	10×4	1.00	1.00	1.00	0.20	0.37	0.24
Car06	8×9	1.00	1.00	1.00	0.49	0.87	0.51
Car07	7×7	1.00	1.00	1.00	0.21	0.29	0.24
Car08	8×8	1.00	1.00	1.00	1.00	1.00	1.00
Rec01	20×5	1.00	1.00	1.00	0.78	1.00	0.89
Rec03	20×5	1.00	1.00	1.00	0.67	0.78	0.71
Rec05	20×5	1.00	1.00	1.00	1.00	1.00	1.00
Rec07	20×10	1.00	1.00	1.00	0.89	0.94	0.91
Rec09	20×10	1.00	1.00	1.00	0.34	0.56	0.44
Rec11	20×10	1.00	1.00	1.00	0.48	0.63	0.57
Rec13	20×15	1.00	1.00	1.00	0.56	0.78	0.67
Rec15	20×15	0.95	1.00	0.98	0.04	0.21	0.07
Rec17	20×15	1.00	1.00	1.00	0.16	1.45	1.21
Rec19	30×10	1.00	1.00	1.00	0.07	1.90	1.03
Rec21	30×10	1.00	1.00	1.00	0.45	0.67	0.54
Rec23	30×10	1.00	1.00	1.00	0.56	0.77	0.59
Rec25	30×15	1.00	1.00	1.00	0.23	0.45	0.29
Rec27	30×15	1.00	1.00	1.00	0.70	0.87	0.74
Rec29	30×15	1.00	1.00	1.00	0.58	0.70	0.64
Rec31	50×10	0.95	1.00	1.00	0.34	0.46	0.37
Rec33	50×10	1.00	1.00	1.00	0.20	0.31	0.23
Rec35	50×10	0.93	1.00	1.00	0.21	0.27	0.25
Rec37	75×20	0.96	1.00	1.00	0.09	0.13	0.11
Rec39	75×20	1.00	1.00	1.00	0.10	0.27	0.21
Rec41	75×20	0.98	1.00	1.00	0.14	0.16	0.15
Average		0.98	1.00	0.99	0.41	0.65	0.52

表 4.3 至表 4.5 给出两个算法求得 119 个问题实例的结果。最后一行是每一个性能指标对应的平均值。从上述表中可以得到如下结果。

由表 4.3 可知，LMONG 算法求得 I_{IGD} 指标的 Min、Max 和 Ave 分别为 0.03，0.18，0.09，远小于 NSGA-Ⅱ 算法求得的结果 1.60，3.04，2.33。对于每一个问题实例，LMONG 得到的平均值都远小于 NSGA-Ⅱ 算法求得的平均值。随着问题规模的增大，I_{IGD} 的值也会增加，当问题规模比较小的时候（20 个工件），LMONG 算法几乎可以找到所有 Pareto

最优解。

由表 4.4 可知，LMONG 算法求得非支配解个数的 Min、Max 和 Ave 分别为 19.15，26.15，23.25，多于 NSGA-Ⅱ 算法求得结果 8.60，13.90，10.89。尤其是对于实例 100×5 和 100×20，经 LMONG 算法求得非支配解个数的均值分别为 53.65 和 54.25，也就是说对于这几个问题实例，该算法求得的非支配解的数量超过 50%。而对于所有问题实例结果可以发现，LMONG 算法求得 N_{NDS} 数量都多于 NSGA-Ⅱ。

由表 4.5 可知，LMONG 算法求得 R_{NDS} 的 Min、Max 和 Ave 分别为 0.98，1.00，0.99，优于 NSGA-Ⅱ 算法求得的结果 0.41，0.65，0.52。对于大多数问题实例，LMONG 算法求得 R_{NDS} 值几乎接近于 1，这就说明，LMONG 算法求得的所有解不被 NSGA-Ⅱ 算法求得的任何解所支配。

2. ANOVA 分析

为了分析两种比较算法的显著性差异，采用 ANOVA 方法进行分析，并在软件 MATLAB 中执行。ANOVA 被用于统计显著性试验，由于空间限制，主要采用每组实例的 150 个结果进行统计分析，针对工件规模（50，100）、算法（NSGA-Ⅱ，LMONG）、性能指标（I_{IGD}，N_{NDS}，R_{NDS}）不同进行对比分析，设定显著性水平 $\alpha = 0.05$。I_{IGD} 值越小表明算法越优，N_{NDS}，R_{NDS} 值越大表明算法越优。图 4.20 结果表明，当 50 个工件和 100 个工件问题实例时，P 值明显小于 0.05，LMONG 明显优于 NSGA-Ⅱ 算法。同理，表 4.6 展示了 LMONG 算法和 NSGA-Ⅱ 算法 ANOVA 分析求得 p 值结果，三种指标 p 值几乎接近于 0，很显然两算法存在显著性差异。

（a）

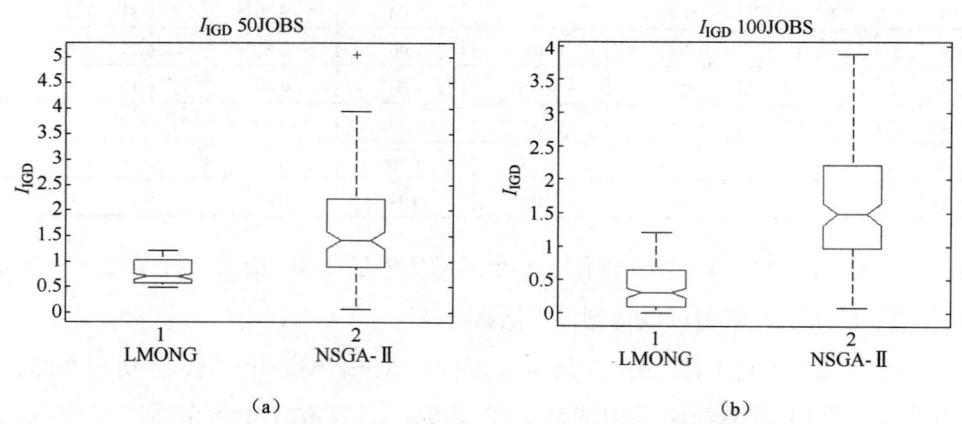

（b）

图 4.20　LMONG 算法和 NSGA-Ⅱ 算法 ANOVA 分析结果

（c）　　　　　　　　　　　　　（d）

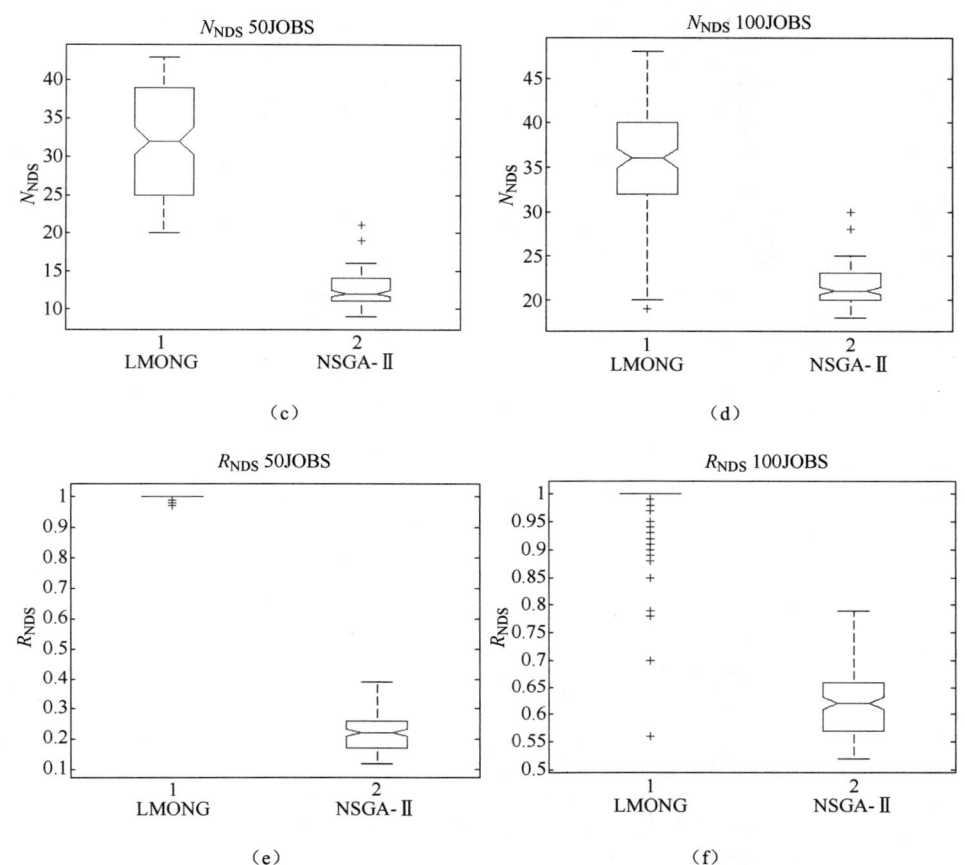

（e）　　　　　　　　　　　　　（f）

图 4.20　LMONG 算法和 NSGA-Ⅱ算法 ANOVA 分析结果（续）

表 4.6　LMONG 算法和 NSGA-Ⅱ算法 ANOVA 分析结果

如果两者存在显著性差异，用正号"+"表示；括号（）里面代表 p 值。

		I_{IGD}	N_{NDS}	R_{NDS}
L-MONGvs. NSGA-Ⅱ	显著性差异（p-value）	+ （5.764E-014）	+ （5.1319E-009）	+ （2.1236E-011）

3. Pareto 前端的分布情况

Pareto 非支配解的分布和收敛情况如图 4.21 所示。此部分并不具有代表性，例如图 4.21（a）和图 4.21（c）中 TA081，Rec03 和 Car08 问题实例的非支配解的分布曲线比较平滑，基本符合均匀分布；图 4.21（b）和图 4.2.1（c）中 TA012，TA021，TA070 和 TA060 问题实例的非支配解会出现较大的落差；图 4.21（b）中 TA089 和 TA072 问题实例的非支配解会出现聚集的情况，这表明非支配解分布不均，通过以上非支配解的分布情况可知，提高算法收敛能力和维持种群多样性对于多目标进化算法非常重要。此外，由该算法求得每一个问题实例的最优解见表 4.7。

(a)

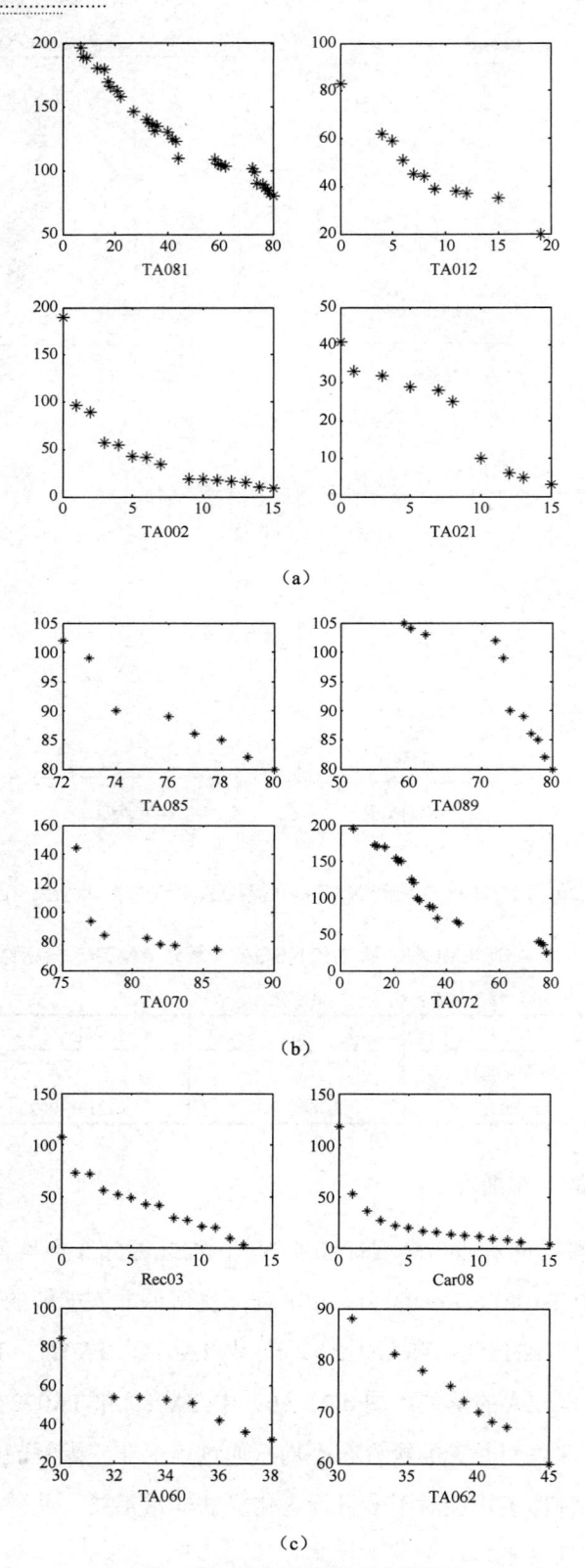

(b)

(c)

图 4.21 非支配解的分布情况

表 4.7 问题实例的非支配解

实例	Z_1 Min	Z_1 Max	Z_1 Avg	Z_2 Min	Z_2 Max	Z_2 Avg	实例	Z_1 Min	Z_1 Max	Z_1 Avg	Z_2 Min	Z_2 Max	Z_2 Avg
TA01	6	15	10.7	15	56	36.65	TA40	19	32	23.2	48	57	46.2
TA02	9	11	9.5	17	19	18.4	TA41	28	36	32.34	35	137	50.44
TA03	9	12	10.05	17	29	21.3	TA42	30	35	31.26	38	45	39.62
TA04	10	15	12.35	18	68	23.35	TA43	18	26	19.64	45	54.8	97
TA05	8	13	9.67	16	54	21.7	TA44	16	27	18.86	47	73	48.3
TA06	9	14	10.1	15	61	33.09	TA45	23	26	23.34	42	152	51.18
TA07	5	12	8.05	17	24	21.39	TA46	19	24	19.7	27	57	37.8
TA08	7	19	10.3	21	29	24.3	TA47	18	37	24.63	41	42	41.28
TA09	8	14	9.98	17	53	21.3	TA48	32	35	33.6	40	67	43.58
TA10	8	15	10.4	23	43	22.7	TA49	21	25	23.6	23	78	42.3
TA11	6	13	9.4	19	22	20.65	TA50	18	35	24.6	36	42	35.3
TA12	9	16	11.6	20	23	22	TA51	35	40	37.48	32	34	33
TA13	6	10	9.7	14	119	23.95	TA52	19	31	19.67	41	78	47.12
TA14	8	12	10.5	23	49	34.45	TA53	34	40	36.38	39	126	46.16
TA15	9	15	11.6	21	43	26.6	TA54	35	40	35.78	38	78	43.21
TA16	8	14	9.05	24	112	21.3	TA55	19	23	19.3	29	56	33.1
TA17	8	15	10.4	23	43	22.7	TA56	18	22	19.5	30	86	41.24
TA18	10	13	11.3	31	45	39.7	TA57	33	38	35.72	45	110	56.3
TA19	9	16	14.8	24	39	25.67	TA58	29	40	32.78	30	39	33.42
TA20	10	13	11.8	9	45	30.7	TA59	21	30	25.3	32	67.2	98
TA21	13	13	13	15	17	16.75	TA60	19	29	21.34	30	56	67.4
TA22	8	11	10.67	14	18	16.8	TA61	45	76	51.2	70	83	76.73
TA23	9	12	9.78	15	117	20.8	TA62	23	45	31.45	70	85	77.35
TA24	8	16	10.34	24	67	45.7	TA63	33	47	43.22	69	88	72.37
TA25	10	15	11.25	31	89	31.8	TA64	21	29	22.9	71	90	74.9
TA26	7	14	8.7	23	45	24.67	TA65	45	67	51.41	7	3	80.03
TA27	9	14	9.5	18	56	27.87	TA66	47	71	53.65	66	76	71.04
TA28	8	13	9.6	23	45	31.02	TA67	21	38	29.6	68	74	69.00
TA29	6	15	8.9	17	89	45.07	TA68	31	39	33.8	72	89	77.65
TA30	12	16	13.8	23	45	25.8	TA69	47	31	48.6	78	91	81.23
TA31	14	32	15.8	32	79	35.94	TA70	25	45	31.78	67	146	81.14
TA32	16	26	19.4	47	79	49.26	TA71	34	37	35.2	67	79	78.13
TA33	26	34	28.32	43	97	48.72	TA72	30	56	34.21	79	140	95.92
TA34	15	20	18.44	46	125	53.36	TA73	21	67	35.23	81	98	86.5
TA35	17	31	23.5	32	40	35.96	TA74	37	56	39.77	72	79	74.41
TA36	16	25	22.37	47	58	48.6	TA75	45	53	48.6	68	76	73.82
TA37	15	26	19.67	24	49	25.8	TA76	27	45	29.38	69	81	75.75
TA38	18	34	23.6	42	94	45.12	TA77	26	35	31.65	78	82	80.6
TA39	21	33	24.56	44	52	47.34	TA78	45	53	47.7	71	123	87.62

续表

实例	Z_1 Min	Z_1 Max	Z_1 Avg	Z_2 Min	Z_2 Max	Z_2 Avg	实例	Z_1 Min	Z_1 Max	Z_1 Avg	Z_2 Min	Z_2 Max	Z_2 Avg
TA79	32	47	39.7	59	74	68.53	Rec03	8	11	9.80	19	88	25.00
TA80	43	48	44.02	67	78	77.12	Rec05	4	8	4.50	16	79	31.55
TA81	41	53	43.15	59	82	68.63	Rec07	6	10	7.45	17	28	18.20
TA82	55	59	51.34	61	75	71.09	Rec09	11	13	11.0	16	30	20.60
TA83	61	74	63.38	78	83	79.50	Rec11	6	8	7.35	13	90	27
TA84	34	41	40.23	67	77	72.57	Rec13	9	11	9.65	25	55	28.35
TA85	36	48	39.1	69	86	74.92	Rec15	6	9	7.83	23	67	30.04
TA86	27	34	29.6	60	73	68.4	Rec17	3	8	6.78	18	45	33.10
TA87	43	48	45	59	121	76.5	Rec19	12	21	17.3	18	128	27.03
TA88	33	51	40.08	71	79	74.83	Rec21	10	17	13.0	21	78	19.9
TA89	45	62	48.6	62	71	68.73	Rec23	9	15	10.09	23	89	26.08
TA90	35	74	41.75	57	61	58.68	Rec25	9	18	14.9	37	51	45.67
Car01	1	7	3.85	4	10	7.34	Rec27	11	19	13.01	63	25	21.7
Car02	2	9	4.6	7	767	232.1	Rec29	6	15	9.08	16	30	18.82
Car03	4	7	6.25	8	59	13.45	Rec31	21	39	27.57	37	91	50.24
Car04	5	9	5.58	5	13	6.65	Rec33	22	38	24.3	43	134	52.06
Car05	2	6	3.34	8	67	12.35	Rec35	15	17	15.5	49	78	55.08
Car06	0	5	1.60	7	659	117.2	Rec37	26	39	27.7	60	76	67.64
Car07	0	3	2.90	3	272	58.75	Rec39	23	37	23.5	67	112	78.24
Car08	0	5	2.75	5	117	78.97	Rec41	19	39	19.7	58	139	76.4
Rec01	3	7	5.21	19	26	22.55							

4.6 本章小结

本章深入研究单目标流水车间逆调度问题。首先，建立了以参数调整量最小为目标的数学模型；设计了一种自适应的遗传变邻域搜索算法（GAVA）。在该算法中，针对问题特性，设计了一种基于小数机制的编码方案（DSPM）用于解的表达，能同时对工序和参数进行协同优化，并且采用混合初始化方法生成具有高质量解的初始化种群。针对问题特性和编码方法，设计了四种邻域结构，并且通过自适应的方式，选择最适合于当前搜索的邻域，来实施局部搜索，大大提高了搜索效率。最后，采用基准实例测试GAVA算法，并将混合算法与以往的GAVNS算法、GA算法进行比较，采用ANOVA分析，验证了本章所提算法的有效性与优越性。

本章针对流水车间逆调度的多目标情形，考虑不同目标冲突，建立了基于调度效率和调度稳定性的多目标流水车间逆调度问题模型；然后，提出了一种基于 LMONG 算法的求解方法，该方法采用了 NSGA-Ⅱ 算法中的快速非支配排序方法，两种多样性保持策略及混合的精英保留策略相混合，同时在外部档案集中加入改进的 NEH 局部搜索策略，以提高算法的整体性能。最后，通过三组典型的标准实例进行测试，并采用 ANOVA 分析，验证了所提算法的有效性。

4.7 习题

1. 简述置换流水车间约束条件。
2. 举例说明实际生产中常见的流水车间调度问题。
3. 请建立流水车间逆调度问题数学模型。

参考文献

[1] Framinan J M, Leisten R, Rajendran C. Different Initial Sequences for the Heuristic of Nawaz, Enscore and Ham to Minimize Makespan, Idletime or Flowtime in the Static Permutation Flowshop Sequencing Problem[J]. International Journal of Production Research, 2003, 41(1): 121-148.

[2] Deb K, Pratap A, Agarwal S, et al. A Fast and Elitist Multiobjective Genetic Algorithm: NSGA-Ⅱ[J]. IEEE Transactions on Evolutionary Computation, 2002, 6(2): 182-197.

[3] Srinivas N, Deb K. Multiobjective Optimization Using Nondominated Sorting in Genetic Algorithms[J]. Evolutionary Computation, 1994, 2(3): 221-248.

[4] Coello C A C C. Evolutionary Multi-objective Optimization: A Historical View of the Field[J]. Computational Intelligence Magazine, IEEE, 2006, 1(1): 28-36.

[5] Zitzler E, Thiele L. Multiobjective Evolutionary Algorithms: A Comparative Case Study and the Strength Pareto Approach[J]. IEEE Transactions on Evolutionary Computation, 1999, 3(4): 257-271.

[6] Sarker R, Abbass H A. Differential Evolution for Solving Multi-objective Optimization Problems[J]. Asia-Pacific Journal of Operational Research, 2004, 21(02): 225-240.

[7] Alatas B, Akin E, Karci A. MODENAR: Multi-objective Differential Evolution Algorithm for Mining Numeric Association rules[J]. Applied Soft Computing, 2008, 8(1): 646-656.

[8] Gong W, Cai Z. An Improved Multiobjective Differential Evolution Based on Pareto-adaptive Dominance and Orthogonal Design[J]. European Journal of Operational Research, 2009, 198(2): 576-601.

[9] Bo-Yang Q U, Suganthan P N. Multi-objective Differential Evolution with Diversity Enhancement[J]. Journal of Zhejiang Universityence C, 2010, 11(7):538-543.

[10] Coello C A C, Cortes N C. Solving Multiobjective Optimization Problems Using an Artificial Immune System[J]. Genetic Programming & Evolvable Machines, 2005, 6(2): 163-190.

[11] Tavakkoli-Moghaddam R, Rahimi-Vahed A, Mirzaei A H. A Hybrid Multi-objective Immune Algorithm for A Flow Shop Scheduling Problem with Bi-objectives: Weighted Mean Completion Time and Weighted Mean Tardiness[J]. Information Sciences, 2007, 177(22): 5072-5090.

[12] Zhang Z. Immune Optimization Algorithm for Constrained Nonlinear Multiobjective Optimization Problems[J]. Applied Soft Computing, 2007, 7(3): 840-857.

[13] Zhang Z. Multiobjective Optimization Immune Algorithm in Dynamic Environments and Its Application to Greenhouse Control[J]. Applied Soft Computing Journal, 2008, 8(2): 959-971.

[14] Zuo X, Mo H, Wu J. A Robust Scheduling Method Based on A Multi-objective Immune Algorithm[J]. Information Sciences, 2009, 179(19): 3359-3369.

[15] Hu Z. A Multiobjective Immune Algorithm Based on a Multiple-affinity Model[J]. European Journal of Operational Research, 2010, 202(1): 60-72.

[16] Huang V L, Suganthan P N, Liang J J. Comprehensive Learning Particle Swarm Optimizer for Solving Multiobjective Optimization Problems[J]. Wiley Subscription Services, Inc., A Wiley Company, 2006, 21(2): 209-226.

[17] Liu D S, Tan K C, Huang S Y, et al. On Solving Multiobjective Bin Packing Problems Using Evolutionary Particle Swarm Optimization[J]. European Journal of Operational Research, 2008, 190(2): 357-382.

[18] Carlier J. Ordonnancements a Contraintes Disjonctives[J]. RAIRO-Operations Research-Recherche Opérationnelle, 1978, 12(4): 333-350.

第 5 章

作业车间逆调度

5.1 引言

作业车间调度问题（Job-Shop Scheduling Problem, JSP）是面向产品加工车间中的加工任务，在尽可能满足一系列约束比如机器约束）条件的情况下，合理地安排生产的先后顺序，从而能够使生产的成本或者生产时间得到优化。该类问题是一个 NP-hard 问题。改进了 JSP，整个企业的生产效率将会有比较明显的提高。因此，研究 JSP 具有重要的意义。在已有的车间调度研究中，研究理想车间状况环境下的问题较多，对生产中的动态因素考虑较少，但在实际生产加工过程中有许多不确定因素，如产品处理时间的不确定性、应急突发事件的不确定性等。针对某些特定车间干扰，在此，采用逆调度处理方法对作业车间调度系统进行重新调整，在尽可能不改变原有调度序列的前提下，通过最小变动加工参数，使得原作业车间调度最优。

在企业的生产调度中，多目标优化问题普遍存在。这里所谓的多目标优化是指多个子目标同时实施最优化，各个子目标之间既相互联系又相互制约。比如，生产者不仅要降低成本，提高客户的满意度；还要提高经济效益，提高企业自身的竞争力；既要安排突如其来的紧急订单，又要按计划完成已有合同订货任务；既要减少因为延误时间造成的未完工时费，还要防止因为提前完工而产生的存储费用等。在实际生产过程中，大部分作业车间调度问题是面向多个目标的优化组合与决策。因此，探索如何有效求解多目标作业车间逆调度问题具有重要的理论意义和应用价值。

目前，求解 JSP 算法主要有智能算法，每种算法都有各自特点，遗传算法有较强的全局搜索能力，它能够以大概率找到全局最优解，但稳定性差；模拟退火算法拥有跳出局部最优解的能力但收敛速度慢；蚁群算法全局搜索能力强但存在汉明悬崖问题。为了增强 PSO 全局搜索能力，大多数学者的研究思路是将粒子群算法（Particle Swarm Optimization，PSO）与其他算法混合，然而由于 SO 本身机理研究严重不足，因此 PSO 在求解 JSP 问题上存在很多局限。例如，本章主要研究 JSP 问题，所以以此类问题为例，文献取消了 PSO 的速度更新公式，采用遗传算法的思路，用粒子交叉变异进行代替，将 PSO 算法和遗传算算子进行结合，求解模糊作业车间调度问题，但是使得 PSO 收敛速度受限；文献针对装配车间作业调度问题，提出基于工免疫算法的 PSO 方法进行求解，由于其参数需要依经验选取，无法根据环境动态调整，算法适应性较差；文献采用模拟退火与 PSO 结合求解周期作业车间调度问题，选取参数方法受限，所以算法的全局搜索能力差。本章针对传统 PSO 种群初始解的质量差和全局搜索能力弱的缺点，使用改进粒子群算法（Improved Particle Swarm Optimization，IPSO）求解 JSP 问题。采用基于工序升序排列（Ranked Order Value，ROV）的编码方式，得到粒子参数与工序序列的映射关系；在速度位置更新公式中采用自适应权重，动态调整惯性系数和学习因子；在初始化种群中采用混沌映射和反向学习策略，提高种群初始解的质量；在算法迭代过程中引入莱维飞行和变邻域搜索策略，避免陷入局部最优解；在种群丧失多样性进化停滞时，采取混沌弹射机制激活个体，提高粒子利用率；通过试验验证 IPSO 的有效性。

目前，多目标作业车间调度求解的方法主要有精确算法、启发式算法。精确算法包括分支定界法和整数规划法，主要求解小规模的调度问题；启发式算法包括基于调度规则的方法、神经网络、人工智能及邻域搜索方法等，启发式算法能在可接受的时间内获得问题的较满意解而被广泛采用。遗传算法本身具有并行全局搜索能力等特点，非常适合求解多目标优化问题，但是遗传算法也具有容易早熟、算法后期收敛速度较慢等缺点。根据第四章提出的混合算法的实验结果可知，算法的合理混合在求解优化问题时优于单一算法的求解效果。本章将在此研究的基础上，结合多目标优化理论与方法，设计一种基于 Pareto 的混合多目标进化算法，求解多目标 JSP 逆调度问题。

5.2　作业车间逆调度问题

5.2.1　作业车间逆调度问题描述

JSP 中工件的加工全过程描述如下：n 个不同的工件中的每一个工件按照既定的加工

顺序在 m 台机器上进行加工；每个工件都必须经 m 台机器才能完成加工，且每台机器同时只能加工一个工件；当一个工件在一台机器上完成加工时，就被认定为完成一道工序，该道工序总时长为 O_{ji}。JSP 的目标是为每个工件找到一个合适的加工工序以使得最大完成时间 C_{max} 最小化，进而使得在 m 台机器上加工完 n 个工件的总时间最小化。

对一个由 $n \times m$ 道工序组成的 JSP，可建数学模型将其表示为：一集合的机器（表示为 $M=\{1,2,\cdots,m\}$）和一集合的工件（表示为 $N=\{1,2,\cdots,n\}$）；进行 $n \times m$ 道工序的加工（表示为 $O=\{0,1,2,\cdots,n \times m+1\}$）。其中工序 0 和 $n \times m+1$ 称为无效工序，它们在数学模型里用来表示第一道和最后一道工序。无效工序的假设是为了满足 JSP 问题的运算需求，因而它不需要被赋予任何加工时间。在 JSP 数学模型中，n 为工件的个数，m 为一个工件的工序数，O_i 为第 i 道工序的完成总时间，t_i 为单台机器处理第 i 道工序所需的时间，P_i 为第 i 道工序的前一道工序，$A(t)$ 为在时间 t 被处理的全部工序的集合，O_{ij} 为工件 j 的 i' 道工序，C_{max} 为最大完成时间。

根据以上所述，JSP 的概念模型被定义为：

$$\text{Minimize} \quad O_{n \times m+1}(C_{max}) \tag{5.1}$$

$$O_q \leqslant O_i - t_{i'}$$
$$i = 0,1,2,\cdots,n \times m+1; q \in P_i \tag{5.2}$$

$$\sum_{i \in A(t)} \omega_{im} \leqslant 1, m \in M, t \geqslant 0 \tag{5.3}$$

$$O_i \geqslant 0 \tag{5.4}$$

式中：$O_{n \times m+1}$ 为最大完成时间；O_q 为第 q 道工序的完成总时间；W_{im} 为所有工序的权重之和。式（5.1）为目标适应度函数，它的作用是求取最大完成时间的最小值。式（5.2）和式（5.3）定义了工件加工的优先约束，确保没有工件可以被优先加工，同时一台机器在同一时间只能进行一道工序。式（5.4）约束完成时间必须是一个正值。

作业车间逆调度问题（JSISP）可以描述为：n 个不同的工件中的每一个工件按照既定的加工顺序在 m 台机器上进行加工；每个工件都必须经 m 台机器才能完成加工，且每台机器同时只能加工一个工件；当一个工件在一台机器上完成加工时，就被认定为完成一道工序，该道工序总时长表示为 O_{ji}。p_{ji} 为第 j 个工件的第 i 道工序的处理时间，$\tilde{p}_{ji}$ 用三角模糊数 $\tilde{p}_{ji}=(a,b,c)$ 表示，其中 a 表示最悲观处理时间，b 表示最可能处理时间，c 表示最乐观处理时间；$\tilde{s}_{ji}$ 为第 j 个工件的第 i 道工序的加工开始时间；$\tilde{c}_{ji}$ 为第 j 个工件的第 i 道工序的加工完成时间；L 为足够大的正数；$\tilde{c}$ 为每个工件的完工时间；$\tilde{c}_{max}$ 为最大完工时间；$[E_j,T_j]$ 为交货期窗口，其中 E_j,T_j 分别为最早和最晚交货期，当 $\tilde{c}_j<E_j$，称工件 j

提前，当 $\tilde{c}_j > T_j$ 称工件 j 拖期，如果工件在交货期窗口内完工，就不会受到惩罚，反之，工件 j 提前或者拖期交货，都将对工件 j 进行惩罚；C_I 为单位时间机器空闲成本；C_T 为单位时间工件拖期费用；C_E 为单位时间工件提前费用，一般 $C_E \leqslant C_T$。

$\tilde{g}_j(\tilde{c}_j)$ 为工件 j 的提前/拖期惩罚值；y_{jhkl} 为一个 0，1 决策变量，用于描述在同一机器上加工的两个工序间的顺序关系，如果 O_{jh} 先于 O_{kl} 加工，则 $y_{jhkl}=1$，否则 $y_{jhkl}=0$。问题目标函数是总成本最小化，总成本包括机器的空闲成本和提前/拖期惩罚值。机器的空闲成本是保证产品的空闲时间尽量少，而提前/拖期惩罚值则要求工件按时交货，提前或者拖期都将增加成本费用。逆调度调整后的处理时间为 $\tilde{p}'_{ji}$，逆调度通过调整处理时间，使得原来调度结果最优，目标函数为：$\min \tilde{Z} = \sum_{j=1}^{n}\sum_{h=1}^{m}(\tilde{p}'_{ji} - \tilde{p}_{ji})$。

约束 $\tilde{Z}_{逆} \ll \tilde{Z}_{原}$：

$$\min \tilde{Z} = C_1 \cdot \left(m \cdot \tilde{C}_{\max} - \sum_{j=1}^{n}\sum_{h=1}^{d_j} \tilde{p}_{jh} \right) + \sum_{j=1}^{n} \tilde{g}_j(\tilde{c}_j), \tag{5.5}$$

其中，

$$\tilde{g}_j(\tilde{c}_j) = C_E \cdot \max\left(0, E_j - \tilde{c}_j\right) + C_T \cdot \max\left(0, \tilde{c}_j - T_j\right).$$

根据前述模糊数加法运算的定义，目标函数值 $\tilde{Z}$ 同样为三角模糊数。用模糊数的期望值法求得总成本的期望值，约束条件为：

$$\tilde{c}_j = \tilde{s}_{jd_j} + \tilde{p}_{jd_j}, \tag{5.6}$$

$$\tilde{c}_{jh} \leqslant \tilde{s}_{j(h+1)}, \tag{5.7}$$

$$\tilde{c}_{jd_j} \leqslant \tilde{C}_{\max}, \tag{5.8}$$

$$\tilde{s}_{jh} + \tilde{p}_{ijh} \leqslant \tilde{s}_{kl} + L(1 - y_{inkl}), \tag{5.9}$$

$$\tilde{c}_{jh} \leqslant \tilde{s}_{j(h+1)} + L(1 - y_{klj(h+1)}), \tag{5.10}$$

$$s_{jh} \geqslant 0, \ c_{jh} \geqslant 0. \tag{5.11}$$

式（5.5）为目标函数，要求生产总成本最小，等待成本为等待时间与单位时间的等待成本之积，惩罚成本为提前/拖期时间与单位时间提前/拖期费用之积。式（5.6）表示工件完工时间等于最后一个工件开始时间与处理时间之和。式（5.7）描述了工件不同工序的加工顺序约束。式（5.8）描述了工件的完工时间约束。式（5.9）和式（5.10）表示同一时刻同一设备上有且只有一道工序在加工。式（5.11）表示各个参数变量必须是正数。

5.2.2 多目标作业车间逆调度问题描述

5.2.2.1 多目标优化问题的基本理论

多目标优化问题最早由法国经济学家 Pareto 在 1896 年提出,当时他从政治经济学的角度出发,把不好比较的多个目标优化问题归纳成多目标最优化问题。1927 年,数学家 Hausdorff 关于有序空间理论的研究,为多目标优化的发展提供了理论工具。此后关于多目标优化的理论与方法不断涌现。

5.2.2.2 多目标优化的基本概念

多目标优化问题(Multi-objective Optimization Problem,MOP)也称作向量优化问题或多准则优化问题。多目标优化问题可以描述为:在可行域中确定由决策变量组成的向量,它满足所有约束并且使得由多个目标函数组成的向量最优化。而这些组成向量的多个目标函数彼此之间通常都是互相矛盾的。因此,这里的"优化"意味着求一个或一组解向量使目标向量中的所有目标函数满足设计者的要求。通常,在多目标优化领域广泛采用如下数学定义。

定义 5.1:多目标优化问题

一般多目标优化问题由 n 个决策变量、k 个目标函数和 m 个约束条件组成,决策变量、目标函数及约束条件之间是函数关系,优化目标如下:

$$\text{Max}/\text{Min} \quad \boldsymbol{y} = f(\boldsymbol{x}) = (f_1(\boldsymbol{x}), f_2(\boldsymbol{x}), \cdots, f_k(\boldsymbol{x}))$$
$$s.t. \quad e(\boldsymbol{x}) = (e_1(\boldsymbol{x}), e_2(\boldsymbol{x}), \cdots, e_m(\boldsymbol{x})) \leqslant 0 \quad (5.12)$$

其中:
$$\boldsymbol{x} = (x_1, x_2, \cdots, x_n) \in X$$
$$\boldsymbol{y} = (y_1, y_2, \cdots, y_k) \in Y$$

$\boldsymbol{x}$ 是具有 n 个决策变量 $(x_1, x_2, \cdots, x_n)$ 的决策向量,$\boldsymbol{y}$ 是由 k 个目标函数 $(y_1, y_2, \cdots, y_k)$ 构成的目标向量,X 表示所有决策向量 $\boldsymbol{x}$ 形成的决策空间,Y 表示目标向量 $\boldsymbol{y}$ 形成的目标空间,约束条件 $e(\boldsymbol{x}) \leqslant 0$ 确定决策向量的可行的取值范围。

多目标优化问题中各个目标之间相互作用、相互制约,各目标函数值的量纲又往往不一致,不存在使所有目标函数同时达到最优的解。很难客观地评价多目标解的优劣性,只能通过对各个目标函数进行权衡和折中处理,使各个目标值尽可能地为决策者所接受。因此,对于多目标优化问题的可行解进行了如下定义。

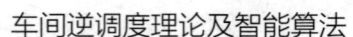

定义 5.2：可行解集

可行解集 X_f 定义为满足式（5.12）中约束条件 $e(x)$ 的决策向量 x 的集合，即

$$X_f = \{x \in X \mid e(x) \leqslant 0\} \tag{5.13}$$

X_f 的可行区域所对应的目标空间的表达式为：

$$Y_f = f(x_f) = Y_{x \in X_f}\{f(x)\} \tag{5.14}$$

对于式（5.13），表示可行解集 X_f 中的所有 x，经过优化函数映射形成目标空间中的一个子空间，该子空间的决策向量均属于可行解集。

对于单目标优化问题，它的可行解集的解能够通过唯一的目标函数值来判断各个解之间的优劣关系和好坏程度，即使有时最优方案并不唯一，最优目标函数值是唯一的。但是，对于多目标优化问题来说，情况则有所不同。由于多个目标函数的存在，对可行解集中的解，无法利用传统的等于、大于和大于等于等关系进行优劣关系的比较与排序。为此，定义多目标情况下个体之间的一种重要关系，叫作支配关系。

定义 5.3：Pareto 支配

对于任意两个决策向量 $a, b \in X_f$（这里仅针对最小化问题讨论，对于最大化问题同理）

（1）a 支配（dominate）b：$a \prec b$，当且仅当 $\forall_i = \{1, 2, \cdots, k\}: f_i(a) \leqslant f_i(b)$（即对所有的子目标 a 不比 b 差）且 $\exists i = \{1, 2, \cdots, k\}: f_i(a) < f_i(b)$（即至少存在一个子目标，使 a 比 b 好）；

（2）a 无差别于 b：$a \sim b$，当且仅当 $a \nprec b$ 且 $b \nprec a$。 (5.15)

如果决策向量 a 与 b 之间是 Pareto 支配关系，则决策向量 a 的所有目标函数值均小于等于决策向量 b 的所对应的各个目标函数值。如图 5.1 所示，图中解 A 和解 B，由于 $f_1(a_3) < f_1(a_5)$ 且 $f_2(b_3) < f_2(b_5)$，解 A 支配解 B。

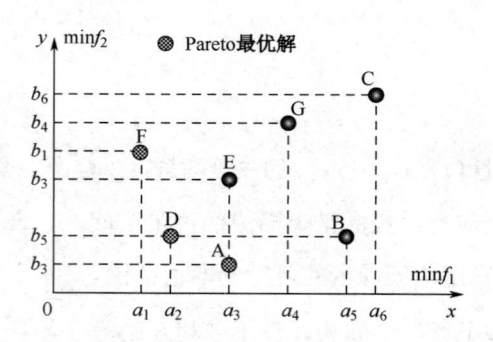

图 5.1 两个目标均为最小化的双目标优化问题

定义 5.4：Pareto 最优解

决策向量 $x \in X_f$ 称为 Pareto 最优解，当且仅当：

$$\nexists a \in X_f : f(a) < f(x) \tag{5.16}$$

Pareto 最优解又称为非劣解、非支配解（non-dominated）。如果决策向量 x 为 Pareto 最优解，则 x 无法在改进任何目标函数值的同时不削弱至少一个其他目标函数值。如图 5.1 所示，其中解 A、解 D 和解 F 都是非支配解。

与单目标优化问题不同，多目标优化问题的解不是唯一的，而是存在一个最优解集合，即 Pareto 最优解集，集合中的元素称为 Pareto 最优或非劣最优。对于实际问题，一般根据对问题的了解程度和决策人员的个人偏好，从多目标优化问题的 Pareto 最优解集中挑选出一个或多个解，作为所求多目标优化问题的最优解。

5.2.2.3 多目标逆调度问题模型

在实际生产过程中，大部分作业车间调度问题是面向多个目标的优化组合与决策，因此，探索如何有效求解多目标作业车间调度问题具有重要的理论意义和应用价值。在 5.2.1 的研究基础上，原问题目标函数是总成本最小化，总成本包括机器的空闲成本和提前/拖期惩罚值。机器的空闲成本是保证产品的空闲时间尽量少，而提前/拖期惩罚值则要求工件按时交货，提前或者拖期都将增加成本费用。逆调度不仅要考虑处理时间调整量最小，而且需要从实际问题出发，逆调度调整后的成本最小。选取上述三个子目标，求解多目标优化的综合逆调度方案，多目标作业车间逆调度问题基本数学模型可描述为。

（1）处理时间调整量最小。它是衡量逆调度方案的最根本指标，主要体现车间的变动情况：

$$\min \tilde{Z} = \sum_{j=1}^{n} \sum_{h=1}^{m} (\tilde{p}ji\tilde{o} - \tilde{p}ji) \tag{5.17}$$

（2）总成本最小。总成本包括机器的空闲成本和提前/拖期惩罚值。机器的空闲成本是保证产品的空闲时间尽量少，而提前/拖期惩罚值则要求工件按时交货，提前或者拖期都将增加成本费用，该目标函数同式（5.5）。

（3）机器总空闲时间最小：

b）机器的总空闲时间（total idle time）。

$$f_2 = \sum_{k=1}^{m} \max\left\{C_{i,k} \mid i=1,\cdots,n\right\} - \sum_{i=1}^{n} \sum_{k=1}^{m} P_{i,k} \tag{5.18}$$

其他约束条件和参数说明，参见 5.2.1 节。

5.2.2.4 改进粒子群算法求解模型

由于粒子群算法中的"全局最优解"与普通意义的优化命题里的"全局最优解"有差异，为不引起歧义，本研究定义粒子群算法中的"全局最优解"为"当前全局最优解"，相对于目标搜索空间中真实存在的"理想全局最优解"，算法在当前时刻找寻到的已知的最优解为"当前全局最优解"，该解的质量低于或等于"理想全局最优解"。

传统的粒子群算法建立在一个抽象的 D 维目标搜索空间中，有 n 个粒子组成一个种群，第 i 个粒子在每次迭代进化过程中依据个体历史最优值 $P_i=[P_{i1}\ P_{i2}\cdots P_{id}\cdots\ P_{iD}]$ 和当前全局最优值 $G=[G_1 G_2\cdots G_d\cdots G_D]$ 进行种群间的信息交流来实现自身的位置 $x_i=[x_{i1} x_{i2}\cdots x_{id}\cdots x_{iD}]$ 和速度 $v_i=[v_{i1} v_{i2}\cdots v_{id}\cdots v_{iD}]$ 的更新，从而整个种群不断地向当前全局最优解靠近，其中，$i=1$，2，$\cdots$，n，$d=1$，2，$\cdots$，D。具体更新公式如下：

$$\begin{cases} v_{id}^{s+1} = wv_{id}^s + c_1 r_1(P_{id}^s - x_{id}^s) + c_2 r_2(G_d^s - x_{id}^s) \\ x_{id}^{s+1} = x_{id}^s + v_{id}^{s+1} \end{cases} \quad (5.19)$$

式中，s 表示当前迭代次数；v_{id}^s 表示第 s 次迭代中第 i 个粒子在第 d 维度的速度分量；x_{id}^s 表示第 s 次迭代中第 i 个粒子在第 d 维度的位置分量；ω 表示惯性系数；c_1、c_2 表示学习因子；r_1、r_2 表示随机数；P_{id}^s 表示截至第 s 次迭代为止，第 i 个粒子在第 d 个维度位置分量的个体历史最优值；G_d^s 表示截止到第 s 次迭代为止，第 d 个维度位置分量的全局历史最优值。

为克服传统粒子群早熟收敛的问题，改进粒子群算法，将引入自适应策略、混沌序列、莱维飞行和变邻域搜索，以平衡全局和局部搜索能力。

1. 编码与解码

由于编码内容要反映 JSP 问题的工件加工序列，所以本研究使用基于工序的编码方式，通过 ROV 规则建立粒子 D 维位置分量的连续参数与加工序列的离散值的映射关系，即每个粒子的位置分量便代表了一种加工顺序方案。以研究作业车间调度问题为例，对于 n 个工件 m 台机器的问题，建立有 $n×m$ 道加工序列的二维向量编码和 D 维的粒子位置分量，其中 $D=n×m$。

2. 适应度函数设计

JSP 问题以求解最短最大完工时间为最终目标，因此本研究设计改进粒子群算法的适应度函数：

$$\text{Fit}(i) = \frac{1}{T_{\text{pro}}(i)} \tag{5.20}$$

式中，$T_{\text{pro}}(i)$ 为第 i 个粒子的加工方案所决定的加工时间。

5.3 改进粒子群算法求解作业车间调度

5.3.1 粒子群初始化

1. 混沌初始化

在粒子群算法中，采用伪随机数生成的初始种群易产生较多的劣解使得个体集中在局部最优解，影响了算法的搜索能力。而混沌搜索的遍历性和随机性有利于初始群体摆脱局部最优值的束缚。本研究采用经典的混沌动力学模型 Logistic 映射生成初始种群和初始种群解的表达式如下：

$$z_{k+1}=4\times z_k\times(1-z_k), k\in N, 0<z_k+1<1, \tag{5.21}$$

$$z_0=\text{rand}，\text{rand}\in(0,1)，\text{rand}\neq 0, 0.25, 0.5, 0.75, 1, \tag{5.22}$$

式中，z_k 表示混沌序列；rand 表示随机数。

$$x_i=[z_{(i-1)\times D+1} z_{(i-1)\times D+2} \quad z_{(i-1)\times D+D}], i=1, 2, \cdots, n。 \tag{5.23}$$

由于混沌系统对初值具有极敏感性，所以首先产生一个随机数 rand 作为混沌序列的初始种子。根据式（5.21）产生 $n\times D$ 个混沌映射值，根据式（5.23）得到第 i 个粒子位置维度，并编码得到相应的加工序列。

2. 反向学习策略

反向学习策略即利用原解产生原解的反向解，在比较两个解的优劣后最终保留优势解。在本研究中，利用混沌映射产生初始群体后，产生反向解公式如下：

$$x_{id}^* = a + b - x_{id} \tag{5.24}$$

式中：x_{id}^* 表示第 i 个粒子第 d 维的位置维度的反向解；x_{id} 为第 i 个粒子第 d 维的位置维度值；a，b 分别为 x_{id} 取值范围的上限和下限。

$$x_i^* = [x_{i1}^* x_{i2}^* \cdots x_{iD}^*] \tag{5.25}$$

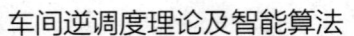

式中：$\sigma^2 = \left\{ \dfrac{T(1+\beta) \times \sin 9\left(\dfrac{\pi \times \beta}{2}\right)}{\beta \times T\left(\dfrac{1+\beta}{2}\right) \times 2^{\frac{\beta-1}{2}}} \right\}^{\frac{1}{\beta}} \sqrt{a^2+b^2}$，表达第 i 个反向粒子。

根据式（5.25）产生 n 个反向粒子组成种群大小与原种群相等的反向种群，再根据式（5.20）计算的适应度值，最后将两个种群合并后排序，选取适应度值高的前 50%作为最终起始粒子群。

5.3.2 粒子群速度、位置更新机制

1. 自适应策略

本研究基于自适应策略，考虑既需要增强粒子的全局搜索能力，又要兼顾局部搜索能力，根据各个粒子的适应力不同，设置了动态调整各粒子的自适应权重如下：

$$\alpha \begin{cases} \alpha_{\max} - (\alpha_{\max} - \alpha_{\min}) \times \dfrac{T_{\text{pro}} - T_{\min}}{T_{\text{avg}} - T_{\min}}, \text{Fit}(i) \leqslant \text{Fit}_{\text{avg}}, \\ \alpha_{\max}, \text{Fit}(i) > \text{Fit}_{\text{avg}} \end{cases} \quad (5.26)$$

式中，α 可表示惯性系数 ω 或学习因子，T_{avg} 表示所有粒子的平均加工时间，$T_{\min}$ 表示所有粒子的最小加工时间；Fit_{avg} 表示所有粒子的平均适应度。

当粒子适应度值较群体平均适应度值低时，粒子有较强的全局搜索能力，即较大的 α；当粒子跨过平均值门槛时，粒子拥有较强的局部搜索能力，即较小的 α；而当粒子接近当前全局最优解时，粒子拥有较强的全局搜索能力以跳出局部最优解，即较大的 α。

2. 莱维飞行

莱维飞行具有局部搜索和全局搜寻相结合的特征，能够增大搜索范围、丰富种群多样性，且具有跳出局部最优解的能力。因此，本研究采用蒙塔纳算法模拟莱维分布生成随机行走代替速度位置公式中的随机数 rand。蒙塔纳算法如下：

$$\text{Levy}(\beta) = \dfrac{X}{|Y|^{\frac{1}{\beta}}}, X \sim N(0, \sigma^2), Y \sim N(0,1) \quad (5.27)$$

$$\sigma^2 = \left\{ \dfrac{T(1+\beta) \times \sin 9\left(\dfrac{\pi \times \beta}{2}\right)}{\beta \times T\left(\dfrac{1+\beta}{2}\right) \times 2^{\frac{\beta-1}{2}}} \right\}^{\frac{1}{\beta}} \quad (5.28)$$

式中，β 为 $[1,2]$ 之间的参数，Γ 为标准伽马函数。

3. 改进的速度位置更新公式

综上所述，本研究改进的速度位置更新公式为：

$$\begin{cases} v_{id}^{s+1} = \omega_i^s v_{id}^s + c_{1i}^s \text{Levy}(\beta)(P_{id}^s - x_{id}^s) + c_{2i}^s \text{Levy}(\beta)(G_d^s - x_{id}^s) \\ x_{id}^{s+1} = x_{id}^s + v_{id}^{s+1} \end{cases} \quad (5.29)$$

式中，ω_i^s、c_{1i}^s 和 c_{2i}^s 分别为第 s 次迭代中第 i 个粒子的自适应惯性系数、自适应个体学习因子和自适应全局学习因子。

5.3.3 粒子激活策略

1. 混沌弹射机制

当粒子到达当前全局最优点时，对该粒子采取混沌初始化的方式，对该粒子采取混沌初始化的方式，使粒子在空间其他不确定的位置出现，类似于将粒子从最优点的位置"弹射"出去。

$$\text{if Fit}(i) = \text{Fit}_{\text{best}}, \quad (5.30)$$

$$\text{then } x_i = \text{Chaos}(x_i) \quad (5.31)$$

式中：Fit_{best} 表示所有粒子的当前全局最优值；Chaos 数表示根据混沌原理将第 i 个粒子的 D 维位置维度重新初始化。

由于混沌映射具有遍历性和非重复性，能扩展粒子的搜索空间，提高算法中粒子的利用率，比目前的变异机制更有效果。

2. 变邻域搜索

变邻域搜索（Variable Neighborhood Search，VNS)是一种重要的元启发式搜索算法，通过搜索给定邻域结构集合中系统的变化邻域结构来扩展搜索范围。潘全科指出，两种邻域结构局部最优解之间的距离往往较近。基于上述观点，本节采用 3 种邻域结构的搜寻算子，对当前全局最优粒子执行变邻域操作后进行适应度值计算并比较，保留适应度值高的粒子。

1）交换

在 D 道加工序列中随机交换两不同工序的位置，结果如下：

$$o = \begin{bmatrix} o_1 \cdots o_r \cdots o_q \cdots o_D \end{bmatrix} \xrightarrow{\text{exchange}} o^* = \begin{bmatrix} o_1 \cdots o_q \cdots o_r \cdots o_D \end{bmatrix};\qquad(5.32)$$

2）插入

在 D 道加工序列中随机选择某一加工序列插入到另一位置较小的前面，结果如下：

$$o = \begin{bmatrix} o_1 \cdots o_r \cdots o_q \cdots o_D \end{bmatrix} \xrightarrow{\text{insert}} o^* = \begin{bmatrix} o_1 \cdots o_q o_r \cdots o_D \end{bmatrix};\qquad(5.33)$$

3）倒序在 D 道加工序列中随机选择一段加工序列进行倒序操作，结果如下：

$$o = \begin{bmatrix} o_1 \cdots o_r o_{r+1} \cdots o_{r+q} \cdots o_D \end{bmatrix} \xrightarrow{\text{back}} o^* = \begin{bmatrix} o_1 \cdots o_{r+q} o_{r+q-1} \cdots o_r \cdots o_D \end{bmatrix},\qquad(5.34)$$

式中，o 为原加工序列，o^* 为执行变邻域操作后的新加工序列。

5.3.4 改进粒子群算法流程

基于上述的改进粒子群算法，下面叙述算法解决 JSP 问题的步骤及流程图（见图 5.2）。

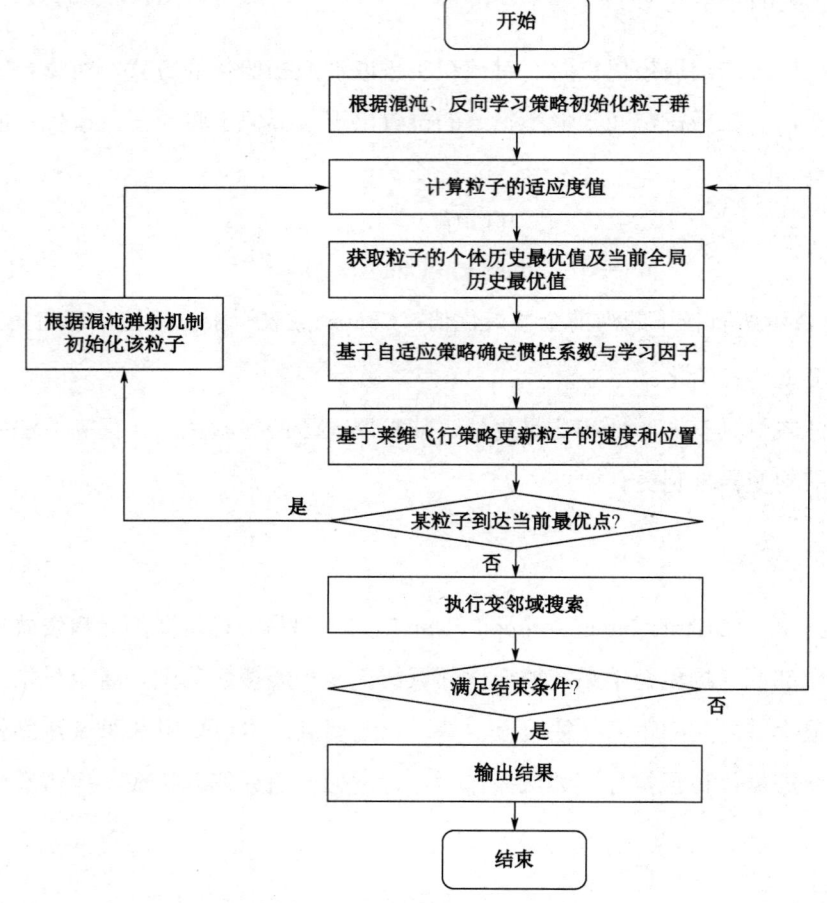

图 5.2 改进粒子群算法流程图

Step 1：根据混沌及反向学习策略，初始化粒子群的位置与速度。

Step 2：计算各粒子的适应度值，并记录个体与当前全局的历史最优，同时计算粒子适应度平均值。

Step 3：基于自适应学习策略，确定各个粒子的自适应惯性系数与学习因子。

Step 4：基于莱维飞行策略更新各个粒子的位置与速度，并更新个体与当前全局的历史最优。

Step 5：判断有无粒子到达当前全局最优点，若有则根据混沌弹射机制重置粒子，该粒子返回 Step 2。

Step 6：对当前全局最优点执行变邻域搜索，更新当前全局最优解。

Step 7：若满足结束条件，则输出最终结果，否则返回 Step 2。

5.4 基于混合变异杂草优化算法求解多目标作业车间逆调度

5.4.1 多目标优化方法

对于多目标优化方法，本节根据优化过程中是否使用进化算法，将其分成两类，一类是传统多目标优化方法，另一类是多目标优化进化算法。传统多目标优化方法在处理多个目标时，一般从单个目标进行考虑；而多目标优化进化算法主要是在优化过程中引入了进化算法。下面分别进行简单介绍。

传统多目标优化方法要么是直接将多个目标合并为一个目标处理，要么是每次考虑一个目标而其他目标通过不同方式（如排序等）作为约束进行优化。传统方法一般包括加权和方法（Weighted Sum Method，WSM）、目标规划（Goal Programming，GP）、ε-约束法（ε-Constraint Method，ε-CM）、字典排序法（Lexicographic Ordering，LO）、最小-最大法（Min-max Approach，MA）、层次分析法（Analytic Hierarchy Process，AHP）、多属性效用理论（Multi-attribute Utility Theory，MUT）等。大多数情况下，采用这些方法求解时需要根据问题的先验知识选取合适的参数，并且往往只能得到一个 Pareto 最优解。为了获得更多的 Pareto 最优解，就需要多次调整参数，并多次运行。由于每次优化过程是相互独立的，得到的结果往往不一致，使得决策者很难有效地进行决策。

多目标优化进化算法主要是在解决多目标优化问题时引入进化算法进行优化。进化算法是以种群迭代为基础的，可以同时搜索问题解空间中的多个区域，进化的结果是一群解，利用它可以在一次运行中求出问题的多个解甚至全部解。因此，进化算法比较适合于多目标优化问题的求解。在实际应用中，如何对多个最优解进行决策，如何将决策信息与优化过程相结合以得到一个满意的折中解，是多目标优化的关键因素之一，即优化与决策的先后顺序问题。目前主要有三种方式：决策先于优化（Priori Method）、决策与优化交替（Interactive Method）及优化先于决策（Posteriori Method）。过去传统的方法主要是决策先于优化的方式，也就是决策者事先对各个目标赋予权值，将多个目标按权值合成单个目标函数，转化为单目标优化问题。决策与优化交替进行的方式较少使用，需要决策者在优化的过程中，不断地得到优化结果的反馈信息，通过调整优化参数和方法，指导优化算法的继续进行。由于引入进化算法，现在较多使用优化先于决策的方式，即在优化过程中不需要利用决策者的偏好信息。首先求出多目标问题的 Pareto 最优解集，然后由决策者按照一定的决策方法从中选出符合要求的解。

综上分析，在设计多目标优化算法时，必须考虑适应值分配策略、选择策略、多样性保持策略及精英策略等。在求解复杂的实际工程问题时，最终所得到的解往往并不是真正的 Pareto 最优解。因此，在设计算法时，必须考虑以下两个关键问题：

（1）如何设计有效的适应值分配策略来评价种群中解的优劣，以及采用何种选择策略获得与 Pareto 最优前端之间的距离最短的非支配解。

（2）如何避免算法早熟，并且保持种群的多样性，获得均匀分布且范围最广的非支配解。

5.4.2　混合变异杂草优化算法

本节提出的混合变异杂草算法是在已有杂草算法基础上引入变异算子，并将混合变异杂草算法应用到多目标优化中，使算法兼备全局搜索与局部随机搜索能力。其中变异算子通过随机选择一定数目的杂草进行高斯变异，增加种群多样性，使算法有更多的机会跳离局部极值以避免早熟。由于多目标优化问题的适应度值较难统一选取，本节采用基于各子目标熵值权重的欧氏贴近度作为适应度值分配策略，相对客观地确定多目标适应度值，能较好地引导混合变异杂草算法向 Pareto 前端进化。

5.4.3 混合算法的基本操作

1．初始解的产生

对多目标 JSISP，仍采用第三部分提出的编码方案。以研究作业车间调度问题为例，对于 n 个工件 m 台机器的问题，建立有 $n×m$ 道加工序列的二维向量编码和 D 维的粒子位置分量，其中 $D=n×m$。保证初始解的质量，加快算法的收敛速度。

2．编码与解码方案

混合算法主要适用于求解离散空间域的优化问题，而逆调度问题是连续空间的优化组合问题。因此，通过混合优化算法求解逆调度问题，需在连续空间的杂草个体与离散空间的组合排列之间建立一种映射关系。本算法采用基于工件升序排序（Ranked Order Value，ROV）的随机键编码方式，将一条染色体编码为工件数×工序数$(n×m)$个工件号组成的一个工序排列，由于逆调度需要调整加工参数，因此，该编码方案更改为两部分，每个基因由两部分组成，第一部分，工件号出现的次数表示工件的第几道工序，每个工件号在工序排列中出现 m 次，实现个体连续位置矢量与工序排列之间的对应。如一条染色体 $x_i=\{x_{i1}, x_{i2}, \cdots, x_{i\,n×m}\}$，则其对应工序初始排列为 1，$\cdots$，1，$\cdots$，$j$，$\cdots$，$j$，$\cdots$，$n$，$\cdots$，$n$，其中 j 为工件号（$0<j<n+1$），连续出现 m 次，染色体每个位置分量对应为工件初始排列中的一个工件号；再将染色体的位置分量从小到大进行排序，最小的分量位置赋予 ROV 值 1，第二小的分量位置赋予 ROV 值 2，依此类推，直到所有分量位置都赋予一个唯一的 ROV 值；最后，将染色体位置分量对应初始排列的工件号，按照 ROV 值进行重新排列，即得到一个工序排列。值得注意的是，逆调度核心是加工顺序尽可能小的调整，因此，定义调整后的染色体基因 ROV 值为 ROV，以便约束相应工序位置调整。第二部分（小数点右边）表示可选的加工参数调整量，例如 1.3 表示该工序的加工时间为可选值[12、16、21]中的第三个值，即 21。在工序排列中，设工件号 j 出现的次数为 k，则表示工件 j 的第 k 道工序。在解码时可以对工序排列中的各工序以最早允许加工时间逐一进行加工，从而产生一个调度方案。例如，假定有 3 个工件待加工，工件 1 有 3 道工序，工件 2 和 3 各有 2 道工序，则染色体由随机键编码得到的调度方案见表 5.1。

表 5.1 染色体编码方式

染色体							
	0.28	0.18	0.25	0.41	0.16	0.31	0.26
初始排列	1.1	1.2	1.3	2.1	2.1	3.2	3.1
ROV 值	4	2	5	7	1	6	3
ROV'值	4	2	6	7	1	5	3
排列	2	1	3	1	1	3	2
调度方案	O_{21}	O_{11}	O_{31}	O_{12}	O_{13}	O_{32}	O_{22}
加工时间	1	2	3	1	1	2	1

3. 变异算子

为了增加杂草种群的多样性，在杂草算法中引入变异算子用于产生高斯变异杂草。高斯变异杂草产生过程如下：在杂草种群中随机选择一定数目杂草，对其进行高斯变异操作。杂草产生变异种子生成新杂草的位置计算公式为

$$x_i' = x_i + e \times (x_B - x_i) \tag{5.35}$$

其中：$e \sim N(0,1)$ 表示均值为 0、方差为 1 的高斯分布，x_B 为当前杂草种群中适应度值最好的杂草位置。在变异算子产生高斯变异后代过程中，产生的杂草位置可能会超出可行域 Ω 的边界范围。当杂草 x_i 超出边界，将通过式（5.36）映射到一个新的位置。

$$x_i' = x_{LB} + e \times (x_{UB} - x_{LB}) \tag{5.36}$$

其中：x_{UB} 与 x_{LB} 分别为可行区域的上边界和下边界。

5.4.4 欧氏贴近度适应值分配策略

在多目标优化算法中有多种适应度值分配策略，一般有基于 Pareto 优先关系排序的适应度值分配策略、基于随机权重求和的适应度值分配策略，及选择性权重的适应度值分配策略等。本算法采用基于各子目标熵值权重的欧氏贴近度适应值分配策略，欧氏贴近度越大，表明调度方案与基准方案相似度越高，并提取各子目标之间的关联信息，保证各子目标之间的信息交互，对各子目标进行权重分配。基于各子目标熵值权重的欧氏贴近度适应值分配策略的计算方法如下：

先用杂草优化算法分别对单目标进行优化计算，求出各子目标函数的最优值 $f_j(0)$ ($j = 1, 2, \cdots, M$)，组合为理想解的目标函数值序列，M 为目标个数。再对种群中的所有可行解分别计算子目标函数值序列，$i = 1, 2, \cdots, N$。设第 i 个方案的各子目标值分别为 $f_j(i)$，其欧氏贴近度由如下公式计算：

$$F(i) = 1 - \sqrt{\sum_{j=1}^{m}(f_j(i) - f_j(0))^2 \times \omega_j} \qquad (5.37)$$

其中，ω_j 为方案中各子目标的熵值权重。其计算步骤如下：

（1）计算各子目标的信息熵。

$$H_j = -\frac{1}{\ln m}\left[\sum_{j=1}^{m}(\lambda_{ij}\ln\lambda_{ij})\right] \qquad (5.38)$$

$$\lambda_{ij} = f_j(i) / \sum_{j=1}^{m} f_j(i) \qquad (5.39)$$

（2）计算各子目标熵值权重。

$$\omega_j = \frac{(1-H_j)}{\sum_{j=1}^{m}(1-H_j)} \qquad (5.40)$$

可行解的欧氏贴近度表明可行解与理想解的接近程度，可行解的欧氏贴近度越大，则该可行解各子目标值越逼近理想解的目标函数值序列。当欧氏贴近度收敛为 1 时，表明所求的可行解已贴近理想解。因此，在优化算法的每一次寻优搜索中，将种群中欧氏贴近度最大值的个体更新全局最优个体，引导优化算法不断逼近 Pareto 前沿。

5.4.5 快速非支配排序策略

假设用于生成外部档案的初始种群为 P，采用快速非支配选择排序策略构造非支配解集 NDSet，从构造集取出每个比较对象，所有被比较对象支配的个体，不再进入后面的比较，如比较对象是非支配解，则加入非支配解集，一直到构造集为空。再通过每次迭代的进化种群 p 更新外部档案 NDSet，将进化种群中的最优个体与外部档案中非支配解比较，用新非支配解更新外部档案。用初始种群 P 构造非支配解集 NDSet 的伪代码如下：

```
    Generate_ NDSet(P)
{Q=P:NDSet=∅;
    while(Q≠∅)
    {x∈Q,令Q=Q-{x} ;
        设x is  nondominated  为true；
        for each y∈Q
        {
        if (x dominated ) then
            Q=Q-{y};
        else if (y dominated x) then
            x is nondominated为false;
        }
```

```
            if(x is nondominated等于true) then
                NDSet= NDSet∪{x} ;
        }
}
```

用进化种群 p 更新非支配解集 NDSet 的伪代码如下：

```
Update_ NDSet (p, NDSet)
{Q=p;
    while(Q≠∅)
    {x∈Q,令Q=Q-{x};
        设x is nondominated为true;
        for each y∈ NDSet
            {
            if (x dominated y) then
                NDSet= NDSet- {y} ;
            else if (y dominated x) then
                x is nondominated为false;
            }
            if(x is nondominated等于true) then
                NDSet = NDSet∪{x} ;
        }
}
```

5.4.6　算法流程

综上所述，求解多目标作业流水车间逆调度问题的混合变异杂草算法流程如图 5.3 所示。

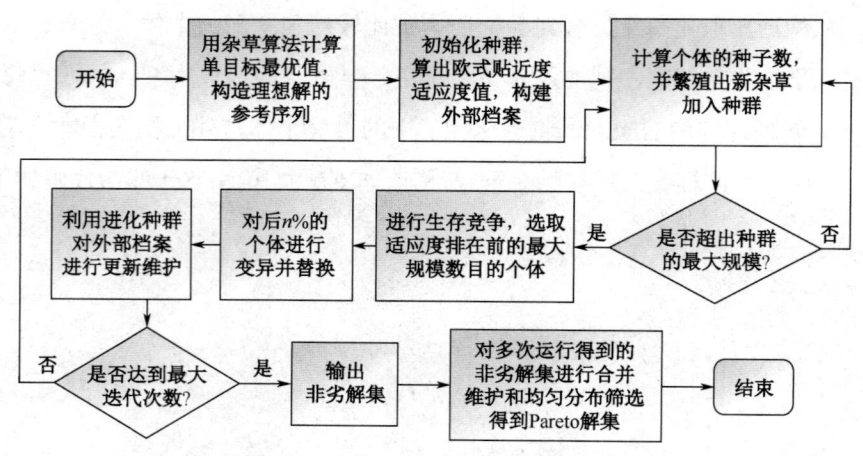

图 5.3　混合变异杂草算法流程

Step 1：用杂草算法求得函数 f_1、f_2 和 f_3 的三个单目标最优解，构成多目标作业车间调度理想解的参考序列 Y_0。

Step 2：初始化杂草种群，按照 5.4.3 的编码规则，将种群中的杂草个体转换为工序排列，计算对应工序排列的三个子目标值，并根据 5.4.4 算出其欧氏贴近度作为适应度值。

Step 3：根据 5.4.5 生成外部档案。

Step 4：计算种群个体产生的种子数，繁殖新杂草加入种群。

Step 5：判断是否达到预设的最大种群规模，若满足则按竞争性生存法则进行排序，并选出适应度排在前的最大种群规模的个体，否则转 Step 1。

Step 6：对种群中排在后 n% 的个体，按照 5.4.3 节进行变异，并用变异杂草对后 n% 的个体进行更新替换。

Step 7：利用进化种群按 5.4.5 对外部档案进行更新。

Step 8：判断是否达到最大迭代次数，若满足则输出非支配解，否则转 Step 4。

Step 9：对运行多次的非劣解集进行合并支配更新和均匀分布筛选，得到 Pareto 最优解集。

5.5 实验结果与分析

5.5.1 单目标逆调度结果分析

1. 实验设置

为了验证本节提出的改进粒子群算法对求解单目标作业车间逆调度问题的有效性，对小规模、中等规模、大规模 3 组算例进行比较分析，其中 3×3 算例的加工时间参数源自文献，并将其拓展为 3×4、4×5 算例，而 6×6、10×10 算例的数据源于文献，但是由于逆调度问题的特殊性，特将该系列测试集适当更改，加工时间可调，暂定加工时间可选值为 3。单位时间的机器空闲成本、拖期和提前惩罚值分别为 5、4 和 3。运行环境如下：操作系统为 Windows 7，内存为 2 GB，CPU 为 2.1 GHz，程序设计语言为 VC++。本研究的改进粒子群算法设置迭代次数 200 次，粒子数量为 200，ω_{max} 和 ω_{min} 分别为 0.8 和 0.6，c_{max} 和 c_{min} 的取值分别为 1.2 和 0.8，变邻域搜索迭代次数 50 次；传统粒子群算法设置迭代次数 200，粒子数量为 200，ω、c 均设为 1。每种算法每个算例连续独立运行 20 次。

2. 运行结果和性能分析

为了测试改进粒子群算法（IPSO）的性能，采用上述改进的不同规模调度实例及参数，因为没有任何结果可以作为参考比较，因此采用另外常用的智能算法与本章的 IPSO 方法进行结果对比。在相同的环境下，分别采用 GA、IGA 和 PSO 算法进行比较实验。GA 和 PSO 算法的参数设定见表 5.2。

表 5.2 参数设置

GA			PSO		
N，种群大小		100	N，种群大小		50
G，最大迭代次数		300	G，最大迭代次数		300
P_r，复制概率		8%	W, $w_{max};w_{min}$		0.9; 0.45
P_c，交叉概率		80%	C_1		2
P_m，变异概率		10%	C_2		2

为了减少算法随机性带来的计算误差影响，使得计算结果更具有效性和一般性，对每个问题进行测试 20 次。本节采用两个指标来显示计算结果：ARD 和成本节省百分比（RPCS），其公式如下：

$$\text{ARD} = \frac{|\text{OPT}_j - \text{best}_j|}{\text{OPT}_j} \times 100\% \quad (5.41)$$

$$\text{PRCS} = \frac{H - H^*}{H} \times 100\% \quad (5.42)$$

其中，H 表示逆调度调整前的原始目标值，即加权完成时间和，H^* 表示经逆调度方法取得的结果，即逆调度调整后的加权完成时间和。OPT_j 代表第 j 组实例经不同算法取得的结果，best_j 表示第 j 组实例的最优结果。指标 ARD 表示算法所取得结果的波动情况，显然，ARD 越小越好，说明求得的解越稳定。节省成本比率（RPCS）是指通过逆调度调整后，目标值相对原目标值改进的百分比。表 5.3 展示了三种算法的比较结果，其中，另外指标还包括计算时间和参数最小调整量。

表 5.3 结果对比

算例规模	算例	加工时间调整量							
		GA		IGA		PSO		IPSO	
		ARD	PRCS	ARD	PRCS	ARD	PRCS	ARD	PRCS
小规模	3×3	0.73	0.16	0.65	0.11	0.73	0.15	0.61	0.21
	3×4	0.71	0.11	0.66	0.16	0.65	0.18	0.59	0.26
	4×5	0.39	0.33	0.32	0.34	0.33	0.28	0.29	0.39
中等规模	6*6	0.35	0.41	0.39	0.38	0.47	0.36	0.29	0.52
	6×6	0.31	0.41	0.32	0.33	0.41	0.33	0.25	0.48
	6×6	0.28	0.35	0.39	0.38	0.47	0.32	0.28	0.50
大规模	10×10	0.40	0.46	0.59	0.35	0.39	0.34	0.33	0.49
	10×10	0.36	0.44	0.49	0.49	0.44	0.38	0.32	0.55
	10×10	0.39	0.42	0.53	0.36	0.32	0.47	0.31	0.59

由表中结果可以看出:对于小规模问题,改进粒子群算法与其他三种算法每次运行都能达到最优值,但是改进粒子群算法的结果更稳定,尤其是对于大规模问题;对于中等规模问题,改进遗传算法总体求解质量要优于普通遗传算法,二者的 ARD 结果相当;对于大规模问题,改进粒子群算法虽然运行时间稍长,但是求解质量要明显优于普通遗传算法。随着算例规模的扩大,改进粒子群算法在求解质量上比普通遗传算法更有优势,其中普通算法与改进粒子群算法的不同工件对应不同算例的迭代曲线如图 5.4 所示。可以看到,改进粒子群算法的最优解优于普通算法,且随着迭代代数的增加,所求目标函数逐渐趋于稳定并最终收敛,说明了改进粒子群算法的有效性和收敛性。

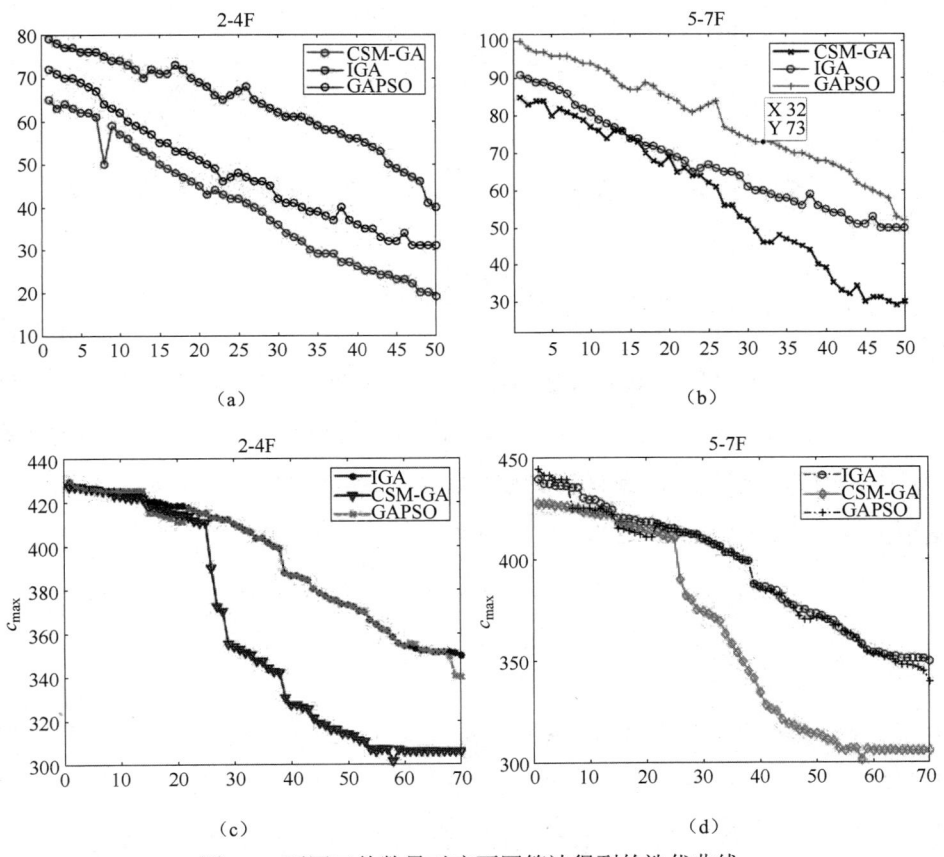

图 5.4 不同工件数量对应不同算法得到的迭代曲线

5.5.2 多目标逆调度结果分析

为验证混合变异杂草算法求解多目标作业车间调度的有效性和优化性能,本文选取上一节提出的作业车间调度基准算例中的三种规模的基准问题进行仿真测试。

1. 评判指标

（1）非支配解的数目（Number of Pareto Solution，NPS），是指通过采用不同算法所求得的非支配解个数，一般而言，求解的非支配解数目越多，被选取为 Pareto 最优解的概率越大。

（2）均匀性指标（Spacing Metric，SM），是指计算非劣解集中每个个体与相邻个体的距离变化来评价非劣解集在目标空间中的分布情况，一般 SM 的值越大，则表明 Pareto 最优解集的分布性越均匀。其评价函数定义如下：

$$SM = \sqrt{\frac{\sum_{i=1}^{N}(\bar{d}-d_i)^2}{N-1}} \tag{5.43}$$

其中，$d_i = \min\left(\sum_{m=1}^{k}\left|f_m^i - f_m^j\right|\right), i,j = 1,2,\cdots,N, i \neq j$；$\bar{d}$ 为所有 d_i 的平均值；N 为非劣解集中个体的数目。

（3）P 指标是指在 Pareto 最优解集中，被对方支配的非劣解个数的百分比。C 指标的计算公式为：

$$C(A,B) = \frac{\left|\{b \in B : \exists a \in A, a > b\}\right|}{|B|} \tag{5.44}$$

其中，$P(A,B)$ 表示 B 的 Pareto 最优解集中被 A 的 Pareto 最优解占优支配的个数，占 B 的 Pareto 最优解总数的比率，它的取值介于 0 到 1 之间。如 $P(A,B)=1$，表示 B 中全部的 Pareto 最优解都被 A 中的某些 Pareto 最优解支配；如 $P(A,B)=0$，表示 B 中所有 Pareto 最优解都不被 A 中的任何 Pareto 最优解支配。该指标主要反映算法求得的非劣解质量及算法的收敛性能。

2. 算法有效性分析

首先对混合变异算子的多目标优化性能进行敏感度分析。分别采用混合变异算子改进的杂草算法和基本杂草算法对 10×10 算例问题进行 10 次求解得到 Pareto 最优解集，并通过占优支配的收敛性分析和平均求解时间比较得到表 5.4、表 5.5 所示的结果。

表 5.4 混合杂草算法求得的 10×10 算例占优支配率情况

C(I-IWO,IWO)	C(IWO,I-IWO)
75.2%	15.3%

表 5.5 混合杂草算法求得的 10×10 算例运行时间情况

I-IWO	IWO
123s	75s

评判指标中列出的 P 指标表明，变异算子作用于杂草算法能有效地帮助改进算法跳出局部最优，可以有效地搜索出新的非劣解，实时更新 Pareto 最优解集。从表 5.4 中可看出，I-IWO 算法求解的平均时间与其优化性能相对成正比。表 5.4 和表 5.5 的实验数据表明，改

进机构作用于基本杂草算法可以取得较好的优化性能。多目标优化算法的收敛性、稳定性及全局搜索性在较大程度上取决于变异操作的性能。说明变异算子在多目标优化更新 Pareto 最优解集时产生了种群变异的蝴蝶效应，使其变异多样性的优势能得以较好地发挥。为了表明采用基于各子目标熵值权重的欧氏贴近度作为多目标优化算法适应度值的合理性，现列出用 I-IWO 优化算法求解中等规模问题和大规模问题的欧氏贴近度值寻优曲线图。如表 5.5 和 5.6 所示，I-IWO 算法多次跳离局部极值点，寻到最优解的欧氏贴近度适应值接近 1，逼近理想解。

为进一步说明 I-IWO 算法求解最小化加工时间调整量、总成本和机器总空闲时间的多目标作业车间调度问题的有效性，现与已提出的多目标粒子群算法（MOPSO）求解相同的多目标作业车间调度问题进行比较。MOPSO 算法通过将粒子位置表示与工序调度相结合，并改进粒子的运动和速度，求解多目标作业车间调度问题。MOPSO 算法与 I-IWO 算法求得的 Pareto 最优解集中选取的非劣解进行比较，见表 5.6，I-IWO 算法求解性能优于 MOPSO 算法。

表 5.6 MOPSO 算法与 I-IWO 算法对不同规模算例寻优比较

规模	算例	MOPSO Z_1	MOPSO Z_2	MOPSO Z_3	I-IWO Z_1	I-IWO Z_2	I-IWO Z_3
小规模	3×3	23	62	35	21	55	34
小规模	3×4	35	76	46	23	70	41
小规模	4×5	39	463	138	33	462	130
中等规模	6×6	49	510	273	47	463	256
中等规模	6×6	50	1309	469	42	1301	448
中等规模	6×6	57	1029	450	50	1005	423
大规模	10×10	62	1003	460	54	984	369
大规模	10×10	63	3320	651	56	3210	605
大规模	10×10	66	3121	662	59	3012	563

3．不同规模算例结果分析

为了验证 I-IWO 算法求解不同规模算例的有效性，I-IWO 与 NSGA-Ⅱ两种算法分别对选取的不同规模算例独立运行 10 次，将每次运行得到的非劣解集进行合并支配更新和均匀分布筛选，获得的非支配解个数、P 指标及 SM 均匀性三项指标，统计结果列于表 5.7。数据分析结果表明，I-IWO 算法只有 10×10 算例求得的 Pareto 最优解个数略少于 NSGA-Ⅱ，而对于 SM 指标，I-IWO 算法只有 2 项指标值低于 NSGA-Ⅱ算法，其余指标值均优于 NSGA-Ⅱ算法。因此，从总体上来看，I-IWO 算法求解多目标作业车间调度问题的优化性能超越 NSGA-Ⅱ算法。

表 5.8 NPS、P 和 SM 对比指标

规模	算例	NPS 个数 I-IWO	NPS 个数 NSGA-Ⅱ	P 指标 I-IWO	P 指标 NSGA-Ⅱ	SM 指标 I-IWO	SM 指标 NSGA-Ⅱ
小规模	3×3	10	7	70	20	61	57
小规模	3×4	12	9	100	0	109	89
小规模	4×5	13	8	80	20	78	72
中等规模	6×6	24	20	70	30	69	77
中等规模	6×6	21	20	100	0	121	109
中等规模	6×6	17	18	90	10	143	124
大规模	10×10	12	14	80	20	68	54
大规模	10×10	11	9	100	0	67	69
大规模	10×10	13	10	70	30	77	68

5.6 本章小结

本章首先研究了单目标作业车间逆调度问题，产品加工时间用三角模糊数表示，并考虑了交货期对产品生产进度的影响，建立了以降低产品生产过程总成本为目标的逆调度数学模型，提出了一种求解该问题的改进粒子群优化算法。首先提出基于自适应策略的惯性系数和加速因子，使得粒子群算法的系数得以随适应度值进行动态调整，平衡了算法在不同环境中的全局搜索和局部搜索能力；还引入混沌映射及反向学习机制优化了群体初始的适应度值，提高了算法的求解效率；又引入莱维飞行、变邻域搜索和混沌弹射机制增强了算法跳出局部最优解的能力，有效地缓解了早熟收敛的问题。通过对经典算例进行验证，说明了本算法的有效性。

针对多目标作业车间调度问题，提出一种混合变异杂草优化算法，采用欧氏贴近度的适应度值分配策略，并引入变异算子增加种群的多样性，引导算法跳离局部极值，朝 Pareto 前端进化；利用快速非支配排序策略构建 Pareto 最优解集，在每一次进化寻优过程中，利

用进化种群中的最优个体实时更新 Pareto 最优解集，提升算法的优化性能。通过不同规模的典型算例求解，验证了该算法求解多目标作业车间调度问题的可行性和有效性。

5.7 习题

1．作业车间调度与流水车间调度之间的区别是什么？

2．作业车间调度问题中为什么会出现不可行解？给定一个可行解，满足什么约束条件后改变工序加工顺序使得生成后的解也是可行解，请证明。

3．给出每台机器上工件的加工顺序，怎样判断该解是可行解还是不可行解？

4．在作业车间调度中，由可行解移动一个工序的加工顺序后产生不可行解的充分必要条件是什么？

参考文献

[1] 曹睿，侯向盼，金已婷. 基于改进遗传算法的柔性车间调度问题的研究[J]. 计算机与数字工程，2019, 47(2): 4.

[2] Niu Qun, Jiao Bin, Gu Xingsheng. Particle Swarm Optimization Combined with Genetic Operators for Job shop Scheduling Problem with Fuzzy Processing Time[J]. Applied Mathematics and Computation, 2008, 205(1): 148-158.

[3] Du H, D Liu, Zhang M H. A Hybrid Algorithm Based on Particle Swarm Optimization and Artificial Immune for an Assembly Job Shop Scheduling Problem[J]. Mathematical Problems in Engineering, 2016, 2016(pt.9):1-10.

[4] Dong Wenyong, Kang Lanlan, Zhang Wensheng. Opposition-based particle Swarm Optimization with Adaptive Mutation strategy[J]. Soft Computing, 2017, 21(17): 5081-5090.

[5] May B R. Simple Mathematical Models with Very Complicated DYnamics[J]. Nature, 1976，261(5560): 459-467.

[6] Wang H, Wu Z, Rahnamayan S, et al. Enhancing Particle Swarm Optimization Using Generalized Opposition-based Learning[J]. Information Sciences, 2011, 181(20): 4699-

4714.

[7] 李荣雨，王颖. 基于莱维飞行的改进粒子群算法[J]. 系统仿真学报，2017, 29(8): 1685-1691，1701.

[8] 姜天华. 猫群优化算法求解柔性作业车间调度问题[J]. 计算机工程与应用，2018, 54(23): 259-263，270.

[9] 杨恒. 基于改进粒子群算法的作业车间调度优化[J]. 机械设计与制造工程，2019, 48(02): 77-80.

[10] William A E, James F C, Jeremy N. Continuous Approximation Models for Mixed Load School Bus Routing[J]. Transportation ResearchPart B, 2015, 77(1): 182-198.

[11] Goncalo H A C, Bart V A. Solving the User Optimum Privately Ownedautomated Vehicles Assignment Problem(UO-POAVAP): A Model Toexplore the Impacts of Self-driving Vehicles on Urban Mobility[J]. Transportation Research Part B, 2016, 87(1): 64-88.

[12] 张飞，耿红琴. 基于混沌粒子群算法的车间作业调度优化[J]. 山东大学学报（工学版），2013, 43(3): 19-22, 37.

[13] Elgohary A, Alruzaiza A S. Chaos and Adaptive Control in Two Prey, One Predator System with Nonlinear Feedback[J] . Chaos Solitons & Fractals, 2007,34(2): 443-453.

[14] Ouyang X, Zhou Y, Luo Q,et al. A Novel Discrete Cuckoo Search Algorithm for Spherical Traveling Salesman Problem[J]. Applied Mathematics & Information Sciences, 2013, 7(2): 777-784.

[15] Yang X S, Karamanoglu M, He X. Flower Pollination Algorithm: A Novel Approach for Multiobjective Optimization[J]. Engineering Optimization, 2014, 46(9): 1222-1237.

第 6 章

不确定环境下的车间逆调度

6.1 引言

随着全球经济的发展及市场需求多样性和个性化的发展，要求企业必须朝多品种、小批量的生产模式发展；市场竞争的不断加剧，要求企业面对客户的需求应快速反应，生产应更加灵活。因此，企业为了应对复杂多变的外在环境，必须改变陈旧的、落后的、效率低下的生产布局和凭经验的生产管理模式，以获得更长久的发展。

在以往的生产调度问题的研究中，大都是基于理想状态下研究生产调度问题，忽略了生产调度过程中可能会出现的不确定性事件。在实际的生产过程中，加工环境的改变、加工资源的获取及不可预测的突发事件等都会引起不确定事件的发生，从而影响企业的生产，使加工企业预先设定好的调度方案无法顺利实施或失去原有的优势。因此，针对不确定环境下的生产逆调度问题的研究有很强的现实意义。本章对不确定环境下的车间逆调度问题展开研究，首先分析不确定事件产生的原因及处理方法，分别研究了单机车间、流水车间和作业车间逆调度问题，以不确定理论为基础，将不确定函数表述为期望值模型，通过设定预先给定的置信水平，允许所做决策在一定程度上不满足约束条件，即目标函数的机会约束测度不小于给定的置信水平的机会测度模型，建立基于机会约束的车间逆调度模型。其次，针对不确定逆调度模型，本章主体求解思路采用正调度方法求得初始调度策略，第二阶采用一种将双重模糊模拟、BP（Back Propagation，BP）神经网络和粒子群优化算法相结合的混合智能算法，求解双重模糊机会约束模型。最后，以通用发动机缸盖分装车间的真实案例为例，验证所提算法的有效性和优越性。

6.2 不确定环境下车间逆调度问题

1. 不确定事件的处理方法

生产调度系统中可能出现的不确定事件主要有以下两种：

（1）加工过程的不确定事件。主要包括各项任务的加工时间、设备的处理能力等方面的不确定事件。当工件在机器上加工时，可能产生不确定事件的情况主要有：每道工序的加工时间、等待加工的时间、转换工序所需的时间间隔等。

（2）加工环境的不确定事件。主要包括产品订单、原材料的采购、操作人员等方面的不确定事件。紧急订单的加入、原材料的价格变化与供应变化、加工人员的操作失误、人工短缺等都可以产生不确定事件。

根据国内外关于生产调度不确定事件的研究发现，目前针对受不确定环境下的生产调度问题的处理方法主要有以下几种：

（1）鲁棒调度方法。考虑未来可能发生的不确定事件来制订调度方案是鲁棒调度方法的核心思想。鲁棒调度方法不是针对不确定事件产生调整方案，而是保证当不确定事件发生时，原调度方案仍可以继续使用。鲁棒调度的特点是：不论不确定事件是否发生，都假设未来随时可能发生不确定事件，从而依照不确定事件发生的情形制订生产调度方案。通过鲁棒调度方法产生的调度方案可能会造成生产资源浪费和生产效率较低的情况，且当扰动较大时，这种方法不适用。

（2）智能调度方法。在处理受不确定事件影响的生产调度系统时，采用专家系统、调度规则等人工智能调度方法做出调整方案也是一种选择。但是，该方法依赖人的主观经验，且对决策者的水平有很高的要求，在实际应用中很难得到广泛的应用。

（3）重调度方法。重调度方法是以不确定事件发生后的状态为起点，对系统进行重新的优化调整，从而生成一个最优的调整方案。在生成调整方案时，重调度方法没有考虑偏离原方案给调度系统带来的影响，以至于得到的新方案往往会给调度系统增加偏离成本。

（4）干扰管理方法。干扰管理是一种针对不确定事件形成的新的管理方法，是实时处理不确定事件的新理论，是近年来受到广泛关注的新的研究方向和学术前沿。面对不确定事件，干扰管理方法并不是完全地、彻底地对调度系统进行重新优化调整，而是在不确定事件结束后的状态的基础上，对初始调度方案进行局部优化和调整，动态地生成使调度系统受不确定事件影响最小的调整方案。目前，干扰管理已经逐渐成为学术界争相研究的学术热点。但是，干扰管理方法并不可以解决所有的不确定事件，而是可以实时求解那些对偏离成本或惩罚成本要求较高，且对生产效率、生产资源等有一定要求的大扰动不确定事件。

对各种不确定扰动的研究是不确定车间调度研究的基础。目前，国内外学者做出了一些研究并取得了一定成果。Zimmermann 确定扰动的起因概括为以下几种情况：信息缺乏、信息繁杂、信息冲突、描述模糊、测量误差及信息的可信度。Suresh、Stoop 等人相继对生产过程中的扰动进行相应总结，概括地将扰动分为资源相关扰动和生产相关扰动。顾幸生分析了生产加工过程中所存在的各种不确定性扰动，将扰动的不确定性分为系统固有不确定性、生产过程中产生的不确定性、外部环境的不确定性和离散不确定性四类，并提出了不确定性扰动服从不同分布时的生产调度数学模型。高俊宇等人将作业车间的扰动概括地分为三类，包括涉及生产能力的扰动、涉及订单的扰动和涉及生产数据的扰动，并总结了部分目前常用的重调度方法。刘明周等人根据不确定扰动对实际工况的影响，将扰动分为显性扰动和隐性扰动，并分别采用主动触发式和被动触发式的重调度驱动规则。王超等人指出实际调度中不确定扰动的参数往往难以精确确定，提出可采用模糊处理的方法假定扰动服从一定的概率分布，从而对扰动进行量化。吴文瑞根据不确定扰动对调度方案的影响不同将其分为三类：即导致现有调度方案无效的突变性类扰动，对现有调度方案的影响不确定的渐变性类扰动，对局部调度方案造成影响的渐变性类扰动；并针对其中具有模糊性特点的类扰动，利用模糊神经网络进行扰动程度评估。石国新分析了生产调度过程中的各种不确定扰动，建立了人员、制造设备、生产任务、时间及生产任务外包等不确定因素的可靠性评价模型，将这些随机因素对生产调度过程的影响的程度数量化，结合实际的生产调度系统，分析了系统在排产和调度的过程中如何将这些不确定因素加以引入和处理。Stacy.L 等人针对不确定环境，对不确定性的范围进行了界定，并利用调度优化函数中的系数对不确定性进行融合。

2．存在问题

由目前的研究成果可知，不确定车间调度问题受到了国内外研究人员的广泛关注，对指导车间生产起到了积极的促进作用，现有的成果丰富了不确定车间调度模型和方法、生产调度策略和方法及不确定性因素影响机理等方面的研究。然而由于车间生产流程特殊、过程复杂，多重不确定因素对于生产决策的影响的研究还不多见，对不确定车间调度问题的研究还存在以下不足：

1）缺乏对生产过程中的不确定因素有效的描述方法。

由于不确定因素的干扰，极大地影响了生产计划和调度方案的准确性，直接导致了生产决策失稳甚至失效，造成了生产成本的增加和交货期的延长。企业面临的管理难度更高，风险更大。从而导致再调度成本优势难以体现，企业迫切需要对不确定因素进行科学合理的描述，以减小对生产过程的影响，进而能够找到具有鲁棒性能的、能够吸收或过滤不确定因素的决策方法，以缓解市场供应、用户需求、生产环境变化等给企业带来的压力。从数学角度看，不确定性表现为随机性、模糊性，合理地运用随机规划、模糊规划理论工具能够有效地描述其过程。然而，在车间生产过程中，多种不确定因素相互影响、赖合，使得调度生产决策变量表现为多重不确定性，如双重模糊性、模糊随机性，单一的随机规划、模糊规划已无法满足具有多重不确定性的车间调度决策系统优化问题的需要。

2）缺乏不确定环境下的车间生产计划与调度的建模方法和工具。

生产计划和调度问题属于难以求解的 NP-hard 问题，研究上多以启发式方法为主。但由于这些方法大都基于局部信息进行决策，无法有效兼顾多个相互冲突的绩效指标，同时在模型中通过假设条件进行了简化，因而难以适应复杂多变的车间调度系统。不确定规划理论的出现，为不确定车间调度问题的优化提供了新的思路，是未来的重要研究内容之一。

总之，根据现有的研究成果可以看出，目前关于不确定车间调度问题已经得到了长足的发展，但与针对原始车间调度的研究成果相比还有较大差距。对于不确定车间逆调度问题的研究还有待进一步深入。

在实际的生产环境中伴随有大量的不确定因素，包括主观因素和客观因素、内部因素和外部因素，这些不确定性因素的扰动，会导致原有计划和调度方案失效，使生产任务无法正常完成。为使研究的问题尽可能地与实际情况相接近，决策者在制订生产计划与调度时应充分考虑生产过程中存在的不确定因素，才能合理安排资源，满足用户需求，提高企业的效益，因此对于生产计划和调度的不确定性因素的研究具有重大理论价值和现实意义。

3. 不确定因素的数学描述

经典数学规划模型是建立在确定环境的基础上的，系统中参数的信息是确定的，模型中的目标函数及约束条件是清晰的。当决策系统中出现轻微的不确定因素干扰时，通过设定假设条件、简化模型参数，能够在一定程度上建立数学规划模型以求解实际问题。但实际过程中的决策系统多处于复杂多变的环境中，不可避免地会受到不确定因素的影响。当不确定因素增多，变化范围增大时，再用确定性的模型描述实际问题必然会出现较大的误差或失真，使得求解结果并不能完全、真实地反映原问题。因此，在求解过程中将不确定因素纳入其中，尽量可能按照事物本来的面目进行描述和求解是更务实的做法。车间调度过程充斥着大量的不确定因素，其不确定性表现为不同的形式，如随机性、模糊性以及更为复杂的双重随机、双重模糊、模糊随机等多重不确定性。伴随着这些不确定因素,决策者面临着更为复杂的不确定优化问题,尤其是多重不确定性优化问题。相对于经典的优化理论,如果能够采用合理的数学理论及方法对不确定性因素和模型进行描述,就能更为客观地反映出车间调度的实际状况,有助于决策者做出准确而可行的生产决策。

不确定理论为基础的不确定规划为人们解决包含大量不确定因素的再制造生产决策问题提供了理论基础,并给出了建立模型的新思路和新方法。处理不确定问题的建模方法主要包括三点:一是将不确定函数表述为期望值模型;二是通过设定预先给定的置信水平,允许所做决策在一定程度上不满足约束条件,即目标函数的机会测度不小于给定置信水平的机会测度模型;三是极大化事件实现的机会,即相关机会规划模型。此研究中,采用模糊机会约束规划模型理论,其模型如下。

1) 模糊机会约束规划模型

在含有模糊参数的不确定规划模型中,由于包含了模糊变量,故无法像处理经典约束条件那样给出确定的可行解。除了使用期望值方法,可设定约束条件在给定的置信水平 α 下成立。如果决策者希望在约束条件一定的置信水平成立的前提下,极大化目标函数的乐观值,可采用如下的模糊机会规划模型:

$$\begin{cases} \max \overline{f} \\ s.t. Cr\{f(\chi,\xi)x,\xi \geqslant \overline{f}\} \geqslant \beta \\ \quad Cr\{\{g_j(\chi,\xi) \leqslant 0, j=1,2,\cdots,p\} \geqslant \alpha \end{cases} \quad (6.1)$$

其中, α 和 β 分别为决策者预先给定的置信水平。

2) 模糊随机机会约束规划

如果决策者希望在一些机会约束下极大化模糊随机目标函数 (γ,δ) 的乐观值,则有:

$$\begin{cases} \max_x \max_{\overline{f}} \overline{f} \\ s.t. Ch\{f(x,\xi) \geqslant \overline{f}\}(\gamma) \geqslant \delta \\ \quad Ch\{g_j(x,\xi) \leqslant (a_j) \geqslant \beta_j, j=1,2,\cdots,p, \end{cases} \quad (6.2)$$

如果想在给定的置信水平下极小化目标函数的悲观值,则有:

$$\begin{cases} \min_x \min_{\overline{f}} \overline{f} \\ s.t. Ch\{f(x,\xi) \leqslant \overline{f}\}(\gamma) \geqslant \delta \\ \quad Ch\{g_j(x,\xi) \leqslant 0\}(a_j) \geqslant \beta_j, j=1,2,\cdots,p, \end{cases} \quad (6.3)$$

本章以通用发动机车间为背景,研究车间逆调度问题,以不确定理论为基础,将不确

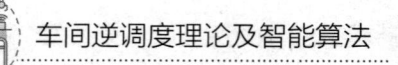

定函数表述为期望值模型，通过设定预先给定的置信水平，允许所做决策在一定程度上不满足约束条件，即目标函数的机会约束测度不小于给定的置信水平的机会测度模型，建立基于机会约束的车间逆调度模型。本章主体求解思路采用正调度方法求得初始调度策略，第二阶一种将双重模糊模拟、BP神经网络和粒子群优化算法相结合的混合智能算法，求解双重模糊机会约束模型。

通过结合双重模糊模拟技术，通过仿真运行生成大量的输入输出样本数据；使用BP神经网络逼近双重模糊机会约束模型中的不确定函数；将逼近的不确定函数嵌入粒子群算法中，优化不确定环境下车间逆调度问题。

6.2.1 不确定环境下单机车间逆调度问题描述（UESSP）

在生产调度研究领域，单机调度问题（Single Machine Scheduling Problem，SMSP）是调度领域的一个基本问题，其详细介绍见第3章单机车间逆调度问题。

以往关于单机调度问题研究较多的是静态调度情形，它对实际生产的情况作了较多的简化，通常假设工件加工信息在调度之前都已知并且确定。对于这样的单机调度问题，其最大完工时间指标其实是一个定值，等于所有工件的加工时间之和；针对加权完工时间和的单机调度问题依据WSPT（Weighted Shortest Processing Time，WSPT）规则可进行求解。但如果要考虑实际生产情况下的车间调度，常常根据已知的加工信息预先生成一个调度方案，该调度方案往往由于车间状态的变化而失去最优性，有时甚至变为不可行。以往的解决思路是进行重调度或者其他调度方法。但是调度功能往往受到工艺加工计划和制造资源的双重制约，在此情况下，调度顺序一旦生产不能轻易调整或只能微调。因此如何调整相关参数既保证方案满足期望，又使得相关成本最低或方案改变最小成为亟须解决的问题，这也是单机逆调度研究的本质。本章同时考虑不确定环境下的单机逆调度问题，其问题模型与求解难度都将大大增加，此研究有利于解决更实际的单机车间调度问题。

基于以上理论背景研究，本章主要研究不确定环境下单机车间逆调度问题（UESSP），通过调整加工时间使原调度变得最优，并且考虑以加权完工时间和最小为追求目标。该问题可以描述如下：

某生产车间有一台机器和 n 个待加工工件，每个工件随机到达该机器进行依次加工。工件具有多个性能参数，如加工时间、工件权重、交货期等。加工前可以预先估计各参数，根据当前已知的加工信息预先生成一个调度方案，并且加工参数可以在合理范围内调整，该调度方案往往由于车间状态的变化而失去最优性，通过调整相关参数，既保证方案满足期望，又使相关成本最低或方案改变最小。目前依据性能指标可将其分为两类：基于调度性能和基于调度成本指标。以不确定理论为基础，通过将不确定函数表述为期望值模型；通过设定预先给定的置信水平，允许所做的决策在一定程度上不满足约束条件，即目标函数的机会约束测度不小于给定的置信水平的机会测度模型。首先，设定置信水平 γ，并使得在该置信水平下总目标值不低于目标值 $\bar{z}$ 的概率在不低于 δ 的条件下获得目标最优值。因此，本章给出逆调度集成优化模型，引入模糊随机规划理论，建立带有给定置信水平 (γ, δ) 的目标悲观值 $\bar{z}$ 作为优化目标。其他问题描述和数学模型如第 3 章所述。综上所述，将加工时间描述为模糊随机变量的单机车间逆调度模型可表示为：

$$\min \bar{z} \tag{6.4}$$

$$\text{s.t} \mathrm{Ch}\left\{\min(\Sigma | |p_j - \bar{p}_j||) \leqslant \bar{z}\right\}(r) \geqslant \delta$$

$$\mathrm{Ch}\left\{\frac{p_{j-1}}{w_{j-1}} - \frac{p_j}{w_{j-1}} \leqslant 0\right\}(\alpha_j) \leqslant \beta_j \qquad (j = 2, \cdots, n) \tag{6.5}$$

$$\mathrm{Ch}\left\{\sum_{j=1}^{n} w_j (\bar{p}_1 + \cdots + \bar{p}_n) - \sum_{j=1}^{n} w_j c_j \leqslant 0\right\}(\alpha_j) \leqslant \beta_j \qquad \bar{p}_j \geqslant 0 \quad (j = 1, 2, \cdots, n) \tag{6.6}$$

式（6.5）保证预先生成调度方案 π 在调整后的加工时间 $\bar{p}_j$ 下最优；式（6.6）保证调整后的目标值（加权完成时间和）小于原目标值，本章考虑以最小化加权完成时间和为目标的单机逆调度问题，因此希望该目标通过逆调度调整之后不比原目标值大；式（6.6）表示所有工件的加工时间应该是大于或者等于 0。$Ch(.)$ 为机会测度，α_j、β_j 为约束条件预先给定的置信水平。可以看出此模型将再制造生产计划与调度的目标与约束综合起来进行考量，并充分考虑了再制造生产过程中的不确定因素。

6.2.2 不确定环境下流水车间逆调度问题描述（UEFSP）

以通用汽车缸盖装配线（GMEW）为背景，某缸盖装配线主要共有 11 个工位组成，缸盖零件组装图如图 6.1 所示，该生产线总共加工 4 种型号的缸盖，其缸盖类型分别为 MY16、MY18、ENG2 和 ENG3 等。

该装配线车间实际状况具有不确定性，例如，针对某些实际市场需求或交货期等变化导致现有生产无法完成，往往需要通过对设备、刀具等车间生产状态的相关参数进行调整以保证生产平稳高效进行。此外，为了满足上游客户需求，经常需要更换新机型，这就需要生产调度具有极强的柔性，如果采用以往的调度方法，将会使得调度顺序发生变化，而真实生产中调度顺序变化会带来额外的成本损失达 40%左右，这将会大大降低增加生产成本降低调度柔性。为此，将逆优化理论引入车间调度领域，探索新型车间"逆调度理论与方法"。通过调整相关参数，既保证方案满足期望，又使得相关成本最低或方案改变最小，实现对调度系统动态响应。

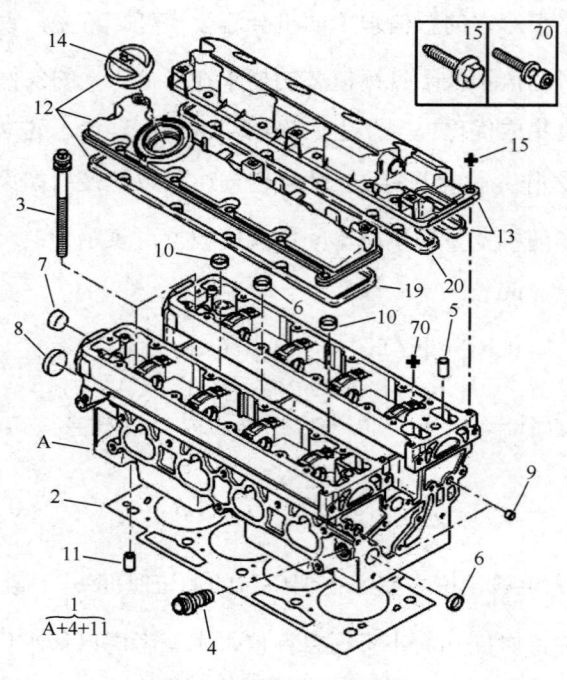

图 6.1 缸盖装配零件图

缸盖装配线调度过程是典型的流水车间调度问题，流水车间调度问题可以描述为：具有相同工艺路线的 N 个工件，相互独立，在 M 台设备上连续加工，各机器之间存在无限大的缓冲区。数学模型的假设条件如下所述：

（1）不同工件不存在优先级差别，且保持相互独立。

（2）不同机器上在相同时刻最多加工一道工序。

（3）相同零件的不同工序不能够被同时处理。

（4）加工过程中，工序不能中断。

（5）设备从零时刻开始加工，同时保证设备处于空闲状态。

（6）零件的不同工序间无等待时间。

（7）假设不同工序的准备时间忽略不计。

（8）所有工序的加工时间在给定范围内可控。

对用到的一些符号做如下定义和说明：

n：工件的个数；

m：机器的个数；

P_{ji}：工件 j 在机器 i 上的加工时间，$i \in \{1,2,\cdots,m\}$，$j \in \{1,2,\cdots,n\}$；

C_{ki}：表示工件 k 在机器 i 的完成时间，$k \in \{1,2,\cdots,n\}$；

$\bar{P}_{ji}$：表示工件 j 在机器 i 的调整后加工时间；

$\bar{C}_{ki}$：工件 k 在机器 i 的调整后完成时间；

$X_{jk} = \begin{cases} 1 & \text{如果 } j \text{ 是排列 } \pi \text{ 的第 } k \text{ 个工件} \\ 0 & \text{否则} \end{cases}$ $j,k \in \{1,2,\cdots,n\}$

由于 GMEW 车间调度问题其加工参数具有不确定性，因此，以不确定理论为基础，通过将不确定函数表述为期望值模型；通过设定预先给定的置信水平，允许所做决策在一定程度上不满足约束条件，即目标函数的机会约束测度不小于给定的置信水平的机会测度模型。首先，设定置信水平 γ，并使得在该置信水平下总目标值不低于目标值 $\bar{Z}$ 的概率在不低于 δ 的条件下获得目标最优值。因此，本文给出逆调度集成优化模型，引入模糊随机规划理论，建立带有给定置信水平 (γ,δ) 的目标悲观值 $\bar{Z}$ 作为优化目标，将模型描述为：

$$\min \bar{Z}$$

$$\text{Ch}\left\{\text{Min}\left(\left|\max_{k \in \{1,2,\cdots,n\}} C_{k,i} - \max_{k \in \{1,2,\cdots,n\}} \bar{C}_{k,i}\right| + \sum_{j=1}^{n}\sum_{i=1}^{m}|p_{ji} - \bar{p}_{ji}|\right) \leqslant \bar{Z}\right\}(\gamma) \geqslant \delta \quad (6.7)$$

$$Z = \text{Min} \max_{k \in \{1,2,\cdots,n\}} \left(C_{k,i}\right)$$

S.t.

$$\sum_{k=1}^{n} X_{j,k} = 1, j \in \{1,2,\cdots,n\} \quad (6.8)$$

$$\sum_{j=1}^{n} X_{j,k} = 1, k \in \{1,2,\cdots,n\} \quad (6.9)$$

$$\text{Ch}\left\{\sum_{j=1}^{n} X_{j,1} \cdot P_{j,1} - C_{1,1} \leqslant 0\right\}(\alpha_j) \geqslant \beta_j \quad (6.10)$$

$$\text{Ch}\left\{\sum_{j=1}^{n} X_{j,k+1} \cdot P_{j,1} + C_{k,i} - C_{k+1,i} \leqslant 0\right\}(\alpha_j) \geqslant \beta_j \quad (6.11)$$

$$\text{Ch}\left\{\sum_{j=1}^{n} X_{j,k} \cdot P_{j,i+1} + C_{k,i} - C_{k,i+1} \leqslant 0\right\}(\alpha_j) \geqslant \beta_j, k \in \{1,2,\cdots,n-1\}, i \in \{1,2,\cdots,m\} \quad (6.12)$$

$$C_{k,i} \geqslant 0, k \in \{1,2,\cdots,n\}, i \in \{1,2,\cdots,m\} \quad (6.13)$$

$$\text{Ch}\left\{C_{\max}\left(\pi,\bar{P}\right) - C_{\max}\left(\pi,P\right) \leqslant 0\right\}(\alpha_j) \geqslant \beta_j \quad P = (p_1, p_2, \cdots, p_j), \bar{P} = (\bar{p}_1, \bar{p}_2, \cdots, \bar{p}_j) \quad (6.14)$$

$$P_{ji}(\theta) \geq 0 \qquad (6.15)$$

$$P_{ji}(\theta) = \begin{cases} (\eta_1^1, \eta_1^2, \eta_1^3), \theta = \theta_1 \\ (\eta_2^1, \eta_2^2, \eta_2^3), \theta = \theta_2 \\ \cdots\cdots\cdots \\ (\eta_r^1, \eta_r^2, \eta_r^3), \theta = \theta_r \end{cases} \qquad (6.16)$$

在该模型，目标函数是所有工件的加工时间改变量和完工时间调整量最小。式（6.8）至式（6.16）是流水车间逆调度问题的约束条件：式（6.8）表示工件的工序约束，表示不能同时加工一个工件的不同工序；式（6.9）表示机器的约束，即同一时刻一台设备仅能加工一道工序；式（6.10）为在首台设备上加工首件工件的完工时间。式（6.11）至式（6.12）确保一个工件不能被多台机器同时加工和同一时刻在一台机器上仅能处理一个工件；式（6.13）限定所有工序的完工时间应该是大于 0；式（6.14）表示调整之后的总完工时间不大于调整之前。式（6.15）和式（6.16）表示加工时间模糊表达式。

6.2.3 不确定环境下柔性作业车间逆调度问题描述（UEFJSP）

作业车间调度问题（Job Shop Scheduling Problem，JSSP）是众所周知的一个调度热点问题。随着客户的需求更加个性化和多元化，生产柔性逐渐被管理部分所关注，柔性作业车间调度问题更加贴近实际生产，在已有的柔性作业车间调度研究中，对生产中的不确定性因素考虑较少，但在实际生产加工过程中有许多不确定因素，如产品处理时间的不确定性、应急突发事件的不确定性等. 工件处理时间是调度问题的核心数据. 针对处理时间不确定的情况，本章采用模糊随机规划理论进行处理，同时考虑目标最大完工时间和最短情况，通过将不确定函数表述为期望值模型；通过设定预先给定的置信水平，允许所做决策在一定程度上不满足约束条件，即目标函数的机会约束测度不小于给定的置信水平的机会测度模型。首先，设定置信水平 γ，并使得在该置信水平下总目标值不低于目标值 $\overline{Z}$ 的概率在不低于 δ 的条件下获得目标最优值。因此，给出逆调度集成优化模型，引入模糊随机规划理论，建立带有给定置信水平 (γ,δ) 的目标悲观值 $\overline{Z}$ 作为优化目标。

柔性作业车间调度问题（Flexible Job Shop Scheduling Problem，FJSP）的描述如下：n 个工件 $\{J_1, J_2, \cdots, J_n\}$ 要在 m 台机器 $\{M_1, M_2, \cdots, M_m\}$ 上加工。每个工件包含一道或多道工序，工序顺序是预先确定的，每道工序可以在多台不同加工机器上进行加工，工序的加工时间随加工机器的不同而不同。调度目标是为每道工序选择最合适的机器、确定每台机器上各个工序的最佳加工顺序及开工时间，使整个系统的某些性能指标达到最优。因此，柔性作业车间调度问题包含两个子问题：确定各工件的加工机器（机器选择子问题）和确定各个机器上的加工先后顺序（工序排序子问题）。柔性作业车间调度问题根据资源选择限制条件的不同，可以分为完全柔性作业车间调度问题（Total FJSP，T-FJSP）和部分柔性作业车间调度问题（Partial FJSP，P-FJSP）。在 T-FJSP 中，所有工件的每一道工序都可以在可选择的机器中选择任何一台进行加工；而在 P-FJSP 中，至少存在一道工序的加工机器只能是可选择的机器中的部分机器，即机器集的真子集来进行加工。也可以说，T-FJSP 只是 P-FJSP 的一个特例。部分柔性作业车间调度问题更加符合实际生产系统中的调度问题，研究 P-FJSP 比 T-FJSP 更具有实际意义，P-FJSP 要比 T-FJSP 更加复杂。

在 FJSP 中，还存在循环排列的特性（Circular Permutation）与传统经典 JSP 问题不同，即在 FJSP 中，存在同一个工件的多道工序可以被同一台机器进行加工，而不是每一道工序只能被同一台机器加工一次。这也增加了求解 FJSP 的难度。传统经典 JSP 问题解空间容量巨大，包含 $(n!)^m$ 种排列，已经证明是 NP-hard 问题，对于 FJSP 解空间更是巨大，包含 $m^n \times (n!)^m$ 种排列，计算复杂性可想而知。

此外，在加工过程中还需要满足下面的约束条件。

（1）同一台机器同一时刻只能加工一个工件。

（2）同一工件的同一道工序在同一时刻只能被一台机器加工。

（3）每个工件的每道工序一旦开始加工不能中断。

（4）不同工件之间具有相同的优先级。

（5）不同工件的工序之间没有先后约束，同一工件的工序之间有先后约束。

（6）所有工件在零时刻都可以被加工。

为了后文描述方便，定义以下符号：

n：工件总数；

m：机器总数；

Ω：总的机器集；

i,e：机器序号，$i,e = 1,2,3,\cdots,m$；

j,k：工件序号，$j,k = 1,2,3,\cdots,n$；

h_j：工件 j 的工序总数；

h,l：工序序号，$h = 1,2,3,\cdots,h_j$；

Ω_{jh}：工件 j 的第 h 道工序的可选加工机器集；

m_{jh}：工件 j 的第 h 道工序的可选加工机器数；

O_{jh}：工件 j 的第 h 道工序；

M_{ijh}：工件 j 的第 h 道工序在机器 i 上加工；

p_{ijh}：工件 j 的第 h 道工序在机器 i 上的加工时间；

s_{jh}：工件 j 的第 h 道工序加工开始时间；

c_{jh}：工件 j 的第 h 道工序加工完成时间；

L：一个足够大的正数；

d_j：工件 j 的交货期；

C_j：每个工件的完成时间；

$C_{\max}$：最大完工时间；

T_o：$T_o = \sum_{j=1}^{n} h_j$，所有工件工序总数；

$x_{ijh} = \begin{cases} 1, & \text{如果工序} O_{jh} \text{选择机器} i; \\ 0, & \text{否则}; \end{cases}$

$y_{ijhkl} = \begin{cases} 1, & \text{如果} O_{ijh} \text{先于} O_{ikl} \text{加工}; \\ 0, & \text{否则}; \end{cases}$

如果 $\Omega_{jh} = \Omega$，$\forall j \in [1, n], \forall h \in [1, h_j]$，则是 T-FJSP；

如果 $\Omega_{jh} \subset \Omega$，$\exists j \in [1, n], \exists h \in [1, h_j]$，则是 P-FJSP；

完工时间是衡量调度方案最根本的指标，主要体现车间的生产效率，也是 FJSP 研究中应用最广泛的评价指标之一。UEFJSP 数学模型为：

$$\min \bar{f}$$
$$\bar{f} = \min(\max_{1 \leq j \leq n}(C_j)), \quad Ch\{f_{\max} \leq \bar{f}\}(\gamma) \geq \delta \tag{6.17}$$

UEFJSP 受到下列约束：

$$Ch\{s_{jh} + x_{ijh} \times p_{ijh} - c_{jh} \leq 0\}(\alpha_j) \geq \beta_j$$
$$\text{其中，} i = 1, \cdots, m; j = 1, \cdots, n; h = 1, \cdots, h_j \tag{6.18}$$

$$Ch\{c_{jh} - s_{j(h+1)} \leq 0\}(\alpha_j) \geq \beta_j$$
$$\text{其中，} j = 1, \cdots, n; h = 1, \cdots, h_j - 1 \tag{6.19}$$

$$Ch\{c_{jh_j} - C_{\max} \leq 0\}(\alpha_j) \geq \beta_j$$
$$\text{其中，} j = 1, \cdots, n \tag{6.20}$$

$$Ch\{s_{jh} + p_{ijh} - s_{kl} - L(1 - y_{ijhkl}) \leq 0\}(\alpha_j) \geq \beta_j$$
$$\text{其中，} j = 0, \cdots, n; k = 1, \cdots, n; h = 1, \cdots, h_j; l = 1, \cdots, h_k; i = 1, \cdots, m \tag{6.21}$$

$$\text{Ch}\{c_{jh} - s_{j(h+1)} - L(1 - y_{iklj(h+1)}) \leq 0\}(\alpha_j) \geq \beta_j \tag{6.22}$$

其中，$j = 1, \cdots, n; k = 0, \cdots, n; h = 1, \cdots, h_j - 1; l = 1, \cdots, h_k; i = 1, \cdots, m$

$$\sum_{i=1}^{m_{jh}} x_{ijh} = 1 \tag{6.23}$$

其中，$h = 1, \cdots, h_j; j = 1, \cdots, n;$

$$\sum_{j=1}^{n} \sum_{h=1}^{h_j} y_{ijhkl} = x_{ikl} \tag{6.24}$$

其中，$i = 1, \cdots, m; k = 1, \cdots, n; l = 1, \cdots, h_k$

$$\sum_{k=1}^{n} \sum_{l=1}^{h_k} y_{ijhkl} = x_{ijh} \tag{6.25}$$

其中，$i = 1, \cdots, m; j = 1, \cdots, n; h = 1, \cdots, h_k$

$$s_{jh} \geq 0, c_{jh} \geq 0 \tag{6.26}$$

其中，$j = 0, 1, \cdots, n; h = 1, \cdots, h_j$

式（6.18）和式（6.19）表示每一个工件的工序先后顺序约束；式（6.20）表示工件的完工时间的约束，即每一个工件的完工时间不可能超过总的完工时间；式（6.21）和式（6.22）表示同一时刻同一台机器只能加工一道工序；式（6.23）表示机器约束，即同一时刻同一道工序只能且仅能被一台机器加工；式（6.24）和式（6.25）表示存在每一台机器上可以存在循环操作；式（6.26）表示各个参数变量必须是正数。

6.3 不确定环境下逆调度问题求解策略

求解双重模糊机会约束规划问题，试图设计解析的算法往往是不现实的。为此设计一种将双重模糊模拟、BP（Back Propagation，BP）神经网络和粒子群算法（Particle Swarm Optimization，PSO）相结合的混合智能算法，求解双重模糊机会约束模型。通过结合双重模糊模拟技术，通过仿真运行生成大量的输入输出样本数据；使用 BP 神经网络逼近双重模糊机会约束模型中的不确定函数；将逼近的不确定函数嵌入粒子群算法中，优化车间逆调度问题。本节将其分成两阶段进行求解。

6.3.1 第一阶段求解

逆调度问题是针对给定的非最优调度进行调整。因此，在整个算法执行之前，需要得到一个初始非最优调度序列。为了减少问题的复杂程度，针对流水车间调度问题，本章采用已有的经典求解方法首先构建一个可行调度序列。Nawaz、Enscore 和 Ham 启发式算法（1983）简称 NEH 启发式算法，NEH 算法不把原来的 m 台机器问题转化为一个模拟的 2 台机器问题，而是通过每一步加入一个新的工件，从而求得最好的局部解，最后构造工件的加工顺序。NEH 经过几十年之后仍然是解决置换流水车间调度问题最有效的构造式启发式算法。因此，本节采用 NEH 算法得到初始近优调度顺序。

6.3.2 第二阶段求解

在这一阶段，提出一个混合求解方法处理逆调度问题，该方法将模糊模拟、神经网络、粒子群优化算法结合起来求解双重模糊模拟逆调度模型。

6.3.2.1 模糊模拟

利用双重模糊模拟求解本原机会的算法步骤如下：

Step1：求解上界 $\bar{\beta}$，使其满足 $\mathrm{Cr}\{\theta\in\vartheta\,|\,\mathrm{Cr}\{f(\xi(\theta))\leq 0\}\geq\bar{\beta}\}\geq\alpha$，分别从 Θ 中均匀产生 θ_k 使 $\mathrm{Pos}\{\theta_k\}\geq\varepsilon(k=1,2,...N)$，确保 ε 为一充分小正数。

Step2：对于任意实数 γ，令 $L(r)=\frac{1}{2}(\max_{1\leq k\leq N}\{\mathrm{Pos}\{\theta_k\}\,|\,f(\theta_k)\leq r\}+\min_{1\leq k\leq N}\{1-\mathrm{Pos}\{\theta_k\}\,|\,f(\theta_k)>r\})$，通过二分法找到满足 $L(r)\geq\alpha$ 的最大值 γ。

Step3：返回 γ，得到 L 的估计值。对于任意给定的置信水平 α,β，应用双重模糊模拟技术可求出满足 $\mathrm{Cr}\{\theta\in\vartheta\,|\,\mathrm{Cr}\{f(\xi(\theta))\leq\bar{f}\}\geq\bar{\beta}\}\geq\alpha$ 的最小值 $\bar{f}$，主要步骤如下：

Step3.1：分别从 Θ 中均匀产生 θ_k，使得 $\mathrm{Pos}\{\theta_k\}\geq\varepsilon(k=1,2,\cdots,N)$，$\varepsilon$ 为一充分小正数。

Step3.2：对于任意实数 γ，令 $L(r)=\frac{1}{2}(\max_{1\leq k\leq N}\{\mathrm{Pos}\{\theta_k\}\,|\,f(\theta_k)\geq r\}+\min_{1\leq k\leq N}\{1-\mathrm{Pos}\{\theta_k\}\,|\,f(\theta_k)<r\})$，通过二分法找到满足 $L(r)\geq\alpha$ 的最大值 γ。

Step3.3：返回 γ，得到 $\bar{f}$ 的估计值。

6.3.2.2 神经网络的函数逼近

通过双重模糊模拟为不确定函数 U1～U4 产生输入输出数据，将其作为神经网络的训练数据。本节选取单隐层 BP 神经网络逼近以下不确定函数 U。

训练神经元进行函数逼近本质上是选取最优权值 W 最小化目标输出和实际输出之间的

误差。为避免存在局部极小和收敛速度慢等问题，采用遗传算法对神经元网络进行训练以加快训练速度。主要步骤如下：

Step 1：随机产生初始权重向量 W。

Step 2：采用多父辈交叉、两两变异操作方式更新权重向量 W。

Step 3：根据权重向量 W 计算误差函数 E_k。

Step 4：根据误差函数计算每个权重向量的适应度。

Step 5：采用联赛选择方式选择权重向量。

Step 6：重复执行 Step 2 至 Step 5，直到达到设定的循环次数为止。

Step 7：输出神经网络的最优权重向量。

6.3.3.3 基于模糊模拟的粒子群算法（DPN）

运用遗传算法训练完神经网络后，得到相关网络结构和最优参数。将训练好的网络再嵌入 PSO，检查粒子的合理性，计算粒子的目标输出。考虑该模型的复杂性，传统的优化算法难以求解，故设计一种基于模糊模拟方法的混合粒子群算法来求基于机会约束的逆调度模型。种群由 popsize 个粒子组成，对于逆调度模型，采用两阶段方进行求解。第一阶段采用 NEH 方法得到逆调度解，第二阶段采用提出的混合方法进行求解。

初始化过程首先分别产生决策向量 X 的对应值；其次验证决策向量 X 的可行性。如果满足约束条件，则说明其可行并将其作为初始种群的一个粒子，重复上述过程直至产生 popsize 个可行粒子 $\{X_1, X_2, \cdots, X_{popsize}\}$。将粒子的位置设置为自身最优并将目标值设置为自身最优，记为 pbest；找出种群中的最优粒子，将其位置和目标值设置为种群最优位置及最优值，记为 gbest；设定粒子速度上界为 V，V 的值为最大调整量和最小调整量的差值。

迭代过程将每个粒子依据式（6.27）、式（6.28）更新速度和在解空间的位置。用训练完成的神经网络检验每一个粒子 X_i^t 的可行性，如果可行则将其作为一个新的粒子，反之，则通过式重新产生。当达到预先设定的最大迭代次数或出现可接受解时算法终止。如上所述，基于 DPN 算法流程如图 6.2 所示。

$$v_i^t = wv_i^{t-1} + c_1 \text{rand}_1 (p_i - x_i^{t-1}) + c_2 \text{rand}_2 (p_g - x_i^{t-1}) \quad (6.27)$$

$$X_i^t = X_i^{t-1} + v_i^t \quad (6.28)$$

6.3.3 DPN 算法流程

考虑该模型的复杂性，传统的优化算法难以求解，故设计以下一种基于模糊模拟方法的混合粒子群算法来求基于机会约束的逆调度模型。种群由 popsize 个粒子组成，对于逆调度模型，采用两阶段方进行求解。第一阶段采用 NEH 方法得到逆调度解，第二阶段采用提出的混合方法进行求解。算法步骤如下：

Step 1：确定算法的种群规模，设置算法中的各种参数。

Step 2：应用模糊随机模拟为逆调度模型的函数 U1～U4，产生输入输出样本数据。

Step 3：本数据训练神经网络逼近目标函数和约束函数。

Step 4：随机产生 popsize 个染色体，判断染色体是否可行，需要通过训练好的神经网络进行检查校验。

Step 5：通过神经网络计算所有染色体对应的目标函数值。

Step 6：评价粒子的适应度值。

Step 7：应用粒子群算法产生新的粒子，并使用训练完毕的神经网络检测子代染色体的可行性。

Step 8：重复 Step 5 到 Step 7，直到完成给定的次数或者得到可接受解时终止。

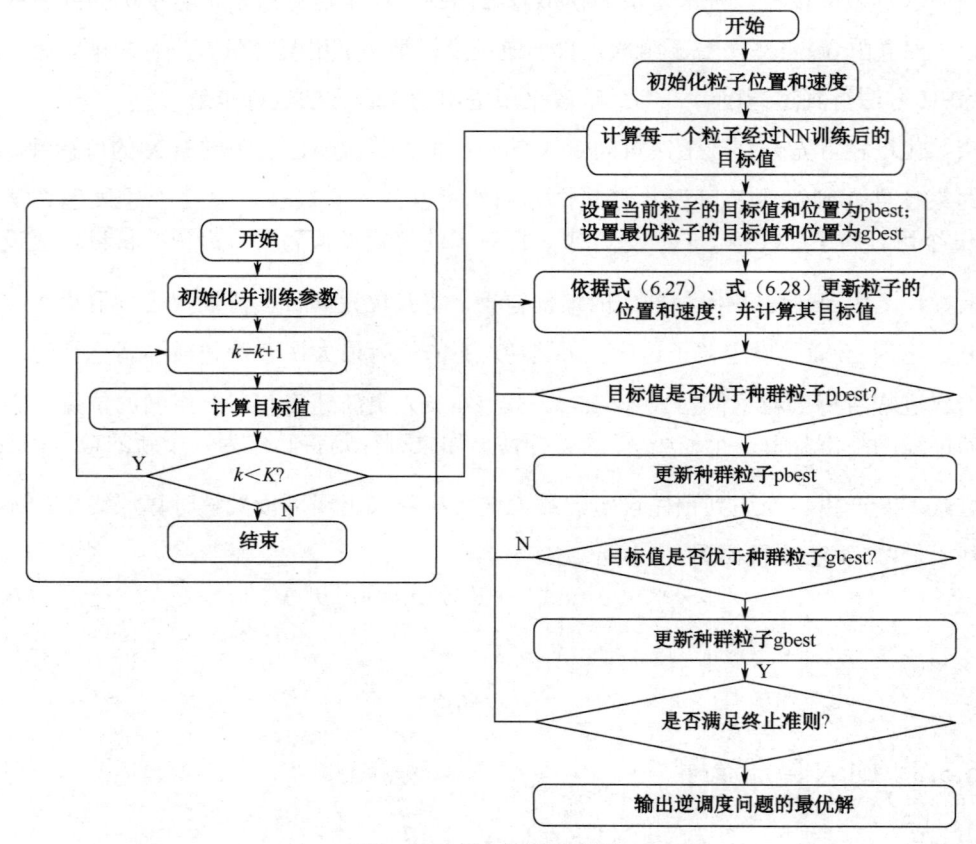

图 6.2　DPN 算法流程图

6.4 仿真结果与分析

6.4.1 实例介绍

为了验证算法的性能，以通用缸盖装配线为真实实例，缸盖装配线流程图如图 6.3 所示。此缸盖装配线生产四种型号发动机，包含 14 个工位，每个工位名称、工位编号及相应工位的加工时间和加工成本见表 6.1。

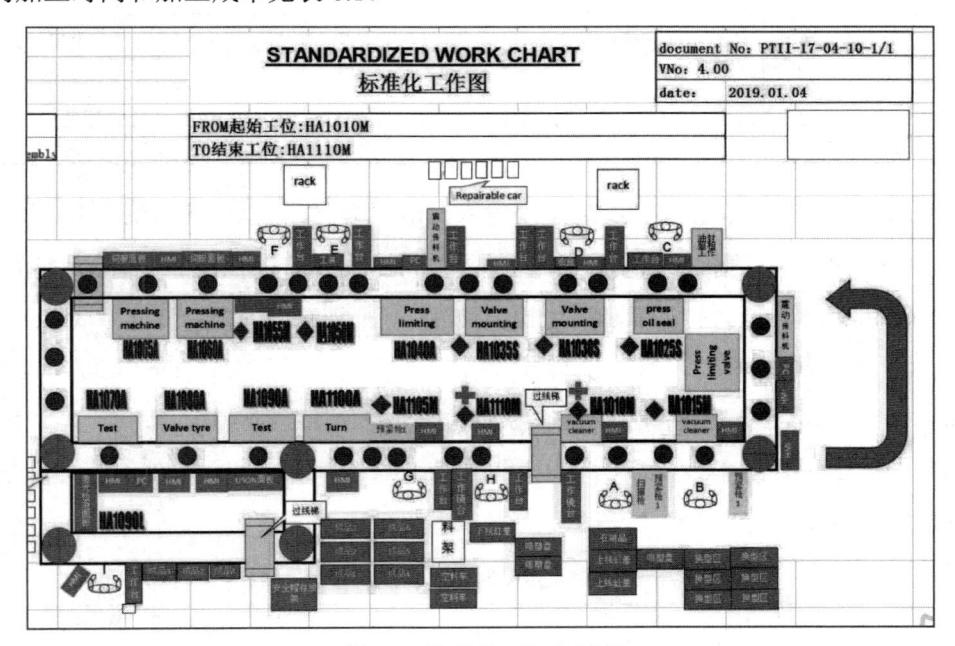

图 6.3 缸盖装配线流程图

表 6.1 缸盖线每个工位加工参数

No.	工位	工序名称	加工时间（s）	成本（RMB）
1	HA1010M	缸盖测试	20,18,21	10.2
2	HA1015M	清洁缸盖	25,25,30	21
3	HA1020M	压进流阀	31,33,19	0.8
4	HA1025M	压密封阀	28,28,28	39.2
5	HA1030M	压装密封垫圈	22,31,24	12
6	HA1035M	润滑气门垫圈	16,17,18	33.2
7	HA1040M	压装缸盖节流阀	31,23,29	12.1
8	HA1050M	压装气门弹簧	22,23,26	45
9	HA1060M	压装分流阀	29,30,25	18.9

续表

No.	工位	工序名称	加工时间（s）	成本（RMB）
10	HA1070M	缸盖测试	13,14,18	28.6
11	HA1080M	调试阀门	19,18,19	89
12	HA1090M	泄漏测试	24,23,26	14.5
13	HA1105M	安装螺栓	36,33,30	33
14	HA1110M	缸盖下线	12,20,22	23.9

本节设计了一个带有 14 个零件和 16 台机器的缸盖装配线实例，其中包括四种类型缸盖，MY16、MY18、ENG2 和 ENG3，工件加工时间和目标函数可信度见表 6.2。

表 6.2 工件加工时间和目标函数对应的置信水平

工件	P_{ij}	γ	δ
J_1	32	0.9	0.85
J_2	58	0.85	0.75
J_3	19	0.85	0.8
J_4	23	0.85	0.75

使用双重模糊模拟策略，产生 2000 个输入输出样本数据。基于这些输入输出数据，训练一个 BP 神经网络，隐含层和输出层激励函数分别使用 tansig 函数和 purelin 函数，包括 3 个输入神经元，5 个隐含神经元和 1 个输出神经元。把训练好的神经元网络嵌入到粒子群算法，运行混合智能算法，取种群规模 popsize=100，迭代次数 iter=1000，运行次数 runtime=10，学习因子 c_1 和 c_2 是 2，惯性系数由 0.8 线性降低到 0.3。

算法采用 C++实现，程序运行的环境为 Interneti3-2120 CPU 主频 3.30GHz，内存为 4GB，程序独立重复运行 10 次。第二阶段相关参数设置见表 6.3。

表 6.3 DPN 和比较算法的参数设置

GANN		DPN	
种群规模	100	惯性系数	由 0.8 线性降到 0.5
迭代次数	100	学习因子	c_1 和 c_2 设置为 2
交叉概率	0.9	种群规模	100
变异概率	0.1	迭代次数 iter	1000
N_M	0.8n	运行次数	10
运行次数	10		

为了验证提出的 DPN 算法，用单一 PSO 算法与其进行比较。实验结果见表 6.4，$\mathrm{RPD}=\dfrac{O_S - B_S}{B_S}\times 100$，其中 O_S 代表所有算法求得的 $C_{\max}$ 值，B_S 是算法求得的最优结果。其他三个参数指标分别是，运行时间 Run Time(RT)、加工时间调整量 the Adjustment of

Processing Time(APT)和工件序列 Job Sequence(JS)。NEH, GANN, GA 和 PSO 算法结果比较见表 6.4。

表 6.4 NEH, GANN, GA 和 PSO 算法结果比较

MY16	NEH	GANN	GA	PSO
RPD	0.21	0.42	1.87	3.2
RT(m)	1.89	3.33	1.94	2.1
APT	11	21	18	22
JS	{2,4,5,9,10,11,3,6,8,12,7,13,1,14}	{1,3,4,5,10,9,11,2,6,7,8,12,13,14}	{2,4,5,6,10,11,3,9,8,12,7,13,14,1}	{1,4,5,2,9,10,11,3,6,8,13,7,13,14,12}
MY18	NEH	GANN	GA	PSO
RPD	0.31	0.62	1.87	2.9
RT	1.69	3.03	1.92	2.1
APT	13	25	17	16
JS	{2,9,5,10,4,11,3,6,8,12,7,13,1,14}	{2,3,4,6,10,9,12,1,5,7,8,11,13,14}	{2,4,5,7,13,11,3,9,8,12,6,10,14,1}	{5,4,1,2,9,10,11,3,6,8,13,7,12,14,13}
ENG	NEH	GANN	GA	PSO
RPD	0.24	0.46	1.80	3.2
RT	1.73	2.46	1.77	27
APT	15	19	22	30
JS	{1,4,5,8,10,11,3,6,9,12,7,13,2,14}	{13,8,6,4,5,10,9,11,2,3,12,1,14}	{2,4,5,10,6,11,3,9,8,12,7,13,14,1}	{9,4,5,2,1,13,11,3,6,8,13,7,10,14,12}
ENG3	NEH	GANN	GA	PSO
RPD	0.23	0.42	1.87	4.2
RT	1.83	3.03	1.94	2.1
APT	9	13	14	20
JS	{1,4,5,9,10,11,3,6,8,14,7,13,2,12}	{3,4,1,5,10,9,11,2,6,7,14,8,12,13}	{8,12,2,4,5,6,10,11,3,9,7,13,14,1}	{2,9,1,4,5,11,3,10,6,8,13,7,13,14,12}
Avg$_{RPD}$	0.25	0.48	1.85	3.38
	1.79	2.96	1.99	2.9

结果表明，NEH、GANN、GA 和 PSO 算法求得的 RPD 平均值分别是 0.25、0.48、1.85 和 3.38，很显然，混合算法（GANN、GA 和 PSO）并没有明显的优势，针对流水车间逆调度问题，第一阶段 NEH 算法求得 RPD 平均值是 0.25。从运行时间来看，NEH 能够用较少的计算时间获得满意的结果。由于 GANN 算法中加入了自适应机制的局部搜索算法，因此在运行时间方面相比于其他算法不占优势，NEH 算法求得平均运行时间是 1.79s，远远少于 GANN 的 2.96s。实验结果表明，NEH 算法求得的最小完工时间也可以得到较好的结果，因此，综合考虑选择 NEH 作为产生逆调度初始序列的方法。

为了更加充分验证实验结果，采用 ANOVA 对四种发动机型的 RPD 值进行分析，在调

度文献中，方差分析通常用于验证比较算法。图 6.4 展示了置信区间为 95%，算法之间表现显著性差异，值得注意的是，如果两种平均值的置信区间重叠，则重叠平均值之间没有明显的差异。让我们以 MY 型汽缸盖为例来说明，图 6.4（a）中，从左到右四种比较算法求得的 RPD 值分别为 0.32、2.43、0.78 和 4.21。其他结果如图 6.4 所示。所有这些结果都表明 GANN 算法的有效性，能够较好地解决该问题。

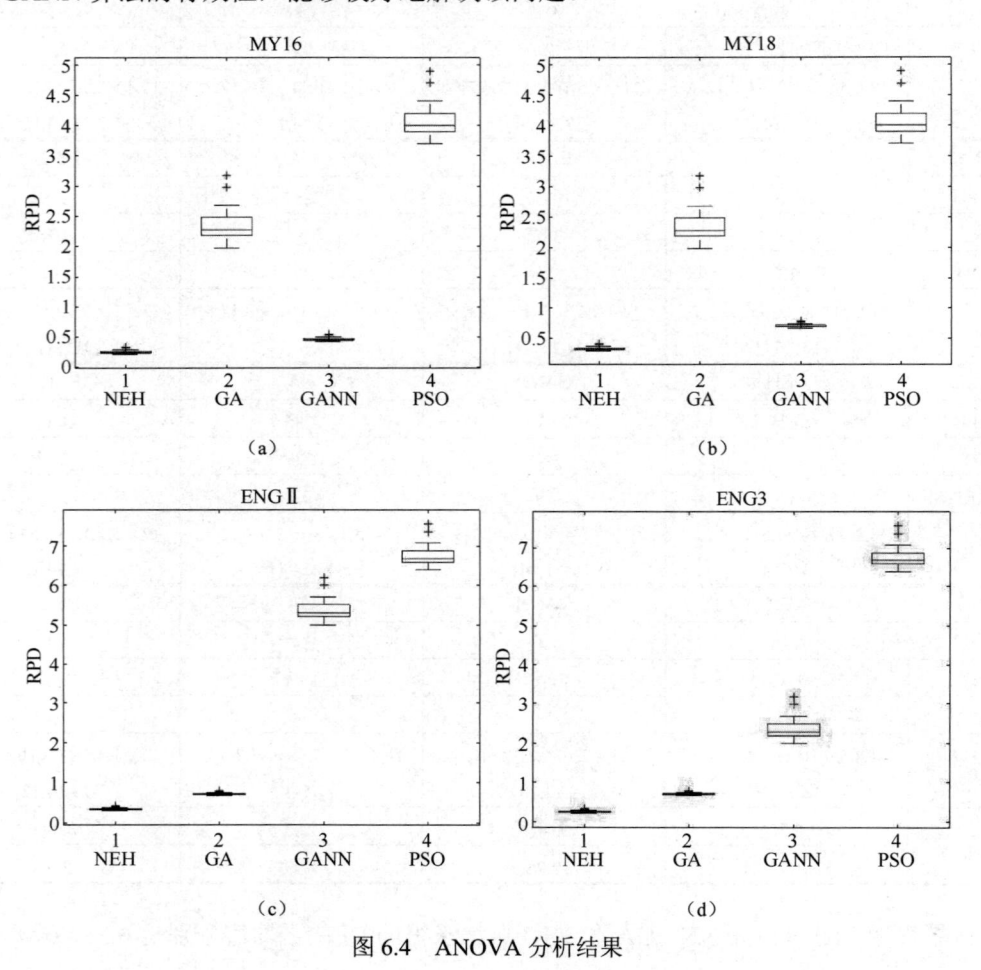

图 6.4 ANOVA 分析结果

6.4.2 利用 DPN 算法解决问题实例

本节设计了一个带有 14 个零件和 16 台机器的缸盖装配线实例，其中包括四种类型缸盖，MY16、MY18、ENG2 和 ENG3，缸盖被分成三个等级，工件的参数信息包括价格时间和可信度等见表 6.5。

表 6.5 工件加工时间和可信度

工件	工件等级	可信度	1	2	3	4	5	工序 6	7	8	9	10	11	12
MY16	I	0.8	(20,16,24)	(31,19,26)	(21,19,24)	(22,16,28)	(23,15,20)	(24,16,24)	(21,21,25)	(19,17,25)	(25,26,23)	(26,18,20)	(21,19,20)	(21,17,20)
	II	0.23	(17,16,23)	(37,16,23)	(29,14,25)	(17,16,20)	(19,18,21)	(18,18,23)	(18,16,23)	(17,16,21)	(18,16,13)	(17,16,23)	(18,17,23)	(19,19,23)
	III	0.34	(22,19,20)	(29,29,21)	(23,18,23)	(28,19,21)	(21,15,26)	(21,17,20)	(21,18,25)	(26,19,23)	(24,17,17)	(21,19,20)	(25,19,21)	(24,19,24)
工件单价			10.2	21	0.9	39.2	12	33.2	12.1	45	18.9	28.6	89	14.5

工件	工件等级	可信度	1	2	3	4	5	工序 6	7	8	9	10	11	12
MY18	I	0.35	(29,30,25)	(31,29,26)	(25,26,24)	(23,16,28)	(23,25,20)	(24,19,24)	(25,21,23)	(21,23,25)	(24,21,23)	(24,18,20)	(21,23,20)	(21,19,23)
	II	0.85	(21,28,23)	(27,16,23)	(22,24,25)	(27,16,20)	(19,28,21)	(20,18,23)	(28,16,23)	(17,16,21)	(28,16,13)	(17,18,23)	(18,17,23)	(25,19,23)
	III	0.45	(22,29,20)	(21,19,28)	(23,28,23)	(28,22,21)	(21,25,26)	(21,23,20)	(21,19,23)	(21,19,23)	(24,22,17)	(21,23,20)	(25,23,21)	(24,19,24)
工件单价			10.2	21	0.9	39.2	12	33.2	12.1	45	18.9	28.6	89	14.5

工件	工件等级	可信度	1	2	3	4	5	工序 6	7	8	9	10	11	12
EGN2	I	0.15	(19,10,15)	(11,19,16)	(15,16,14)	(13,19,18)	(13,15,16)	(24,19,12)	(15,11,16)	(11,23,19)	(24,11,13)	(14,18,20)	(21,11,20)	(15,19,20)
	II	0.25	(11,18,13)	(17,16,13)	(12,14,15)	(17,16,15)	(19,18,11)	(16,18,13)	(18,16,13)	(17,16,13)	(18,16,13)	(17,18,13)	(18,17,20)	(17,19,23)
	III	0.75	(12,19,10)	(11,19,18)	(13,18,14)	(18,22,21)	(11,15,16)	(11,13,10)	(15,23,15)	(11,19,23)	(14,19,17)	(11,23,20)	(19,23,21)	(17,19,24)
工件单价			10.2	21	0.9	39.2	12	33.2	12.1	45	18.9	28.6	89	14.5

工件	工件等级	可信度	1	2	3	4	5	工序 6	7	8	9	10	11	12
EGN3	I	0.24	(27,19,21)	(31,19,26)	(22,17,21)	(22,16,28)	(23,15,20)	(16,16,24)	(21,25,23)	(19,17,25)	(25,21,23)	(26,18,20)	(21,19,20)	(21,17,20)
	II	0.63	(33,19,23)	(37,16,23)	(24,14,25)	(17,16,20)	(19,22,21)	(14,18,23)	(18,16,23)	(17,16,21)	(18,19,15)	(17,16,23)	(18,17,23)	(19,19,23)
	III	0.36	(27,29,24)	(29,29,21)	(23,19,23)	(28,19,21)	(21,20,26)	(21,17,20)	(21,18,25)	(26,19,23)	(24,17,17)	(21,19,20)	(25,19,21)	(24,19,24)
工件单价			10.2	21	0.9	39.2	12	33.2	12.1	45	18.9	28.6	89	14.5

使用双重模糊模拟策略,产生 2000 个输入输出样本数据。基于这些输入输出数据,训练一个 BP 神经网络,隐含层和输出层激励函数分别使用 tansig 函数和 purelin 函数,包括 3 个输入神经元、5 个隐含神经元和 1 个输出神经元。DPN 算法参数设置见表 6.3。最优目标是带有给定置信水平(γ,δ)的极小化最大完工时间的悲观值。

为了阐述 DPN 算法的优越性,在此采用 PSO 算法与其进行比较,其结果见表 6.6。其中,平均相对偏差(Average Relative Percent Deviation,AVRPD)和生产成本作为比较指标,很显然,其结果受置信水平影响,保持目标约束不确定函数的置信水平 $\gamma=0.9$ 不变,依次改变 δ 的值,通过运行混合智能算法对目标值进行求解。根据参数值的变化绘制出置信水平值对生产成本和 AVRPD 影响结果见表 6.6。

表 6.6 实验结果

置信水平	机会测度	AVRPD PSO	AVRPD DPN	成本 PSO	成本 DPN
0.75	0.90	0.52	0.34	1890	1810
	0.80	0.45	0.33	1780	1792
	0.70	0.4	0.23	1806	1730
0.8	0.90	0.35	0.32	1901	1793
	0.80	0.33	0.32	1856	1779
	0.70	0.31	0.23	1801	1761
0.85	0.90	0.569	0.45	1891	1799
	0.80	0.39	0.32	1844	1769
	0.70	0.36	0.52	1808	1705
0.9	0.90	0.7	0.35	2823	2745
	0.80	0.56	0.27	2779	2703
	0.70	0.41	0.27	2019	2807

通过分析表 6.6 可知,当置信水平较低时,能够获得较低的生产成本值,但调度方案的稳定性与可行性会降低,当生产调度过程出现扰动,很容易使得调度方案变得不可行。而当置信水平取值超过 0.85 后,生产成本值明显增加。总之,当目标函数置信水平 γ 保持不变时,随着可信度 δ 增大,调度方案的完工时间和生产成本悲观值都呈现出增大的趋势;当目标函数置信水平保持不变的情况下,本原机会表现为一个函数而非实数,当本原机会逐渐变小,对应的完工时间和生产成本也逐渐减小。因此决策方案会随着置信水平的变化而变化,不同置信水平对应不同的决策风险和生产系统的稳定性,置信水平越高,意味着决策风险越小,生产系统的稳定性越高。

不同置信水平下,各调度序列中工件加工顺序不完全相同。在给定置信水平下,对于符合双重模糊分布规律的任一加工序列,该解虽然不能保证最优性,但从总体来看,在满足加工预期约束条件下，按照此解进行调度生产，能够保证逆调度加工生产总成本的(γ,δ)悲观值最小。同时，可信度γ的提高是以生产成本的增大为代价的。由于预先将工件进行了质量分类，同一组工件可以在一定的置信度条件下，给予相同的可信性测度和模糊加工时间。同组工件参数分布范围更为精细。若不进行分类，即便是分类等级较低的工件加工时间也必须比较高分类等级情况下加工时间为准进行调度。其结果是导致无法得到最大完工时间的最小值，或者要降低置信度水平要求。相应参数的调整结果，如图 6.5 所示。

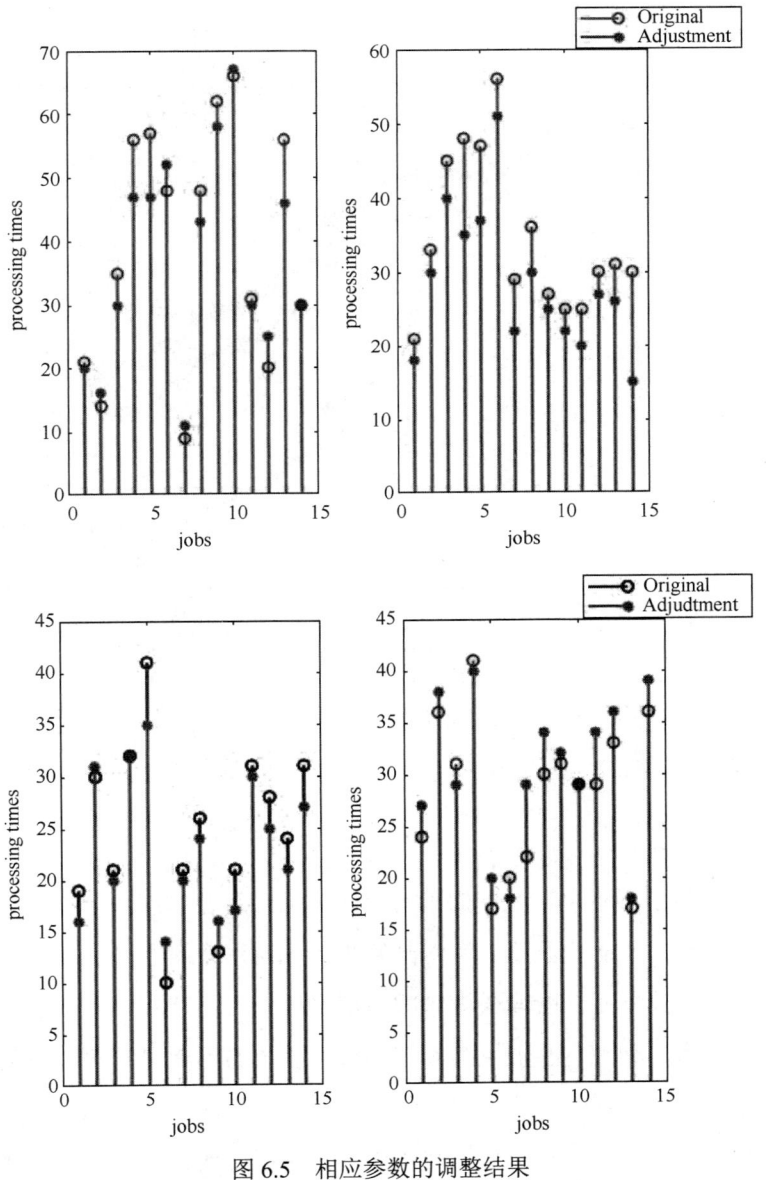

图 6.5 相应参数的调整结果

当置信水平$\gamma=0.9,\delta=0.85$情况下，得到一个可行调度方案（机型 MY16）x=(20,19,19,

22,23,24,21,17,25,18,20,17),其相应的调度顺序是[J2,J3,J6,J9,J12,J1,J4,J7,J5,J8, J10,J11]最大完工时间是 28s,生产成本是 1723.35 元。

其迭代过程如图 6.6 所示,从图中可以看出混合智能优化算法具有较好的收敛性。此满意解是一种基于双重模糊事件悲观值的调度方案,满足双重模糊事件本原机会约束。该解是一个在不确定条件影响下的妥协解,虽然无法在完全满足约束条件下获得全局最优解,但是能够保证在决策者可接受的置信水平下,获得满足工艺约束、工时约束和机器约束的近优解。

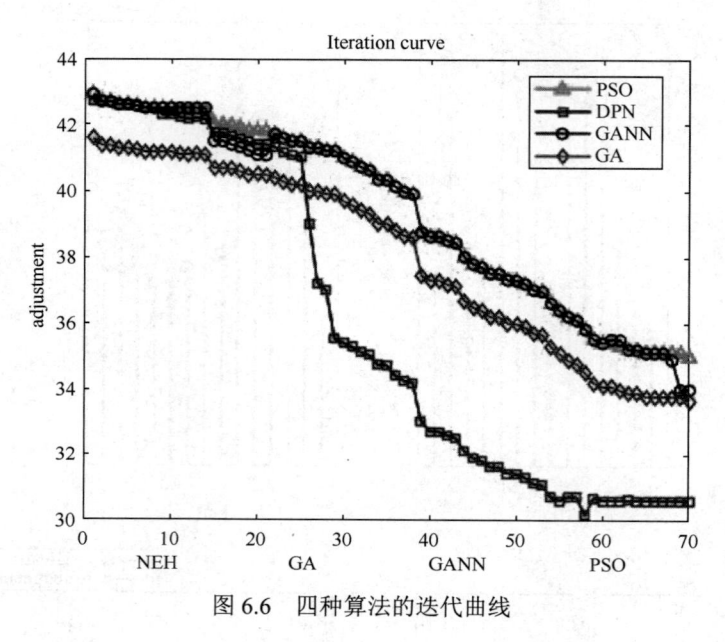

图 6.6 四种算法的迭代曲线

6.5 本章小结

本章系统地研究了不确定环境下的车间逆调度优化问题。首先,总结了生产过程中对其调度管理造成扰动的不确定因素,针对缸盖装配线逆调度问题,引入了可信性理论和两阶段模糊规划理论,建立了两阶段模糊车间逆调度模型,将调度作为详细的约束条件,构建了包括再调度成本、调度调整加工时间等为目标函数的不确定逆调度问题模型;针对逆调度中存在的多重不确定现象,采用模糊随机变量对调整加工时间进行描述,将逆模型转化为预先给定置信水平下的模糊随机机会约束规划模型;然后,提出了一种基于模糊随机模拟的混合优化算法,利用 BP 神经网络逼近不确定集成优化模型,将双重模糊模拟、神经网络与粒子群算法相结合，提出了一种 DPN 混合粒子群优化算法求解逆调度优化模型，并通过仿真实例验证了该模型和求解方法的有效性和实用性。

6.6 习题

1. 简述不确定环境下车间调度问题的定义。
2. 简述不确定环境下柔性作业车间调度与不确定环境下车间调度的区别。
3. 举例说明实际生产中常见的不确定环境下柔性作业车间调度问题。

参考文献

[1] Zimmermann H J. Application-oriented View of Modeling Uncertainty[J]. European Journal of Operational Research.2000, 122(2):190-198.

[2] Suresh V, Chaudhuri D. Dynamic Scheduling A Survey of Research[J]. International Journal of Production Economics, 1993, 32(1), 53-63.

[3] Stoop P P M, Weirs V C S.The Complexity of Scheduling in Practice[J]. Internztional Journal of Operations and Production management, 1996, 16(10), 37-53.

[4] 顾幸生. 不确定性条件下的生产调度[J]. 华东理工大学学报：自然科学版，2000, 26(5): 6.

[5] 高俊宇，张平，余海峰. 车间动态调度方法综述[J]. 机电工程技术，2009, 38(9): 13-16.

[6] 刘明周，单晖，蒋增强，等. 不确定条件下车间动态重调度优化方法[J]. 机械工程学报，2009, 45(10): 137-142.

[7] 王超，刘阶萍，常伟涛，等. 不确定条件下的作业车间生产调度综述[J]. 装备制造技术，2011(4):144-148, 154.

[8] Stacy L Janaka, Xiaoxia Lin, Christodoulos A Floudas. A New Robust Optimization Approach for Scheduling Under Uncertainty: II. Uncertainty with Known Probability Distribution[J]. Computers and Chemical Engineering. 2007, 31(3): 171-195.

第 7 章

车间逆调度实例分析与前景展望

7.1 应用背景简介

当前,关于逆调度的研究非常有限,Web of Science 数据库中收录文献也较少,逆调度问题的研究缺乏相应的调度模型、策略和方法,而且,多目标逆调度问题的研究尚属空白。逆调度研究文献较少主要是由于三方面原因:(1)该问题可借鉴的研究成果非常少;(2)问题本身更加贴近实际生产,加大了研究难度;(3)关于逆调度问题的应用背景和研究内容不足,这些都限制了对逆调度问题的深入研究。随着大数据时代的到来,车间制造过程中急需新的模式、新的方法去解决实时、动态的车间调度问题。

7.1.1 车间逆调度现状

7.1.1.1 逆调度问题模型的研究概况

1)国际上关于逆调度模型的研究

20 世纪 90 年代,逆优化理论由比利时人 Burton 和 Toint 提出,自此引起许多学者的深入研究,其主要任务是通过调整某些参数,来达到减少成本提高效率的目的。借鉴逆优化理论,"逆调度问题"的概念,由德国 Osnabruck 大学的 Peter Brucker 教授 2009 年首次提出。ISP 可以定义为:通过最小限度地调整加工参数或相关资源,使得原来的可行调度在当前情况下变为最优调度,并且求得调整之后的真实值。目前关于逆调度的研究较少。国外学者以德国的 Brucke 和 Shakhlevich 教授为代表,文献首先研究了单机逆调度问题,主要探讨最小化参数调整为目标的车间逆调度问题,并且文章最后证明此问题在不同范数情况下都是 NP-hard 问题。2011 年,Brucke 和 Shakhlevich 将问题进行了拓展,提出了关于两台设备的流水车间逆调度问题模型,同时证明两台机器的流水车间逆调度问题也是一个 NP-难问题。但是,目前两位学者仅对该问题进行理论证明,并无具体求解策略。2005 年,Koulamas 研究了关于可控加工时间(Controllable Job Processing Times,CJPT)的逆排序问题,基于 John 规则探讨了流水车间(Flow-shop Problem,FSP)的逆排序问题,针对这两类问题,分别建立相应的数学模型,提出时间多项式求解方法。Zhang, Ng 和 Tang 等人将单机逆调度应用于航运船舶停靠方面的研究。但是,对于前两位学者的研究也仅限于理论探讨,并没有得到问题的求解方法。近年来,Mu 和 Gao 等人对车间逆调度问题展开研究,主要针对实际车间问题,分别研究了单机车间和流水车间逆调度问题,建立相应模型,并且提出智能算法对其求解。

2)国内关于逆调度模型的研究

近年来,国内学者陈荣军、唐国春等人陆续对逆排序问题进行了初步研究,主要包括单台机器和带有两台设备的流水车间逆排序问题,但如何有效地求解此类问题,仍没有确定方法。越南学者 Pham 和华南理工大学学者鲁习文研究了不同距离下的平行机逆排序问题,以最小化总加权完工时间为目标,针对此类问题,鲁习文利用线性规划和二次规划进行求解。Mu 和 Gao 等人研究单机车间和流水车间逆调度问题,主要考虑参数是加工时间、交货期等,建立了基于最小调整量的逆调度模型。

3)结论

关于逆调度问题模型的研究,仅限于单机和两台设备的流水车间逆调度问题。已有逆调度模型中只考虑加工时间可变的情况。然而现实生产中,存在很多信息,例如交货期、生产成本、能耗、相关资源等。此外,以实际问题为研究背景,分析逆调度的产生机理,深入研究不完备信息的处理方法,并进行拓展研究,包括多目标车间逆调度问题建模以及运行状态演化规律与预测,建立切合实际的逆调度问题模型。

7.1.1.2 逆调度问题求解方法的研究概况

1)逆优化的相关研究

Mori 和 Kaya 在 1979 年首次对逆优化问题进行了研究,几十年来,新的逆优化理论和方法不断被相关学者提出,如最大费用流逆问题、最小最大生成树逆问题、最小割的逆问题、最小费用流逆问题、最短路逆问题等。除了上述提到的逆优化问题,还有很多其他的问题类型。其中，逆排序问题是逆优化问题中的一个很重要的分支。陈荣军和唐国春研究了单机和流水车间逆排序问题，Sumaira 和 Rashid 研究基于权重的逆排序问题，其目标为权重改变量最小，并提出多项式时间算法和混合方法求解此类问题。Koulamas 研究了带有可控加工参数的逆排序问题，采用线性规划求解方法解决此类问题。Mu 和 Gao 等人研究单机车间和流水车间逆调度问题，主要采用混合智能算法进行求解，在此基础上，文献[9，12]研究了多目标流水车间逆调度问题，并提出算法进行求解。

另外，对于该问题的求解策略，文献[25，26]均采用在不同距离下的时间多项式算法进行求解。在某种程度上，逆排序问题与其他逆优化问题相比，从问题的模型及约束条件来看，与单机逆调度所要解决的问题模型有相似之处。因此，对逆排序问题进行深入分析并探讨其求解方法是十分必要的。

2）结论

目前，逆调度问题主要采用简单的线性规划、二次规划等精确算法求解。但是，精确方法很难应用于求解复杂的大规模车间逆调度问题。尽管对逆优化的研究已经有了一定的成果，但是该成果应用于调度方面确实很少。研究表明，单一智能算法的优化性能不强，几种优化算法的合理混合，可以更好地发挥算法各自优势，以此提高算法的整体性能。因此，解决该问题的关键在于问题内在结构与优化算法的有机结合，使算法深刻地反映问题的特征。

7.1.2 应用前景分析

《大数据技术与产业白皮书》指出"工业 4.0 目前以车间的'数据化'革命开始，可以说，大数据构成新一代智能工厂"。在我国智能工厂是目前政策重点扶持发展的对象，发展智能工厂，可以有效提升企业的竞争力和可持续发展能力。要从国家层面实现工厂智能化，就一定要重视智能工厂的生产调度问题。生产调度是制造系统的重要环节，直接影响企业的效益和竞争力。高效的优化调度方法与技术，是实现增效、节能、降耗、减排、降成本的关键。然而，实际的制造系统中，往往存在很多不确定性因素，现今基本依靠传统调度方法对制造系统进行重排序，这种方式在某种特定环境下会导致巨大的调整成本，以某发动机装配线 32 万元/工序净损失计算，分装线 16 个工序计算，重排序的损失将高达 512 万元。智能生产中市场需求和导致智能车间新型生产模式和市场需求之间存在的矛盾，交货期差异度、工艺路线差异度等造成巨大资源浪费。对于上述问题，新的调度方法是提高智能车间动态响应能力的最直接手段。

借鉴数学领域逆优化问题（或称反问题）的理论与方法，德国 Osnabruck 大学的 Peter Brucker 教授提出"逆调度"的概念，这是车间调度领域近年来出现的一种新思想。车间逆调度是以动态车间调度系统为背景，保证调度系统最小差异度的基础上，通过协调相关资源以实现调度指标的最优化。值得关注的是，受新型智能车间工艺复杂性、生产更迭的快速性及检/监测的局限性等种种条件的限制，采集、传输、记录、存储过程中信息缺损、丢失、模糊、不一致等现象时常发生，导致进行车间逆调度决策的信息具有不完备性，目前传统的数据分析和车间调度方法通常是面向处理完备性信息的，例如，基于统计的方法需要在大量数据的基础上提取统计特征来决策。因此，新型智能车间中，如何利用生产中的不完备数据挖掘有价值的信息来指导车间逆调度，这将引起学术界和工业界的极大关注。

以新型智能车间为研究对象，针对新型智能车间所呈现的不确定性、实时性、信息不完备等特性，从不完备信息角度出发，分析资源与生产系统之间相互影响、相互作用的耦合关系，以关联规则和相关系数等形式分析认知新型智能车间相关数据之间的关联关系，识别影响问题的关键参数，如通过发现在置品数据影响瓶颈工位分布、瓶颈工位影响车间生产节拍，可以认知车间调度过程中科学内在规律；通过不完备信息机理分析，探索不完备信息驱动的车间逆调度动态响应机制，根据数据对车间调度进行准确预测，发现正/逆调度的适用规则；在此基础上，进一步探讨不完备信息驱动的逆调度协同群智能优化研究，不完备信息驱动的多目标逆调度协同群智能优化研究；开发相应的逆调度仿真系统。

在理论上，不完备信息下的发动机车间逆调度，除了具有传统车间调度的特征，还具有若干更复杂的特征：（1）大规模性，对建模与算法设计形成了挑战；（2）多参数关联耦合，导致解的可行性极难保证；（3）多目标，在车间逆调度中，调度目标除了传统工期，还必须考虑车间稳定性、调整成本等，如何从多目标优化的角度研究车间逆调度问题将更具现实意义；（4）不确定性，车间逆调度以动态调度为背景，经常会出现若干不确定性因素，调度模型与方法必须考虑各问题之间的协调性与不确定性，确保调度方案的鲁棒性。该问题属于 NP-hard 问题，具有重要的学术研究意义。在工程上，针对新型智能车间环境下典型信息不完备情形，形成了不完备信息驱动的"逆调度＋关联＋预测"的新模式的方法论体系，可以有效提高调度过程对异常情况或状态预测效率和效果，保证调度过程处于稳定受控状态，对提高智能车间自动化和数字化水平以及企业市场竞争力具有重要的应用价值。

7.2 车间逆调度实例

7.2.1 应用背景简介

某造船厂一加工车间主要负责制造由总部订购的船舶配件产品，比如密封法兰、密封套、管子平肩螺纹接头等船舶配件及少量其他公司订购产品。车间占地面积 135×48 平方米，员工数量约 500 人，拥有 120 余台设备，主要设备有：2 台小型普通车床，11 台中型普通车床，1 台大型普通车床，8 台数控车床，1 台数控立式车床，5 台立式铣床，3 台万能铣床，2 台单臂龙门刨床，3 台磨床，1 台插床，4 台摇臂钻床，6 台卧式镗床，2 台数控刨台镗铣床，2 台滚齿机，2 台数控卧式加工中心，2 台新型数控卧式车床，2 台数控立式加工中心，2 台自动卷簧机，6 台箱式电炉，配以各种行车等运行设备。

该车间的生产模式具有两个特点：批量少的产品由工人手动加工，批量较大产品由数控加工，同时生产调度人员根据设备的负荷情况、人员分配情况、物料分配等情况对分配数值（加工时间、订单交货期等）进行调整。同时车间加工产品的种类繁多、数量不稳定。

该生产车间设备种类繁多、不同加工需求的产品均能够在此加工。但是，目前车间同种设备数量少，对较大批量产品生产效率低；产品的种类繁多导致产品质量稳定性差；而且工人的技术、车间资源、设备状态变更使得加工参数、产品质量水平受到影响。因此，如何根据不同的产品需要，满足不同的客户需求，并能动态地对整个调度系统进行自组织调整是该车间急需解决的问题。该车间目前根据经验或预先估计加工参数来安排生产计划，但是由于加工工艺约束及生产条件限制（工艺流程见表 7.1），管理人员希望已定的生产计划能够尽可能小地变动，很多时候希望可以通过轻微调整加工时间或者与客户协商改变交货期来满足生产计划。

表 7.1 工艺流程

加工编号	工序号	工序内容及要求	工种	工序名称	首检	检验类型	工件数量
3004151	1	1）用四爪卡盘夹持毛坯，校正，检查毛坯余量，车外圆、内孔、过渡圆角、倒角、法兰上平面；2）掉头，装夹校正，车法兰下平面，厚度成功	车	车	否	专检	9
	2	按图以内孔为基准划 2-ϕ15 孔线及外形线	钳	划	否		9
	3	按图参照划线，插外形成功	机	插	否	专检	9
	4	按图参照划线钻 2-ϕ15 孔成功	机	钻	否	专检	9

续表

加工编号	工序号	工序内容及要求	工种	工序名称	首检	检验类型	工件数量
3005563	1	按图车零件成功	车	车	否	专检	16
	2	按图划孔加工线	钳	划	否		16
	3	按图按线校正，钻孔成功	机	钻	否	专检	9
	4	打磨、去毛刺、修正，打标识：DN20WS104.5400016G	钳	钳	否	专检	9
3637953	1	夹工件右端、校正，车工件左端面、内孔、螺纹及外圆、倒角成功，调头、上安位，校正，车工件右端面、外圆、倒角及总长成功	车	车	是	专检	10
	2	上安位，校正，按图铣扁方成功	机	铣	是	专检	10
	3	去毛刺、打标识	钳	钳	是	专检	10

针对车间生产的稳定性、车间效率、车间资源分配等因素，考虑采用单机逆调度问题的理论研究成果。该普通车床 C620 主要加工套筒、填料压盖等零件，图 7.1 给出了该车间生产的部分零件示意图。同时给出部分零件图纸信息，如图 7.2 和图 7.3 所示。

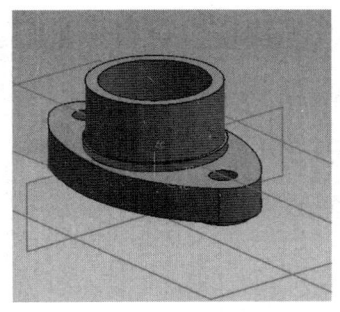

（a）填料压盖　　　　　　（b）通舱套管

图 7.1　零件示意图

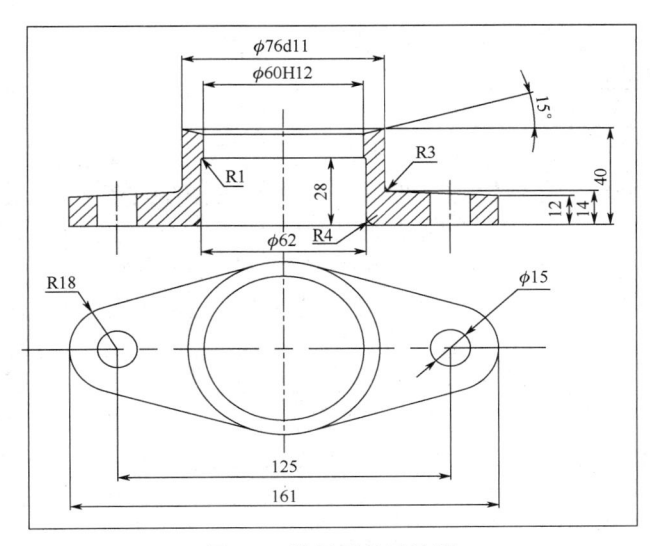

图 7.2　填料压盖零件图

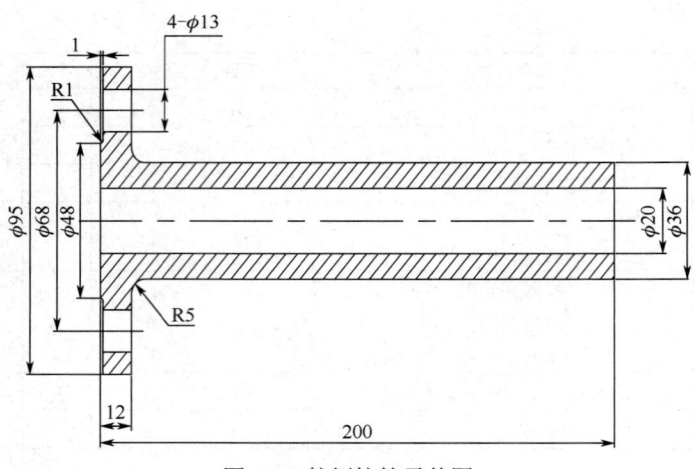

图 7.3 舷侧接管零件图

7.2.2 单机逆调度实例

该生产线主要有 2 台小型普通车床、11 台中型普通车床、1 台大型普通车床等组成加工中心，同时配以各种行车等设备。本实例采用普通车床 C620 加工 20 个工件像套筒、填料压盖等零件。以下为填料压盖（加工编号：3004151）、舷侧接管（加工编号：3005563）、支管螺纹接头（加工编号：3637953）在该车间的加工工艺路线，20 个零件的加工参数信息，包括加工时间、加工成本、零件名称、零件编号等信息，如表 7.2 所示。

表 7.2 零件加工参数信息

序号	工件编号	加工编号	产品名称	加工时间(s)	成本(RMB)	计划完成时间
普通车床 C620						
1	C278J	363723	套筒	87	22	7.5～7.7
2	A288J	300415	填料压盖	87	14	7.7～7.7
3	F103701J	363587	三通接头	195	143	7.7～7.11
4	A307K	363917	20#钢/114*11/L=150mm 通舱套管	156	4	7.11～7.12
5	A308K	363917	20#钢 114*11/L=150mm 通舱套管	111	3	7.11～7.12
6	A307K	913234	20#钢/114*11/L=150mm 通舱套管	156	4	7.11～7.12
7	A308K	913233	20#钢/114*11/L=150mm 通舱套管	111	3	7.11～7.12
8	A317J	363795	08-6B-CB*56-1983 支管螺纹接头	20	5	7.12～7.14
9	A317J	363794	06-6B-CB*56-1983 支管螺纹接头	780	15	7.14 -7.15
10	A317J	363794	01-6B-CB*821-1984 平肩接头	195	5	7.14～7.15
11	A317J	363794	03-6B-CB*821-1984 外套螺母	195	7	7.14～7.15
12	A317J	363796	01-6B-CB*56-1984 平肩接头	130	5	7.14～7.15
13	A317J	363796	03-6B-CB*56-1984 外套螺母	130	8	7.14～7.15

续表

序号	工件编号	加工编号	产品名称	加工时间(s)	成本(RMB)	计划完成时间
普通车床 C620							
14	A317J	300556	WS104.5400021G 节流盘法兰	390	15	7.15~7.16
15	A317J	300556	WS104.5400022G 节流盘法兰	390	23	7.15~7.16
16	A317J	300556	WS104.5400016G 舷侧接管	260	28	7.16~7.18
17	A317J	300556	WS104.5400017G 舷侧接管	390	34	7.16~7.18
18	A317J	300556	WS104.5400018G 舷侧接管	780	45	7.16~7.18
19	A317J	300556	WS104.5400019G 舷侧接管	390	41	7.16~7.18
20	A317J	300553	WS104.5400039G 舷侧接管	390	49	7.16~7.18

本实例是典型 SMISP 问题，考虑车间实际情况，根据给定的加工参数，首先，针对加权完工时间和的单机调度问题，依据 WSPT 规则进行求解，利用第 3 章介绍的初始化方法得到调度序列为[3,4,1,5,10,11,12,6,19,20,18,2,7,9,13,17,15,8,14,16]，对应的目标为 1260340（总成本：RMB）。然后，用第 3 章提出的 GAIP 算法进行求解，此实例调整之后的调度顺序不变，求得加工参数的改变量及调整之后对应的目标值，这里是指总成本（RMB），如表 7.3 所示，逆调度调整后的总目标由原来的 1260340 变为 1119230（RMB）。这表明，经过逆调度调整，整个单机加工线的总成本比原来减小 12%左右。其加工参数调整情况如图 7.4 所示，该图展示了调整前后的加工时间对比，以深色标注原始加工时间，以浅色来标注调整后的加工时间。从图中可以清楚地看到加工时间调整情况。为了更加充分地说明算法可行性，用该算法进行 10 测试，图 7.5 展示了 10 次测试的结果，以深色标注原始总成本，浅色来标注每次测试后的总成本，从图中可以看出，经逆调度调整后的结果都小于原始目标。

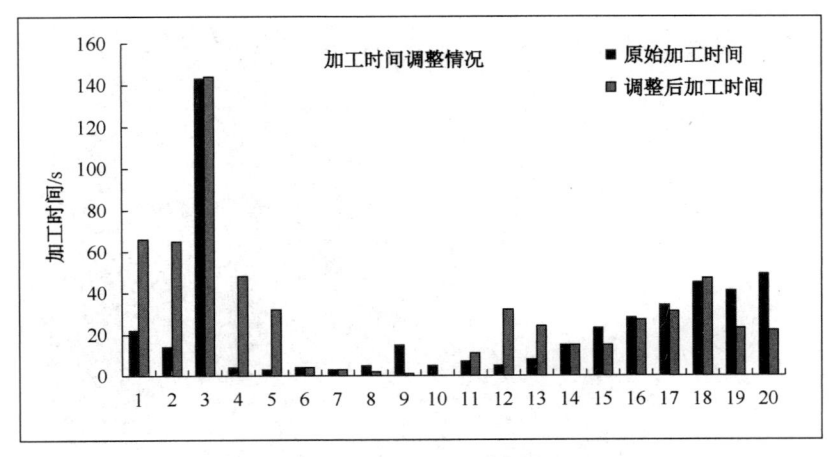

图 7.4 加工时间调整情况

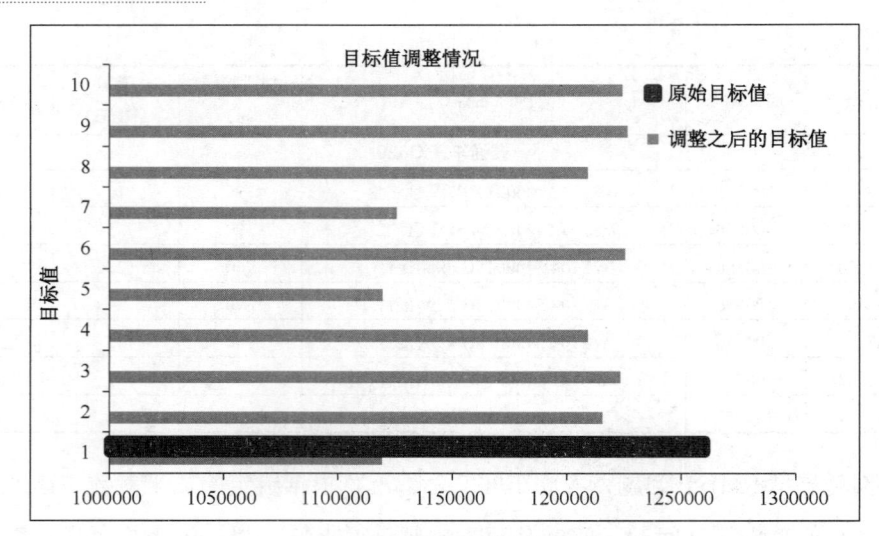

图 7.5 目标值调整情况

表 7.3 调整前后结果比较

场景	总成本（RMB）	工件顺序
逆调度前	1260340	[3, 4, 1, 5, 10, 11, 12, 6, 19, 20, 18, 2, 7, 9, 13, 17, 15, 8, 14, 16]
逆调度后	1119230	[3, 4, 1, 5, 10, 11, 12, 6, 19, 20, 18, 2, 7, 9, 13, 17, 15, 8, 14, 16]

7.2.3 流水车间逆调度实例

某流水生产车间，主要负责生产的产品类型包括：C15VVT、C14T 和 C15VVT+。该车间主要由 2 条机加工线、1 条分装配线和 1 条主装配线组成，其生产线全部为典型的流水生产作业方式。车间流水生产线布局图如图 7.6 所示。

图 7.6 车间流水生产线布局图

该车间存在很多特色工艺，例如，高效率 CNC：采用高速加工设备，切削效率高，且换型时间短；在线三坐标：在线高精度 CMM 测量装置，可有效监控过程质量；缸体珩磨工艺：采用 NAGEL 珩磨机，实现缸孔和曲轴孔高精度加工；缸盖导管阀座压装：采用电伺服压机设备，可以对压装力和位移实时监控；高速的数据采集和分析能力，相比传统的热试减少了成本，实现零排放。在排产前根据相应工艺路线及工件信息等确定最优调度顺序。实际生产中，该工艺路线不能随便调整，而加工参数可以在合理范围内，根据人员配备、不断改进等策略可进行微调，以满足客户需求。根据该车间实际生产情况，抽取该车间流水线存在的逆调度问题，以 20 个工件、5 个工序为例，考虑实际生产中动态事件的发生，采用逆调度进行调整，本章适当地增添部分动态数据。动态数据主要包括机器故障、急件插入等，然后基于这些测试数据进行仿真。表 7.4 给出工件的加工参数信息。

表 7.4　20 个工件的流水车间逆调度实例参数

工件	工序	加工时间	工序	加工时间	工序	加工时间	工序	加工时间	工序	加工时间
1	0	54	1	79	2	16	3	66	4	58
2	0	83	1	3	2	89	3	58	4	56
3	0	15	1	11	2	49	3	31	4	20
4	0	71	1	99	2	15	3	68	4	85
5	0	77	1	56	2	89	3	78	4	53
6	0	36	1	70	2	45	3	91	4	35
7	0	53	1	99	2	60	3	13	4	53
8	0	38	1	60	2	23	3	59	4	41
9	0	27	1	5	2	57	3	49	4	69
10	0	87	1	56	2	64	3	85	4	13
11	0	76	1	3	2	7	3	85	4	86
12	0	91	1	61	2	1	3	9	4	2
13	0	14	1	73	2	41	3	39	4	8
14	0	29	1	75	2	63	3	41	4	49
15	0	12	1	47	2	47	3	56	4	7
16	0	77	1	14	2	26	3	40	4	87
17	0	32	1	21	2	75	3	54	4	58
18	0	87	1	86	2	77	3	77	4	18
19	0	68	1	5	2	40	3	51	4	68
20	0	94	1	77	2	63	3	31	4	28

实例原始调度解 $n=20$，$m=5$，$C_{max}=1338$

原始调度顺序=3,17,15,8,9,6,5,14,16,7,11,13,18,19,1,4,2,10,20,12

1. 实例初始调度

图 7.7 给出的是流水车间调度问题实例的相关数据，利用流水车间逆调度的理论研究基础进行求解，首先根据第 4 章介绍的初始化方法，生成初始的调度方案。图 7.7 显示了最大完工时间对应初始调度方案，其加工顺序为：[3,17,15,8,9,6,5,14,16,7,11,13,18,19,1,4,2,10,20,12]。该调度顺序对应的原始最大完工时间为 1338（s），此调度方案将作为后继逆调度的初始方案。然后，在初始非最优调度方案的基础上，采用已提出的自适应遗传变邻域算法进行求解。

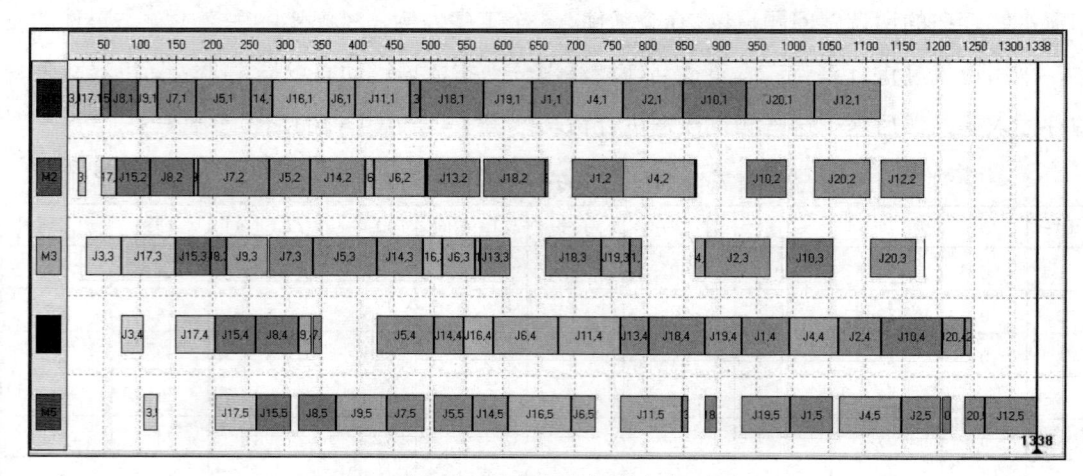

图 7.7 实例初始调度方案

2. 工件插入逆调度

在实际制造系统中存在多种动态事件，这里考虑工件随机到达和机器故障两类动态事件。为了假设在原调度顺序排产情况下，在时刻 900 出现新的工件插入的动态事件，假设新的工件 J 紧急插入，工件 J 的零件加工信息如下所示。包含 5 台机器，每台机器对应有各自加工时间。P_{ji}=[5 3 5 2 4]。本例中，首先判断所有工件当前状态，将工件状态分为三类：正在加工工件集合、已加工工件集合和未加工工件集合。时刻 900 新工件插入，如图 7.8 所示，J10,1，J2,3，J19,4 正在加工，然而新加入的急件任务则需要尽早完工，新加入的工件优先加工之后才开始原来剩余工件的加工，因此，工序 J10,1，J2,3，J19,4 加入未加工工件集合，采用本文提出的自适应遗传变邻域算法进行优化，将未加工工件集合的工件进行逆调度重新调整，图 7.8 显示了经逆调度后得到的优化结果，例如"-1"代表加工时间减少 1 个单位，"+1"代表加工时间增加 1 个单位，其他同理。从图 7.8 中可以依次看出所有未加工工件参数的调整情况，最终优化结果：加工时间调整量$\triangle P$为 40，完工时间变为 1367。

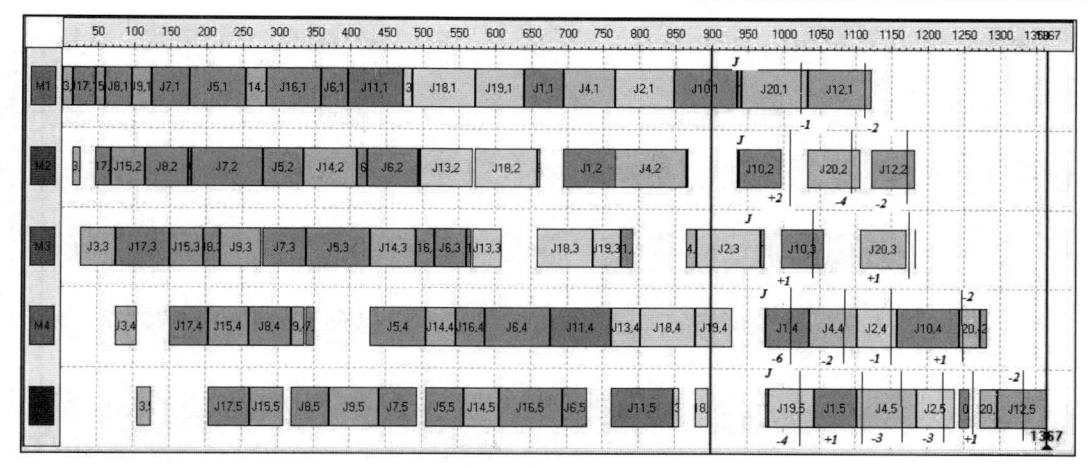

图 7.8 新工件插入后的逆调度方案

3. 机器故障逆调度

在实际生产加工过程中，机器故障等干扰事件时常发生，一旦有此类似事件发生将会干扰原调度系统，需要及时对不确定事件做出响应。考虑置换流水车间特性，机器上工件的加工次序相同，因此当某台机器出现故障时，需要考虑机器故障时间和机器维修时间，待机器修复后将余下未完成加工的工件进行逆调度。在上述例子中，假设在时刻 900 时，机器发生故障，机器维修时间为 45，因此机器可获得时间为 945。同上述实例，首先判断所有工件当前状态，将工件状态分为三类：正在加工工件集合、已加工工件集合和未加工工件集合。900 时刻机器故障，如图 7.9 所示，J10,1，J2,3，J19,4 正在加工，因此，采用提出的自适应遗传变邻域算法进行优化，工序 J10,1，J2,3，J19,4 加入未加工工件集合，将未加工工件集合的工件进行逆调度重新调整，与上面例子不同的是，本问题中，机器可获得时间为 945，因此所有工件需在机器修复后才可重新进行逆调度。图 7.9 显示了经逆调度后得到的优化结果，例如"−1"代表加工时间减少 1 个单位，"+1"代表加工时间增加 1 个单位。其他同理。依次可以看出所有未加工工件的调整情况，最终优化结果：加工时间调整量 $\triangle P$ 为 54，完工时间变为 1390。

根据实例结果可知，针对有新工件插入的情况，采用逆调度调整，总的完工时间由原来的 1338 变为现在的 1367，加工时间调整量 $\triangle P$ 为 40；针对设备故障的情况，总的完工时间由原来的 1338 变为现在的 1390，加工时间调整量 $\triangle P$ 为 54。尽管表面看起来调整之后的总完工时间结果有所增加，但是实例中插入了新工件，本身就增加了完工时间，而机器故障，则增加了故障维修时间，所以逆调度所求结果仍是有效的，不难看出通过逆调度的调整，可以改善原有调度系统性能，提高总的设备利用率。

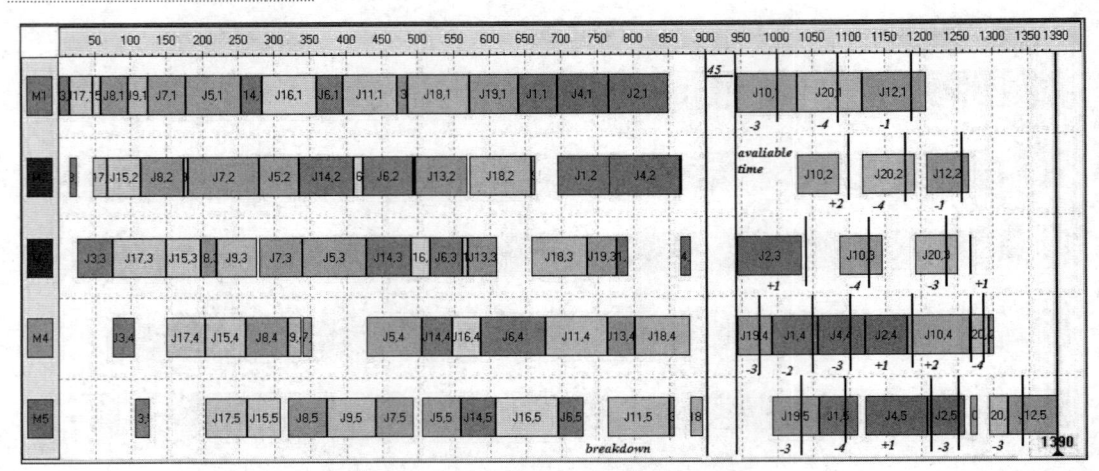

图 7.9 机器故障后的逆调度方案

7.2.4 不确定环境下的车间逆调度实例

以通用汽车缸盖装配线（GMEW）为背景，某缸盖装配线主要共有 11 个工位组成，缸盖装配零件图如图 7.10 所示，该生产线总共加工 4 种型号的缸盖，其缸盖类型分别为 MY16、MY18、ENG2 和 ENG3 等。

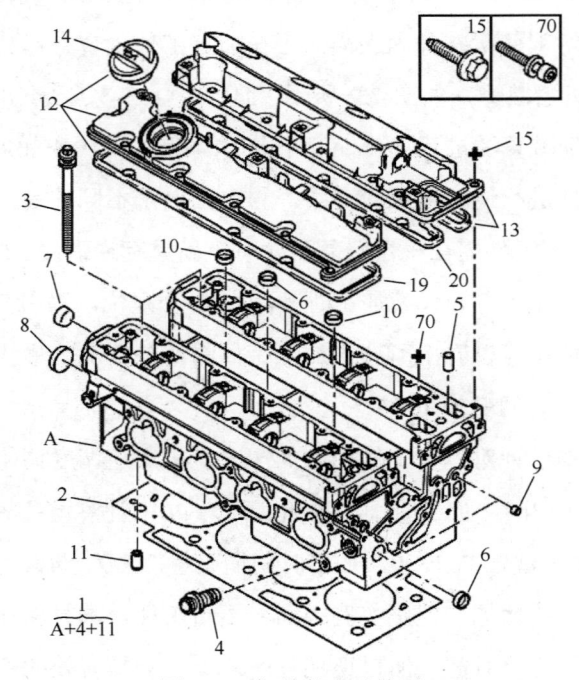

图 7.10 缸盖装配零件图

该装配线车间实际状况具有不确定性，例如，针对某些实际市场需求或交货期等变化导致现有生产无法完成，往往需要通过对设备、刀具等车间生产状态的相关参数进行调整以保证生产平稳高效进行。此外，为了满足上游客户需求，经常需要更换新机型，这就需要生产调度具有极强的柔性，如果采用以往的调度方法，将会使得调度顺序发生变化，而真实生产中调度顺序变化会带来额外的成本损失达 40%左右，这将会大大降低增加生产成本降低调度柔性。为此，将逆优化理论引入车间调度领域，探索新型车间"逆调度理论与方法"。通过调整相关参数，既保证方案满足期望，又使得相关成本最低或方案改变最小，实现对调度系统动态响应。

缸盖装配线调度过程是典型的流水车间调度问题，流水车间调度问题可以描述为：具有相同工艺路线的 N 个工件，相互独立，在 M 台设备上连续加工，各机器之间存在无限大的缓冲区。数学模型的假设条件如下所述：

1）不同工件不存在优先级差别，且保持相互独立；
2）不同机器上在相同时刻最多加工一道工序；
3）相同零件的不同工序不能够被同时处理；
4）加工过程中，工序不能被中断；
5）设备从零时刻开始加工，同时保证设备处于空闲状态；
6）零件的不同工序间无等待时间；
7）假设不同工序的准备时间忽略不计；
8）所有工序的加工时间在给定范围内可控。

首先需要对用到的一些符号做如下定义和说明：

n：工件的个数；

m：机器的个数；

P_{ji}：工件 j 在机器 i 上的加工时间；$i \in \{1,2,\cdots,m\}$，$j \in \{1,2,\cdots,n\}$

C_{ki}：表示工件 k 在机器 i 的完成时间；
$k \in \{1,2,\cdots,n\}$

$\bar{P}_{ji}$：表示工件 j 在机器 i 的调整后加工时间；

$\bar{C}_{ki}$：工件 k 在机器 i 的调整后完成时间；

$$X_{jk} = \begin{cases} 1 & \text{如果 } j \text{ 是排列 } \pi \text{ 的第 } k \text{ 个工件} \\ 0 & \text{否则} \end{cases} \quad j,k \in \{1,2,\cdots,n\}$$

GMEW 车间调度问题其加工参数具有不确定性，因此，本章以不确定理论为基础，通过将不确定函数表述为期望值模型；通过设定预先给定的置信水平，允许所做决策在一定程度上不满足约束条件,即目标函数的机会约束测度不小于给定的置信水平的机会测度模型。首先,设定置信水平 γ,并使得在该置信水平下总目标值不低于目标值 $\bar{Z}$ 的概率在不低于 δ 的条件下获得目标最优值。因此,本文给出逆调度集成优化模型,引入模糊随机规划理论,建立带有给定置信水平 (γ, δ) 的目标悲观值 $\bar{Z}$ 作为优化目标,将模型描述为:

$$\min \bar{Z}$$

$$Ch\left\{Min(|\max_{k\in\{1,2...n\}} C_{k,i} - \bar{C}_{k,i}|) + \sum_{j=1}^{n}\sum_{i=1}^{m}|p_{ji} - \bar{p}_{ji}|\right) \leq \bar{Z}\right\}(\gamma) \geq \delta$$

$$Z = Min \max_{k\in\{1,2...n\}}\left(C_{k,i}\right)$$

S.t.

$$\sum_{k=1}^{n} X_{j,k} = 1, j \in \{1,2,\cdots,n\} \tag{7.1}$$

$$\sum_{j=1}^{n} X_{j,k} = 1, k \in \{1,2,\cdots,n\} \tag{7.2}$$

$$Ch\left\{\sum_{j=1}^{n} X_{j,1} P_{j,1} - C_{1,1} \leq 0\right\}(\alpha_j) \geq \beta_j \tag{7.3}$$

$$Ch\left\{\sum_{j=1}^{n} X_{j,k+1} \cdot P_{j,1} + C_{k,i} - C_{k+1,i} \leq 0\right\}(\alpha_j) \geq \beta_j \tag{7.4}$$

$$Ch\left\{\sum_{j=1}^{n} X_{j,k} \cdot P_{j,i+1} + C_{k,i} - C_{k,i+1} \leq 0\right\}(\alpha_j) \geq \beta_j, k \in \{1,2,\cdots,n-1\}, i \in \{1,2,\cdots,m\} \tag{7.5}$$

$$C_{k,i} \geq 0, k \in \{1,2,\cdots,n\}, i \in \{1,2,\cdots,m\} \tag{7.6}$$

$$Ch\left\{C_{\max}\left(\pi,\bar{P}\right) - C_{\max}\left(\pi,P\right) \leq 0\right\}(\alpha_j) \geq \beta_j \quad P = (p_1, p_2, \cdots, p_j), \bar{P} = (\bar{p}_1, \bar{p}_2, \cdots, \bar{p}_j) \tag{7.7}$$

$$P_{ji}(\theta) \geq 0 \tag{7.8}$$

$$P_{ji}(\theta) = \begin{cases} (\eta_1^1, \eta_1^2, \eta_1^3), \theta = \theta_1 \\ (\eta_2^1, \eta_2^2, \eta_2^3), \theta = \theta_2 \\ \cdots\cdots \\ (\eta_r^1, \eta_r^2, \eta_r^3), \theta = \theta_r \end{cases} \tag{7.9}$$

在该模型,目标函数是所有工件的加工时间改变量和完工时间调整量最小。式(7.1)～式(7.9)是流水车间逆调度问题的约束条件:式(7.1)表示工件的工序约束,表示不能同时加工一个工件的不同工序;式(7.2)表示机器的约束,即同一时刻一台设备仅能加工一道工序;式(7.3)为在首台设备上加工首件工件的完工时间。式(7.4)～式(7.5)确保一个工件不能被多台机器同时加工和同一时刻在一台机器上仅能处理一个工件;式(7.6)

限定所有工序的完工时间应该是大于 0；式（7.7）表示调整之后的总完工时间不大于调整之前。式（7.8）~（7.9）表示加工时间模糊表达式。

本书设计了一个带有 14 个零件和 16 台机器的缸盖装配线实例，其中包括四种类型缸盖，MY16、MY18、ENG2 和 ENG3，缸盖被分成三个等级，工件的参数信息包括价格时间和可信度等如表 7.5 所示。

使用双重模糊模拟策略，产生 2000 个输入输出样本数据。基于这些输入输出数据，训练一个 BP 神经网络，隐含层和输出层激励函数分别使用 tansig 函数和 purelin 函数，包括 3 个输入神经元、5 个隐含神经元和 1 个输出神经元。DPN 算法参数设置如表 6.3 所示。最优目标是带有给定置信水平(γ,δ)的极小化最大完工时间的悲观值。

为了阐述 DPN 算法的优越性，在此采用 PSO 算法与其进行比较，其结果见表 7.6，其中，平均相对偏差（Average Relative Percent Deviation，AVRPD）和生产成本作为比较指标，很显然，其结果受置信水平影响，保持目标约束不确定函数的置信水平 $\gamma=0.9$ 不变，依次改变 δ 的值，通过运行混合智能算法对目标值进行求解。根据参数值的变化绘制出置信水平值对生产成本和 AVRPD 影响结果如表 7.6 所示。

分析表 7.6 可知当置信水平较低时，能够获得较低的生产成本值，但调度方案的稳定性与可行性会降低，当生产调度过程出现扰动，很容易使得调度方案变得不可行。而当置信水平取值超过 0.85 后，生产成本值明显增加。总之，当目标函数置信水平 γ 保持不变时，随着可信度 δ 增大，调度方案的完工时间和生产成本悲观值都呈现出增大的趋势；当目标函数置信水平保持不变的情况下，本原机会表现为一个函数而非实数，当本原机会逐渐变小，对应的完工时间和生产成本也逐渐减小。因此决策方案会随着置信水平的变化而变化，不同置信水平对应不同的决策风险和生产系统的稳定性，置信水平越高意味着决策风险越小，生产系统的稳定性越高。

不同置信水平下，各调度序列中工件加工顺序不完全相同。表明在给定置信水平下，对于符合双重模糊分布规律的任一加工序列，该解虽然不能保证最优性，但从总体来看，在满足加工预期约束条件下，按照此解进行调度生产，能够保证逆调度加工生产总成本的(γ,δ)悲观值最小，同时可信度 γ 的提高是以生产成本的增大为代价的。由于预先将工件进行了质量分类，同一组工件可以在一定的置信度条件下，给予相同的可信性测度和模糊加工时间。同组工件参数分布范围更为精细。如不进行分类，即便是分类等级较低的工件加工时间也必须比较高分类等级情况下加工时间为准进行调度。其结果是导致无法得到最大完工时间的最小值，或者要降低置信度水平要求。

表 7.5　工件加工时间和可信度

工件	工件等级	可信度	1	2	3	4	5	6	工序 7	8	9	10	11	12
MY16	I	0.8	(20,16,24)	(31,19,26)	(21,19,24)	(22,16,28)	(23,15,20)	(24,16,24)	(21,21,23)	(19,17,25)	(25,26,23)	(26,18,20)	(21,19,20)	(21,17,20)
	II	0.23	(17,16,23)	(37,16,23)	(29,14,25)	(17,16,20)	(19,18,21)	(18,18,23)	(18,16,20)	(17,16,23)	(18,16,13)	(17,16,23)	(18,17,23)	(19,19,23)
	III	0.34	(22,19,20)	(29,29,21)	(23,18,23)	(28,19,23)	(21,15,26)	(21,17,20)	(21,18,25)	(26,19,23)	(24,17,17)	(21,19,20)	(25,19,21)	(24,19,24)
工件单价			10.2	21	0.9	39.2	12	33.2	12.1	45	18.9	28.6	89	14.5
MY18	I	0.35	(29,30,25)	(31,29,28)	(25,26,24)	(23,16,28)	(23,25,20)	(24,19,24)	(25,21,23)	(21,23,25)	(24,21,23)	(24,18,20)	(21,23,20)	(21,19,20)
	II	0.85	(21,28,23)	(27,16,23)	(22,24,25)	(27,16,20)	(19,28,21)	(20,18,23)	(28,16,20)	(17,16,23)	(28,16,13)	(17,18,23)	(18,17,23)	(25,19,23)
	III	0.45	(22,29,20)	(21,19,28)	(23,28,23)	(28,22,21)	(21,25,26)	(21,23,20)	(21,23,25)	(21,19,23)	(24,22,17)	(21,23,20)	(25,23,21)	(24,19,24)
工件单价			10.2	21	0.9	39.2	12	33.2	12.1	45	18.9	28.6	89	14.5
ENG2	I	0.15	(19,10,15)	(11,19,16)	(15,16,14)	(13,19,18)	(13,15,16)	(24,19,12)	(15,11,16)	(11,23,19)	(24,11,13)	(14,18,20)	(21,11,20)	(15,19,20)
	II	0.25	(11,18,13)	(17,16,13)	(12,14,15)	(17,16,15)	(19,18,11)	(16,18,13)	(18,16,13)	(17,16,13)	(18,16,13)	(17,18,13)	(18,17,20)	(17,19,23)
	III	0.75	(12,19,10)	(11,19,18)	(13,18,14)	(18,22,14)	(11,15,16)	(11,13,10)	(15,23,15)	(11,19,23)	(14,19,17)	(11,23,20)	(19,23,21)	(17,19,24)
工件单价			10.2	21	0.9	39.2	12	33.2	12.1	45	18.9	28.6	89	14.5
ENG3	I	0.24	(27,19,21)	(31,19,26)	(22,17,21)	(22,16,28)	(23,15,20)	(16,16,24)	(21,25,23)	(19,17,25)	(25,21,23)	(26,18,20)	(21,19,20)	(21,17,20)
	II	0.63	(33,19,23)	(37,16,23)	(24,14,25)	(17,16,20)	(19,22,21)	(14,18,23)	(18,16,20)	(17,16,23)	(18,19,15)	(17,16,23)	(18,17,23)	(19,19,23)
	III	0.36	(27,29,24)	(29,29,21)	(23,19,23)	(28,19,23)	(21,20,26)	(21,17,20)	(21,18,25)	(26,19,23)	(24,17,17)	(21,19,20)	(25,19,21)	(24,19,24)
工件单价			10.2	21	0.9	39.2	12	33.2	12.1	45	18.9	28.6	89	14.5

表 7.6 实验结果

置信水平	机会测度	AVRPD PSO	AVRPD DPN	成本 PSO	成本 DPN
0.75	0.90	0.52	0.34	1890	1810
	0.80	0.45	0.33	1780	1792
	0.70	0.4	0.23	1806	1730
0.8	0.90	0.35	0.32	1901	1793
	0.80	0.33	0.32	1856	1779
	0.70	0.31	0.23	1801	1761
0.85	0.90	0.569	0.45	1891	1799
	0.80	0.39	0.32	1844	1769
	0.70	0.36	0.52	1808	1705
0.9	0.90	0.7	0.35	2823	2745
	0.80	0.56	0.27	2779	2703
	0.70	0.41	0.27	2019	2807

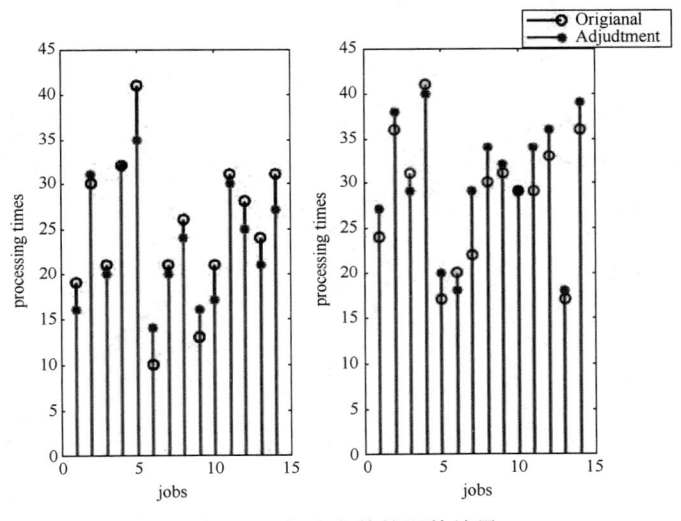

图 7.11 相应参数的调整结果

当置信水平 $\gamma = 0.9, \delta = 0.85$ 情况下，得到一个可行调度方案（机型 MY16）x=(20,19,19, 22,23,24,21,17,25,18,20,17)，其相应的调度顺序是[J2,J3,J6,J9,J12,J1,J4,J7,J5,J8,J10,J11]，最大完工时间是 28s，生产成本是 1723.35 元。

其迭代过程如图 7.12 所示，从图中可以看出混合智能优化算法具有较好的收敛性。此满意解是一种基于双重模糊事件悲观值的调度方案，满足双重模糊事件本原机会约束。该解是一个在不确定条件影响下的妥协解，虽然无法在完全满足约束条件下获得全局最优解，但是能够保证在决策者可接受的置信水平下，获得满足工艺约束、工时约束和机器约束的近优解。

图 7.12　四种算法的迭代曲线

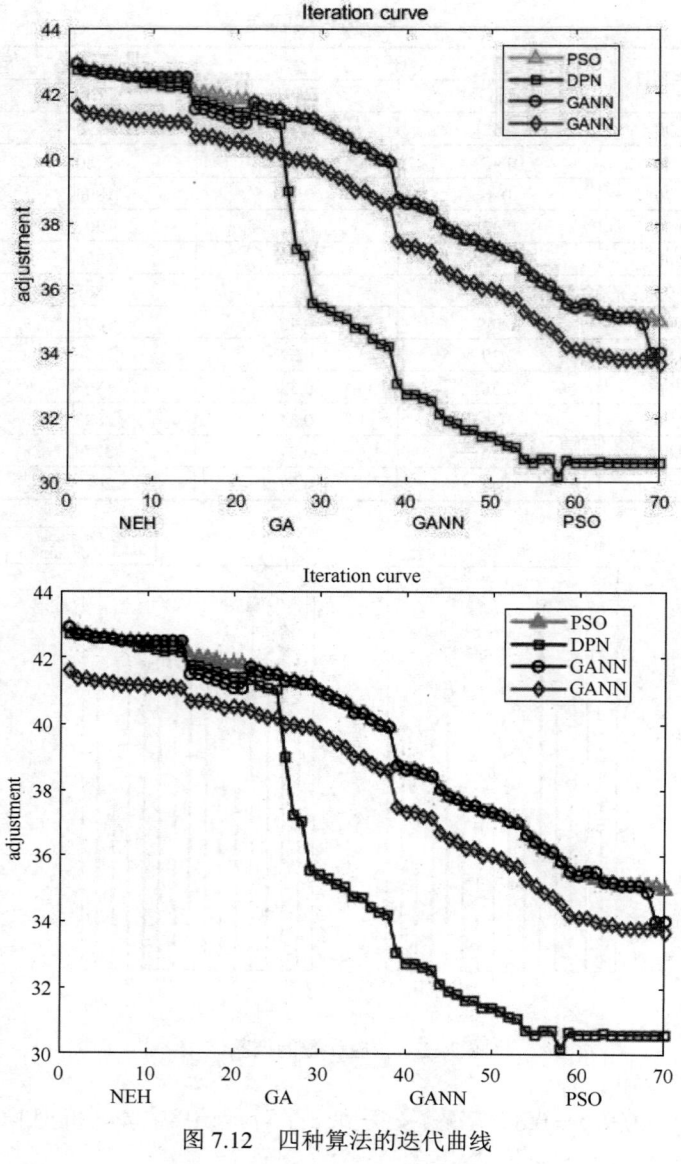

7.3　研究展望

本书围绕近年来调度领域出现一种新思想——逆调度问题展开研究，分别研究了车间逆调度理论与方法、单机车间逆调度、流水车间逆调度、作业车间逆调度和不确定环境下的车间逆调度等问题。

通过对车间逆调度的研究发现，逆调度可以改善原有调度系统性能，提高设备总的利用率，减少产品制造成本。当前，对逆调度的研究刚刚起步，涉及的研究内容和技术手段众多，仍有许多研究工作需要探索，下一步的研究工作可从以下几个方面开展：

（1）在车间逆调度问题中，还有很多车间类型尚待研究，例如，零空闲、零等待、阻塞、批量流等车间调度问题。同时，考虑更加复杂的车间类型，将现有静态作业车间调度模型与逆调度特性相结合，提出新的更有效的车间逆调度模型，并综合考虑车间调度系统的性能指标，譬如系统稳定性、调度效率和鲁棒性。

（2）针对逆调度求解方法的研究，根据车间逆调度模型和不同的车间类型特点，通过对该问题的编码策略、高效邻域结构及其初始化策略的深入系统研究，探索求解逆调度的关键环节，设计基于遗传算法与其他方法相结合的高效求解算法。然而，还有很多的方法已经用于求解车间调度问题，每种算法都有各自特点，如何采用性能互补，设计基于其他算法相混合的高效求解方法，是未来的研究方向之一。

（3）针对多目标逆调度问题，实际生产中还存在许多其他因素，例如，调整加工参数可能带来额外资源的消耗，造成不必要的浪费。同时，随着经济的快速发展，环境问题日益被关注，如何有效地减少碳排放、降低能耗也是目前研究的热点。未来可考虑将质量、成本、环境、能耗等因素加入模型中，展开对多目标车间逆调度问题的研究，这将为实际生产调度问题提供更多理论依据。

（4）值得关注的是，新型智能车间工艺复杂性、生产更迭的快速性及检/监测的局限性等种种条件的限制，采集、传输、记录、存储过程中信息缺损、丢失、模糊、不一致等现象时常发生，导致进行车间逆调度决策的信息具有不完备性，目前传统的数据分析和车间调度方法通常是面向处理完备性信息的，例如，基于统计的方法需要在大量数据的基础上提取统计特征来决策。因此，新型智能车间中，如何利用生产中的不完备数据挖掘有价值的信息来指导车间逆调度，这将引起学术界和工业界的极大关注。

（5）随着信息技术的不断发展，"智能工厂"的概念被提出，主要研究内容是智能化生产系统，包括工厂的物流、生产、调度和管理等部分，因此，公司间的合作生产逐渐加强，分布式制造已成为智能工厂的一种广泛生产模式。大部分的研究针对分布式车间调度，目前，分布式逆调度的研究尚属空白，分布式调度问题典型的特征是：其生产过程相比于普通调度问题，包含多个分散的车间，同时还具有若干更为复杂的特征：①大规模性，对建模与算法设计形成了挑战；②多参数关联耦合，导致解的可行性极难保证；③多目标，在车间逆调度中，调度目标除了传统工期，还必须考虑车间稳定性、调整成本等，如何从多目标优化的角度研究分布式车间调度问题将更具现实意义；④不确定性，车间逆调度以动态调度为背景，经常会出现若干不确定性因素，调度模型与方法必须考虑各问题之间的协调性与不确定性，确保调度方案的鲁棒性。该问题属于 NP-hard 问题，具有重要的学术研究意义。

7.4 习题

1. 简述车间逆调度现状。
2. 举例分析车间逆调度应用前景。

参考文献

[1] Brucker P, Shakhlevich N V. Inverse Scheduling: Two-machine Flow-shop Problem[J]. Journal of Scheduling, 2011, 14(3): 239-256.

[2] Koulamas, Christos. Inverse Scheduling with Controllable Job Parameters[J]. International Journal of Services & Operations Management, 2017, 1(1): 35.

[3] Zhang Feng, Ng T C, Tang G C. Inverse Scheduling: Applications in Shipping[J]. International Journal of Shipping and Transport Logistics, 2011, 3(3): 312-322.

[4] Mou J, Gao L, Guo Q, et al. Hybrid Optimization Algorithms by Various Structures for A Real-world Inverse Scheduling Problem with Uncertain Due-dates Under Single-machine Shop Systems[J]. Neural Computing & Applications, 2018(5): 1-18.

[5] Mou J, Gao L, Li X, et al. Multi-objective Inverse Scheduling Optimization of Single-machine Shop System with Uncertain Due-dates and Processing times[J]. Cluster Computing, 2017, 20(1): 371-390.

[6] Mou J, Gao L, Guo Q, et al. A hybrid Heuristic Algorithm for Flowshop Inverse Scheduling Problem under A Dynamic Environment[J]. Cluster Computing, 2017, 20(1): 439-453.

[7] Jianhui Mou, Liang Gao, Xinyu Li, et al. Optimisation of the Reverse Scheduling Problem by A Modified Genetic Algorithm[J]. International Journal of Production Research, 2014, 53(23):1-14.

[8][1] Mou J, Li X, Liang G, et al. An Improved Genetic Algorithm for Single-Machine Inverse Scheduling Problem[J]. Mathematical Problems in Engineering, 2014, 2014: 1-14.

[9] 牟健慧，郭前建，高亮，等. 基于混合的多目标遗传算法的多目标流水车间逆调度问题求解方法[J]. 机械工程学报，2016, 52(22): 186-197.

[10] 牟健慧，潘全科，牟建彩，等. 基于遗传变邻域混合算法的带交货期的单机车间逆调度方法[J]. 机械工程学报，2018, 54(03): 148-159.

[11] 陈荣军，陈峰，唐国春. 单台机器总完工时间排序问题的反问题[J]. 上海第二工业大学学报，2005, 22(2):7.

[12] 陈荣军. 单台机器总完工时间随机排序问题的反问题[J]. 常州工学院学报，2006, 19(6): 1-5.

[13] 陈荣军，唐国春. 单机供应链排序及流水作业的反问题模型[J]. 运筹与管理，2009, 18(002): 80-84.

[14] Hongtruong Pham，鲁习文. 平行机上单位加工时间加权总完工时间排序问题的反问题[J]. 华东理工大学学报，2012, 38(6): 757-761.

[15] Mori S, Kaya Y. An Application of Inverse Problem to a Large Scale Model[J]. IEEJ Transactions on Electronics Information and Systems, 2008, 99(8): 171-178.

[16] Wang J, Xu S, Huang Y, et al. Mechanical Mechanisms of the Directional Shift and Inverse of the Eccentric Compound Droplet[J]. Physics of Fluids, 2018, 30(4): 042005.

[17] SumairaHafeez, Rashid Farooq. Inverse Sum Indeg Energy of Graphs[J]. IEEE Access, 2019, PP(99): 1-1.

[18] Chen X, Gu C, Zhang Y, et al. Analysis of Partial Geometry Modification Problems Using the Partitioned-Inverse Formula and Sherman-Morrison-Woodbury Formula-Based Method[J]. IEEE Transactions on Antennas and Propagation, 2018, 66: 5425-5431.

反侵权盗版声明

电子工业出版社依法对本作品享有专有出版权。任何未经权利人书面许可，复制、销售或通过信息网络传播本作品的行为；歪曲、篡改、剽窃本作品的行为，均违反《中华人民共和国著作权法》，其行为人应承担相应的民事责任和行政责任，构成犯罪的，将被依法追究刑事责任。

为了维护市场秩序，保护权利人的合法权益，我社将依法查处和打击侵权盗版的单位和个人。欢迎社会各界人士积极举报侵权盗版行为，本社将奖励举报有功人员，并保证举报人的信息不被泄露。

举报电话：（010）88254396；（010）88258888

传　　真：（010）88254397

E-mail：　dbqq@phei.com.cn

通信地址：北京市万寿路173信箱

　　　　　电子工业出版社总编办公室

邮　　编：100036